大学の空間から建築の時空へ

岸田省吾 著

鹿島出版会

目次

大学の空間から建築の時空へ―― ものの時間と身体の時間

●「大建設時代」

1991年、私が東大の本郷キャンパス再開発計画に参加し始めた頃は、ちょうど世の中のバブルがはじけた直後ぐらいだったと思う。そのとき、大学はまさに世の中と真逆の「大建設時代」を迎えようとしていた。60年代末の紛争以来、東京大学は様々な面で冬の時代に沈んでいた。「管理」能力が疑われた組織のことなど気にする人は当人以外にはいなくなった。91年頃から始まった世の中の「失われた20年」を、大学はちょうど20年先行する形で経験していたと言えるだろう。その悲哀をなめていた当時の総長有馬朗人は後に俳人らしく「大学貧乏物語」とわかりやすく表現する。

だが1991年、事態は一変する。工学部の計画をきっかけとして、以後、ほとんど毎年のように大型施設の予算がついた。大学が意見統一を図りキャンパス再編の大きな方針（三極構造、92年）と中長期的な計画（各キャンパスの再開発利用計画要綱、93年）を相次いで決定し、それと前後して各部局の施設計画の予算が決められていった。

背景には大学の窮状とその影響について社会の理解が得られたこと、大学が再生計画を既にもっていたことなどいくつかの状況が重なっていたが、何よりバブル崩壊後のひどい不況の中で、国立大学の大型施設は恰好の景気対策になった。世の中の景気が悪くなればなるほど、大型の予算が組まれるという皮肉な現実があったと言わざるをえない。こうしてキャンパスは「大建設時代」に突入していった。

この「大建設時代」にキャンパス計画や大学の建物の設計を行う機会を得たが、設計の実践を行う中で、これまでの建築や環境を理解するための言葉や概念では限界があり、より相応しい視点なり概念なりを見いださなければならないと確信した。それまでの空間論あるいは空間の中の環境の姿だけを問うという視点ではキャンパスは理解できない、そう思ったことが発端であった。空間に現れる多様な時間を捉え、あるいは空間の〈経験〉を重視し、〈時空〉を理解する方法を求め、建築の意匠研究において新たな取り組みを始めるきっかけともなった。

この本では、本郷キャンパスのこの20年間の変容に関わる研究室の設計活動と大学空間に関する調査研究の記録と、それらと平行してまとめた論考を再録する。おそらく〈時空〉という視点はキャンパスの環境でのみ要請されるわけではなく、建築全般に関わっている。大学の計画を通し建築に固有な方法を問い、建築そのものを問う課題にいきついたと思う。

●キャンパスの空間からオープンスペースの時空へ

キャンパス計画の参考になると考え、ヨーロッパからアメリカ、アジアなどの大学を巡る旅をした。多くの大学で美しく豊かなキャンパスを見ることができ、またそこに生きるいろいろな立場の人たちから話を聞くこともできた。大学ごとに考え方や抱えている課題も違うことがよくわかり、あらためて本郷キャンパスの環境としての豊かさを理解できたようにも思う。

欧米では東大よりはるかに古い名門大学が数多くある一方、アジアではその多くはまだ若い。だが、どんな大学でも、活発に活動している大学ではキャンパスに共通点があった。それは個々の建物が立派であると言うより、キャンパスの中あるいはその周辺に様々な形で存在する空地の豊かさである。

イギリスのオックスブリッジのように世界遺産になるほどの文化的環境でなくとも、フランスやドイツの新しい大学にあっても、中国の伝統校でもシンガポールの新構想大学であっても、みな、空間には「ひしめきあう」ような稠密感とは正反対のある種の「空いた」感じが常に感じられた。

こうした印象は訪問する大学が増え続けるに従い確信に変わっていった。大学の空地は、ある場合は建物で囲まれた、こじんまりとした中庭であり、ある場合は大都市の枢要な広場のごとき大きなオープンスペースであり、あるいは森と言えそうな緑地や長く広い並木道であったりもするが、いずれにあっても、大学はその環境に人が息を抜ける、意味が充満していないような、遠くへ視線を導くような広がりのある場を常に求めていると思った。

そうした問題意識から大学の空間論や計画論、本郷キャンパス再生の構想案をまとめたのが『**大学の空間**』(1996年）であるが、そこでは、大学の空間は長期間にわたる変化、変容の中に現れる恒常性としてその本質が理解できること、それが一定の形式に支えられたオープンスペースすなわち空地のまとまりとして捉えられることなどを論じた（「**大学の空間—その変容に見る持続する原理**」)。800年続く制度として、大学が必要とする空間のあり様は、その変化を早回しで見て初めて捉えられる。そこでは空地が常に決定的な役割をしており、大学という「主体」が求める世界の特性を鮮やかに映していると言える。

大学の空地を別の角度から論じたものが「**東京大学の不思議な空間**」(『東京大学』1998年）であった。本郷キャンパスを裏から見ると、そこに意味の確定していない真の空地が広がっていて、それが実は大学という、結果が不確定な課題に挑戦する場としては、無駄なように見えて重要な場であることを論じた。

そのとき考えていた空地とはおそらく「意味」がないことによって意味を生じる、そんな場所である。都市空間には「意味」が充満している。「広場」であってもそこで行う「べき」あるいは「べからず」の行為が決められている。キャンパスでは広場は文字通り、広い場所でしかない。規則はあっても町なかの「広場」と比較すれば本来の広場に近い。そして空地では人は手の届く範囲からはるか遠くまで見やることができる。世代を越え未知のなにものかを追究しようとする大学はまず、そうした人々の様々な思いを解放するような空地を必要としている。

空地はまた、知的共同体としてのまとまりを実感できる場である。もともと大学とはウニ・ヴェルシタス、すなわち「一つをめざす＝組合」という意味であった。出自も言語もばらばらな学生や教師が異国の地で生きてゆくために結束し、ラテン語という統一言語を用いる知的な共同体を形成した。共同体にはそのための場が必要であって、それがまず大学街やクワドラングルなど空地の形式として理解できる場を生み出してきた。近代以降、大学が大規模で複雑になり、分断化の危機に直面するようになると大学は再び一体感を実感できる空間を求めた。個々の建物を結びつけ、人の往来を促し、その出会いの場となる空地ほど大学の一体感を醸成するものはなく、キャンパスという大規模な空地の形式が考え出された。

空地は大学が時間をかけ自らの営為の痕跡を刻む場所にもなる。空地は建物よりはるかに変化が少なく、長期にわたって環境の変化を蓄積し、時間を湛えてゆく。空地は大学の歴史あるいは時間を空間化する。それはまた、蓄積された時間の延長として未来へも意識を広げてゆくであろう。

こうして大学の空間論は、キャンパスにおける空地を時空的な視点から捉え直すことにつながった。空地は、今ここで人々の視線を遠くへと導き、人の思いを解き放ち、人のつながりを触発してゆくばかりでなく、時間的な広がりの中にそれらを拡張してゆくような働きもする。時間を越え、人を結びつけるとも言えよう。

キャンパスの空地に時間を刻むのは、そこにある個々の建物や木々など具体的な「もの」たちである。ものに蓄積されるリアルな時間であり、リアルな古さをわれわれは経験している。

ものによって空地に刻まれる時間が遺跡や古建築のそれと違うとしたら、それは空地に持続的な時間が生成していることからくる。空地は特定の目的に応答するものでないため相対的に安定している。空地を形成する建物や植栽などの諸要素が相対的に変化しやすく更新されてゆくとしても、空地はそれらの変化を、痕跡として蓄積してゆく。

空地が安定した場として存在し続け、そこにものの変化が蓄積されてゆくときわれわれは持続を見る。逆に言うなら、われわれが時空の変化の中に恒常性を見るとき、われわれはそこに持続の姿を見ている。これを論じたのが、**『建築資料集成・総合編』**(2001年)の「大学」の項や**『「荒涼たる原野」に重ねられた時間』**(『本郷キャンパス案内』2005年)であった。後者では、ジョサイア・コンドルと内田祥三の両名によって本郷キャンパスの空間的伝統、空地のネットワークがつくられ、持続的環境の基礎が整えられたことを論じ、再生計画もそうした空間の伝統の上で進められる必要があることを見た。

●オープンスペース・ネットワークの成長をめざす

大学の空間を巡るこうした議論は、キャンパスや施設のデザインと平行して行っていた。本郷キャンパスでは、歴史が充満したその環境の中で多くの新しく大規模な施設建設が求められた。環境の継承と開発の圧力の調整が基本的な課題となり、再生の作業も現に大勢の人間が活動し続けている生きたキャンパスの中で遂行しなければならなかった。そして環境全体の整備も、すべての建設行為が終わった段階ではなく、個々の建物の整備の進捗に合わせ整えられてゆくしくみも必要であった。

大学としてまとめた再開発の基本原則(「本郷キャンパス再開発・利用計画要綱」1993年)は、キャンパスの空間としての持続性を保障する建築的方法までは判断していなかった。そこでわれわれは、それぞれの建築に空地を内包させ、街路や広場、緑地などキャンパス内の空地に接続させ、建物が完成するたびに次第にキャンパス全体としても空地のネットワークが成長してゆくようなことを考えた。建物が大規模化し、人の集団が巨大になればなるほど建物内外でコミュニケーションがますます重要になるからである。

一方、空地のネットワークを成長させるしくみがまわり始めれば、再開発のプロセスそのものを通し、環境の持続性を実現できる。それまでの再開発では既存環境とのシナジーを考えるような視点は乏しく、キャンパスのあちこちで異質な場所が生まれていた。空地に絡む建物の整備、更新が進むにつれ、ものに刻まれた時間が一つ一つ加わってゆき、同時に空地が連続的に展開するなら、キャンパスを分断することなく成長させることができるだろう。

こうした考えに基づき『**大学の空間**』（1996年）の中で一連の構想案を示すとともに、その計画理念や方法を「**計画概念としてのオープンスペース**」にまとめた。130年以上前のコンドルの構想から始まり内田祥三によって展開され空間的な骨格がつくられたこのキャンパスで再開発を行うには、彼らの残した空地という膨大な遺産を書き直すのではなく、捉え直して持続性を実現すること以外に選択肢はないと考えた。

その後続いた15年にわたる「大建設時代」を私なりに総括したものが「**本郷キャンパスの130年—「伝統」と「革新」**」（『文教施設』2006年）であった。明治以来のキャンパスで「空地の伝統」が生きていたことを明らかにするとともに、空地の激減と不備のめだつノイズへの対応などを指摘し、しめくくりとした。

ものの時間と空地のネットワークを意識し最初に着手したのが、**大講堂南広場のデザイン**（1998年）であった。ゴミ捨て場と化していた大講堂脇のブッシュをクリアしてATMを整備しグリーンの広場をつくった。大講堂や心字池（三四郎池）庭園など周囲の歴史的な環境と連携し、時の蓄積が感じられる「空地」をつくろうとした最初の試みであった。

この計画はその後進めてゆくことになる一連の空地の計画の始まりとなった。前述したように、様々な場所で機会を捉えオープンスペースをつくり、次第にそのネットワークが成長してゆくように考えていた。人の居場所となり、キャンパスに重層する時間を経験できるような場をつくろうとした。そのために照明やサイン、インフォメーションボードなどもデザインし直し、その後、こうした外部環境の整備は、大学創設130周年記念の「**知のプロムナード」計画**（2007年）で大いに進むことになる。キャンパスの骨格にあたる枢要な広場や緑道を整え、オープンスペース・ネットワークの骨格をつくり、あとはそれをどれだけ成長させられるかというところまでもってゆくことができたと思う。

ネットワークを成長させることは、新しくつくる建築でも徹底した。大正期の建物の上に大規模な研究施設を浮かべた**工学部２号館増改修**（2000～2005年）では、建物に広場や街路的な公共的空間を内包させ、構内のオープンスペースに接続させることによって、キャンパスの空地のネットワークが次第に成長してゆくように考えた。もともとこの２号館は、隣接する工学部3号館と一体的に開発し、弥生門まで続く空地のネットワークを内包させる予定であった。多分野の人たちが前例のない規模で集結し、様々な領域横断的な活動が渦となって現れ、外部へとスピンアウトしていけるような場をつくろうとするものであったが、新しいキャンパス計画責任者が2・3号館の間の細い道を維持することを優先し、2・3号館を別々に建てることになってしまった。日本は明治以来「道路は本なり、家屋は末なり」と考える土木国家でやってきた。21世紀の今日にもなお大学では道路優先の思想が闊歩し、構成員の知的な営為を重視するというキャンパス計画の基本すら容易に理解されないことを実感した。

工学部の計画は歴史が充満するような場での仕事であったが、**武田先端知ビル**（2003年）が建つ浅野キャンパスは、建物が必要とされるままに、ものすごい密度で集積されている場所であった。この建物では、正面につくられると想定した将来の空地を先取りし、垂直に立ち上がる大きな立体的な広場（インタラクションボイド）を内包させた。再開発が始まった20年前と同様、今や構内は建て詰まってしまった。キャンパスでは未だに建物をつくることだけで必死な状況で、空地をつくろうとする発想は乏しい。広場を立体化した武田の構想が、遠い将来、オープンスペースがこの場所で成長するきっかけとなればいいと思う。**柏図書館**（2004年）のプロムナードと呼ぶ半公共的な空間も一種のオープンスペースであり、人口密度が低い新キャンパスにあって、学内に向かって少しでも賑わいが見えるように考えた。

ものとしての古さが際だった建物では、その古さをどう生かすが課題となろう。学内最古の建物で、重文の旧医学校本館（明治9年／1876）を改修増築した**総合研究博物館小石川分館**（2001年）では、洋風の外観から想像できない和式の屋根架構や軸組を露出させ、古さのそのままの姿を表そうとした。**法文1号館改修**（2009）でも恣意的な改変をはぎ取り、オリジナルのもつ可能性を生かすように考えた。

明治と戦前の昭和、戦後の昭和と三代にわたるデザインが重ねられた**学生支援センター**（2010年）は時間に関わるデザインを別の視点から展開する機会となった。時間の異質性を強調するのではなく、新旧を連続的に接続してゆくことができないか考えた。もともと辰野金吾設計の工科大学の部品を使って設計した内田祥三とそれを引き継いだ芦原義信のデザインが同様な発想をしている。おそらく内田は、ただ古さに拘ったわけではなく、限られた予算の中で有り合わせの部品で工夫しながらつくるしかなかったのであろう。私もまたそれぞれに敬意を表すつもりで新旧が判然としない、解け合うような姿を描こうとした。

●ものの時間から身体の時間へ

実はものに刻まれたリアルな時間がなくとも、われわれは日常、持続性に関わる経験をしている。おそらくそれが建築固有の経験として建築の醍醐味をつくっているのではないかと思う。それは空間を巡り身体や視覚などの知覚を介し生起する意識の流れのようなものであり、身体や眼の運動を介在させ経験する中で浮かび上がるようなものではないだろうか。

こうしたことをデザインの主題としたのが**山中寮内藤セミナーハウス**（2009年）であった。一体感の強い空間の中に周囲への視線を導く窓辺の席を散らし、全体をめぐって行けるように構成することにより、空間が複雑に蓄積されつつ経験される様相を確かめようとした。湖畔の喧噪が途切れた森の中にあって、手掛かりになるのは太陽や湖、富士山麓の斜面といった地形や方位、そして既存建物によって規定される建築可能な範囲の限定しかない。建築をこうした条件と関係づけることによって、建築を介し人が自然に近づき、結果としてよりインフォーマルでインティメイトな人のつながりが生まれるのではないかと考えた。

武田先端知ビルでも、立体広場を最上階のテラスまで上がると本郷キャンパスを改めて眺めることができる。まわりには大学の歴史につながるようなものに刻まれた時間はないが、内部に仕込まれた空地を介し、遠くからでもメインキャンパスの空間につながっていることを実感できる。

動線が一筆書きの博物館は、こうした身体を介在させる持続的な経験を組み立てやすい。先述の総合博物館小石川分館では、建物裏を入口とし、庭園側の旧玄関ポーチは休憩用テラスとした。裏の長いスロープを登って旧館と増築の曲面壁の絞られたところから入り、一巡して戻るとテラスにでる。空間を巡ってゆき、最後に改めて建物のオリジナルの組み立てに気がつく。

●持続の姿を問う

現在、建築の一つの大きなテーマは環境を巡るものである。持続可能な世界をつくるため、あらゆる環境負荷低減技術を開発し、低炭素社会を実現なければならないと言う。だが建築においてそれらが重要なのは、建物が地震で簡単に壊れないことが重要であるのと同様な意味で重要なのである。建築においては、そうした技術開発の成果をどのように建築固有な経験にもたらすかが問われる。

建築の持続性があるとしたら、それは一つには今現在の環境を過去や未来とともにもつということであろう。現在あるものはすべて「過去」につくられたのであって、われわれは、その中から現在、そして未来につながるものを選びとり意味づけている。建築に固有な経験、あるいはそこで展開する意識は持続なしではありえない。現在、手にしている空間はすべて、それまでに辿ってきたあらゆる空間の経験に支えられている。それは時空に広がり成り立っている。

空間の経験として建築を見ると、可視的な空間の形象より、形象が蓄積されて経験にもたらされる現象こそが建築固有な表現を可能にしている。あるいは、可視的な形象とそうした蓄積的な形象の記憶のようなものが重なり揺れ動く状態と言えるかもしれない。建築が何かを伝達できるとしたら、こうした実際の経験とそこに流れる意識をおいて他に最後まで頼りになりうる、建築に残された確実な方法、表現を見つけ出すのは容易ではないだろう。

建築で使われてきた言葉を考えるなら、建築におけるこうした持続的な様相は以前から知られていたことがわかる。例えば、「回遊」、「散策」、あるいは最近の「歴程」などの言葉も表現は異なれ建築固有の経験を表現したものであり、空間の蓄積され、持続する経験に建築の醍醐味があると気づいた人たちの言葉である。

経験の持続性は、運動を媒介として組み立てられている。われわれは空間の中を動き回り、身体を基準に世界を捉える。われわれは同時に眼を運動させ空間を理解し、様々な想起を時空の中で巡らせる。持続は変化の中に恒常性を見ることであると言った。われわれは運動の中で建築の空間と応答を繰り返し、その真の姿を捉えてゆく。運動を通し建築の経験、建築固有の経験が開かれると言えるだろう。

「時間の中の形、時間の中のデザイン」（『建築における「かたち」と「デザイン」』2009年）や**「時間」**（学会編『建築論事典』2008年所収）では、建築とそのデザイン、意匠を時間的様相から捉え直そうとした。そこでは空間において継時的に展開する時間感覚を水平的、共時的に展開するものを垂直的な時間経験とし、現実の空間の経験では、その両者が混在、融合しているものとして論じた。そして**『建築意匠論』**（2012年3月刊行予定　丸善）では、先に見たように、持続的に展開する経験が建築固有な方法、固有な表現となることを詳しく見るとともに、建築の享受と制作を結びつけるものが、この持続的な経験に他ならないことを論じる。実際われわれは建築の制作において、空間の中の持続的な経験を想像的に思い描きながら案の適否を判断している。

環境や空間の中で変化を経験できず、あるいは空間の変化の中に恒常性が捉えられなければ持続を経験することはできない。ともにあって初めて持続が生まれる。ものに刻まれた過去の痕跡が存在するかどうかにかかわらず、変容の中の恒常をつくりだし持続の姿を生み出すこと、それが現在、建築のデザインに課せられた基本的な問いとなり、出発点となるのではないだろうか。

I

大学空間の実践

ここに収録した14の計画は研究室で行ってきた東京大学の施設である。
基本構想、基本設計はほとんどを研究室でまとめ、
実施設計、工事監理は施設部と学外の設計者と共同で進めた。
建物としては教育研究施設、図書館や博物館などの共用施設、
セミナーハウスなど福利厚生関係の施設となるが、
サインや屋外照明、広場や緑道、囲障塀、廃棄物カート置き場や
ベンディングマシンカバーまでキャンパスの屋外環境整備に
関連した多種多様なデザインが含まれる。
工学部の計画は大規模で、本郷キャンパス全体の
再生計画の一つのモデルを提案しようとした。
共用施設や福利厚生施設では時空感覚を意識しつつデザインに取り組んだ。
計画地はアンビルドも含めると都内の本郷、
小石川から柏、山梨、長野などの都外にまで広がる。
構想で終わった案の中には経済学部図書館・広場構想や
クリニカル・リサーチ・センターなど
構想の趣旨が別の形で生かされたものもある。
ここに収録できなかった計画は巻末の作品リストに収めた。

工学部2号館　2005年

南側外観。手前に見えるのが保存改修された旧館

●歴史的キャンパスに浮かぶ「巨大」施設

東大の本郷キャンパスには日本の近代化の歴史が色濃く残っている。工学部2号館旧館（内田祥三設計、大正13年）もそうした歴史の痕跡の一つであり、安田講堂とともにキャンパス中心部の景観を長年にわたり形づくってきた。

こうした歴史的環境のまっただなかで、「新」2号館には工学部の新しい拠点施設として膨大な量の空間が求められた。様々な案が検討され、旧館の安田講堂側半分を改修保存した上で2本の巨大な研究室ブロックをその上空に浮かべる案に辿りつく。地上に連続的に広がる歴史的環境を断ち切らず、変化と永続を同時に生きるキャンパスの環境の中に、この巨大な建設を現在の営為として接続できると考えた。

旧館をまたぐには大スパンの構造が必要となり、それは無柱のフレキシブルなスペースも可能とする。濃い色とリアルなテクスチャの旧館に対し、新しい部分は光によってのみ表情を変える墨絵のようなモノクロームの世界である。新館低層部の透明なガラススクリーンには周囲の緑が映し込まれ、内部で繰り広げられる活動の姿が重なる。空間、構造、色彩、透明性において新旧の対比が強調された。

建物内部では「空地」としてのオープンスペースをネットワークのように展開した。多様な活動が明滅する膨大な空間の集積、そして過去の記憶と成長を含んだ時間の積層を引き合わせる媒介となりうると考えたからである。それは地上レベルでは旧館の光庭を新館で覆われた半屋外の広場―「フォラム」となり、新旧両棟の隙間は「アカデミックバレー」と称する街路に見立てられる。空中にはキャンパスの緑や上野の山を見下ろす「キッチンラウンジ」や「テラス」が散開する。

やがて、この建物は成長し隣接する3号館と一体化するかもしれない。「新」2号館のデザインは、多種多様な活動の集結と交錯を可能とする場をつくり、新しい知を展開し続けるという大学に求められる現在の課題に応えるとともに、時空を越えた出会いの場、あるいは広場でもあった大学のビギニングスを問う作業でもあった。

西側から見る。旧館上部にまたがるように浮かぶ新館を二つのＶ字型柱が支えている

東西に延びるアカデミックバレー

東側外観

北側外観。低層部はガラス面が周囲を映し込む

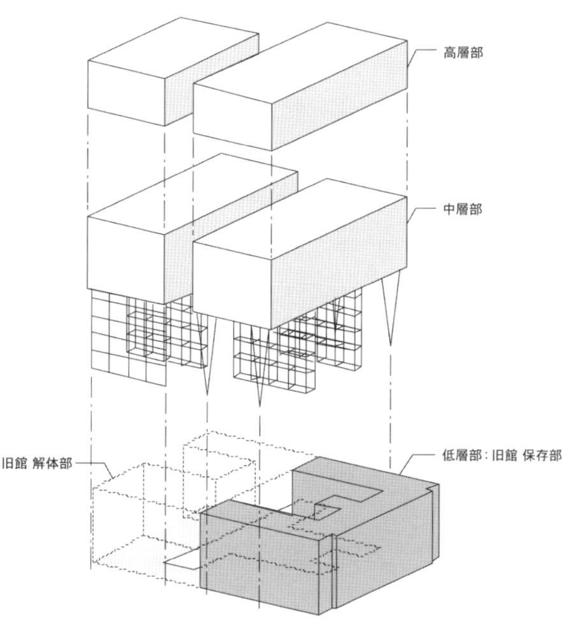

構成を表すアクソノメトリック

V字型柱の柱脚部

工学部フォラムを見る。天井高さ約15mの半屋外空間

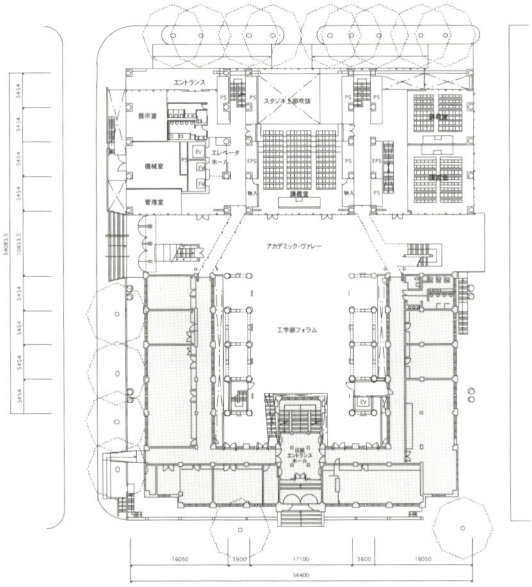

2階平面図 S＝1/1200

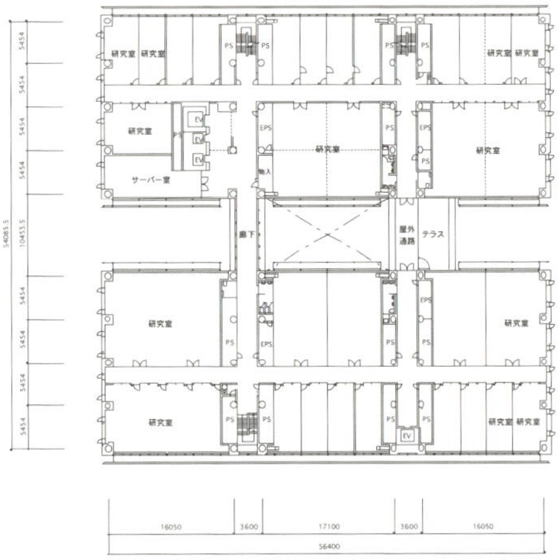

標準階（9階）平面図

工学部フォラムより旧館を見る

旧館正面エントランス。2000年に改修されている

高層部、キッチンラウンジ

中層部、南北の棟の間に設けられたヴォイドの様子

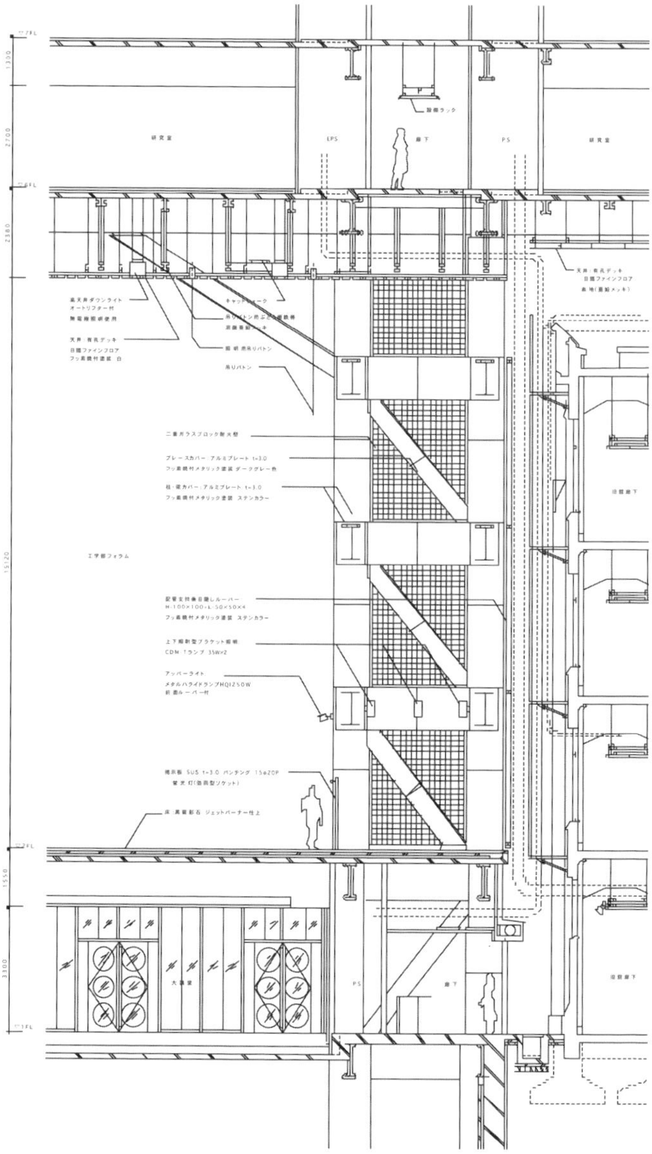

断面詳細図 S＝1/200

西立面図 S＝1/1200

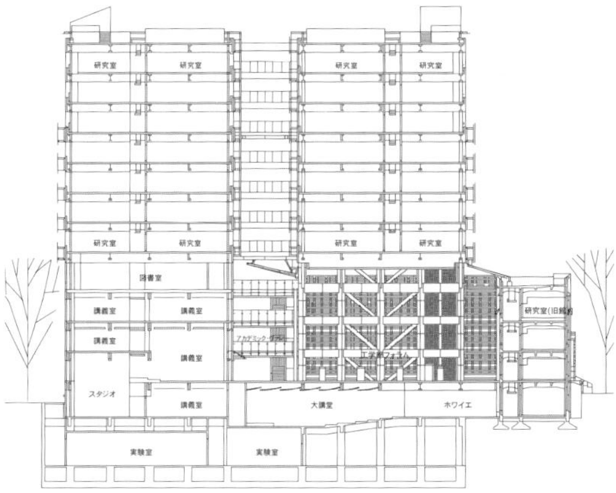

南北断面図

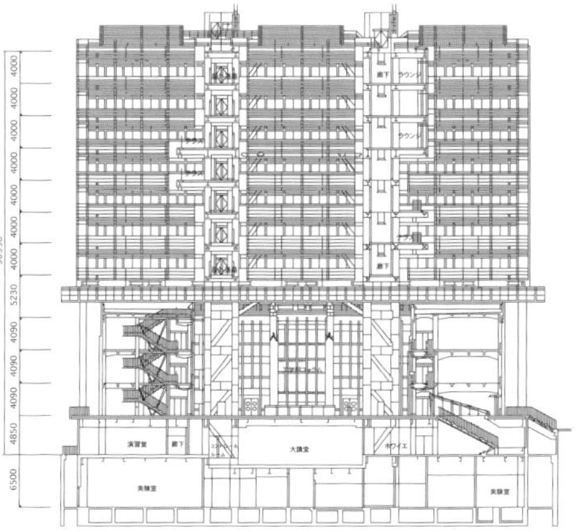

東西断面図 S＝1/1200

設計：

建築 （改修）岸田省吾、岩城和哉、山下晶子、宮部浩幸、駒田剛
（増築）岸田省吾、宮部浩幸、木内俊彦、岩城和哉
東京大学施設部、類設計室

構造 川口健一／東京大学生産技術研究所（監修）、類設計室

設備 ピーエーシー

施工：清水・戸田・鴻池特定建設工事共同企業体

敷地面積：402,682.18㎡

建築面積：3,934.82㎡

延床面積：33,308.57㎡（内、既存部4,412.56㎡）

階数：地下1階 地上12階 塔屋1階

構造：鉄骨造 一部鉄骨鉄筋コンクリート造

設計期間：1997年4月～2002年12月

工期：1994年～2000年3月（改修）
2003年1月～2005年11月（増築）

南側外観。安田講堂前広場越しに見る

工学部2・3号館構想（2000年）。外装の考え方は変更されている

「CAMPUS」を目指して――東京大学本郷キャンパスの再生と工学部の試行　2005年

●本郷キャンパスを「CAMPUS」として再生できるか

東京大学は、本郷と駒場、千葉県の柏に三つのキャンパスをもっている。この三つのキャンパスは、現在、三極構造と呼ばれる構想に基づき整備が進められている。メイン・キャンパスである本郷を核として、3キャンパスが役割分担しながら、全体として一体的なフォーメーションを展開し、大学全体の活動を支えてゆこうというものである。

東京大学は長い間キャンパスの問題で苦しんできた。ことに大学のメイン・キャンパスとして教養学部以外の全学部が集結する本郷キャンパスでは深刻であった。戦前、戦後の建築を問わず施設の老朽化が進むとともに、組織が拡充され人が増え、設備に対する要求が高度化しても、建て込んだキャンパスでは増築も建替えも思うようにいかない。新しい分野を展開したくても、物理的な制約がそれを阻んできた。

本郷キャンパスは19世紀後半に設立された東大のメイン・キャンパスとして、日本の近代化の歴史遺産の一つになっている。また、1920、1930年代、世界中の多くの大学で行われたキャンパス・プランニングの優れた例の一つでもある。

現在のキャンパスは、大正末（1923年）の大震災で大学創設以来のキャンパスが壊滅した後、当時の建築学科教授であつた内田祥三によるマスタープランに従い再建されたものである（図1）。内田は擬ゴシック・スタイルで統一された建築型を決め、膨大な建設を合理的にこなしたが、彼の最大の業績は、屋外の環境を重視し、広場と緑豊かな並木道からなるオープンスペースのネットワークとしてキャンパスの骨格をつくったことであろう。こうして50haにおよぶキャンパスが一つの一体的な環境として生みだされた。

1993年、この歴史的キャンパスが直面したこうした危機を根本的に解消するため、再生の構想が立てられた。そのミッションは明確であり、建物が密集し、断片化されたキャンパスに空間的な一体感を回復すること、そして歴史的建造物や緑が混然一体となってつくりあげる歴史的環境を生かしながら、将来にわたって教育・研究活動の最大限の自由を保証するような場にキャンパスを組み替えてゆくことであった。計画としてはキャン

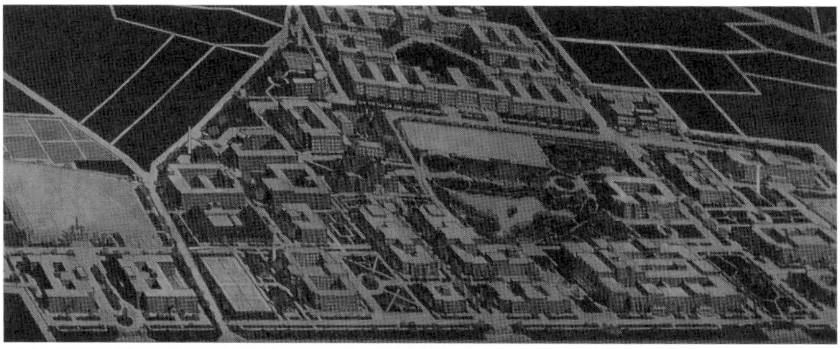

図1　震災復興構想、内田祥三、1931年以前、岸田日出刀による油彩画

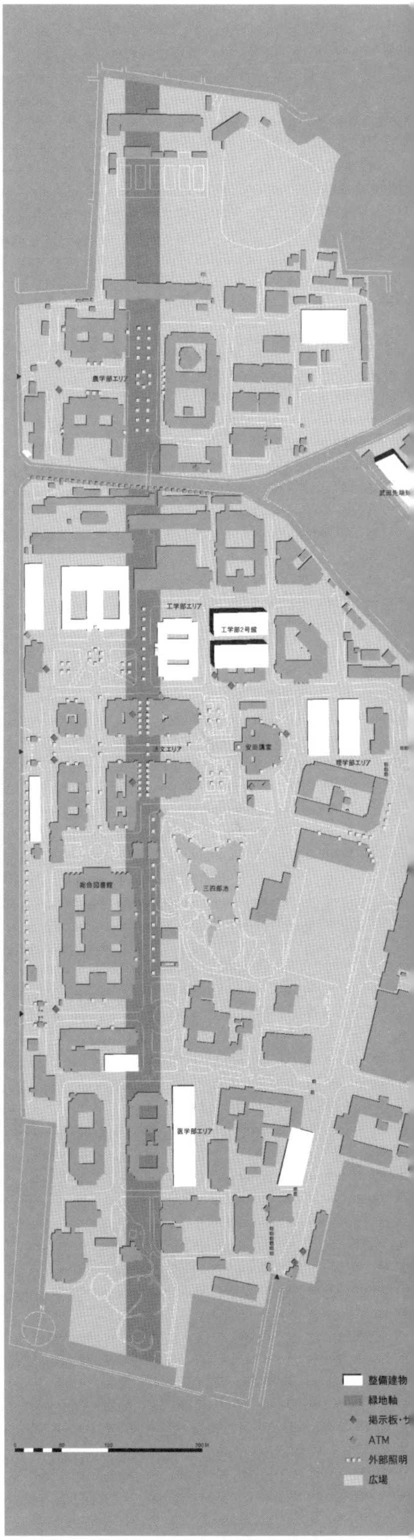

再生構想に基づく新しい建築群と環境の整備

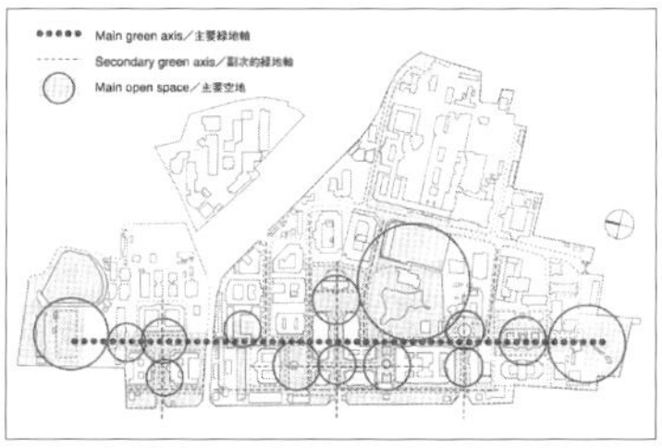

図2　緑地軸と公共空地、東京大学本郷地区キャンパス再開発・利用計画要綱（1994年）より

パスを南北に縦断する緑地軸を整備し直し、歴史的な建造物や広場や並木道、緑など空地のネットワークを再生する（図2）。キャンパスの背骨にあたる歴史的ゾーンでは開発密度を抑え､周辺で必要な高層化を行う（図3）。空地のネットワークを整え、開発密度も全体として高めることによって、歴史的環境を生かしながら施設更新も進め、分断されたキャンパスを一体的な場に変えようとしたのである。

大昔からあった大文字の「ARCHITECTURE」を再生しようとしたル・コルビュジエに習っていうなら、この再生計画は数世紀にわたる大学の「CAMPUS」という伝統を再生しようとするものであった。「CAMPUS」は原っぱ、即ちオープンスペースに与えられた名である。世界中から人が集まり（ストゥディウム・ゲネラーレ）、一体となった集団をなす（ウニヴェルシタス）場として生まれた大学にとって、それはもはや普遍的な形式といえるだろう。大学に持続するオープンスペースがあれば、人や建物が変わろうとも、様々な営為の足跡を多様な時間として蓄積できる。現在が過去や未来に結びつく、時空間に開かれた場が生まれるのではないか。本郷の再生計画は、内田が残したオープンスペースという膨大な遺産からネットワークが成長するような仕掛けを構想したのである（図4）。

図3　本郷キャンパス再生のプロセスの三つのフェーズ、1996年作成。現在は2番面のフェーズにあたる

●工学部の計画に問う

ここ12年にわたる工学部の一連の計画は、再生プロセスの縮図となっている。歴史的建物と戦後の比較的新しい建物が混在し、大規模な施設更新が不可避であるからだ。中でも、武田先端知ビル（2003年）と来年竣工予定の工学部2号館は条件、規模が対照的でありながら、ともにキャンパス再生の具体的提案として意味を問うている。

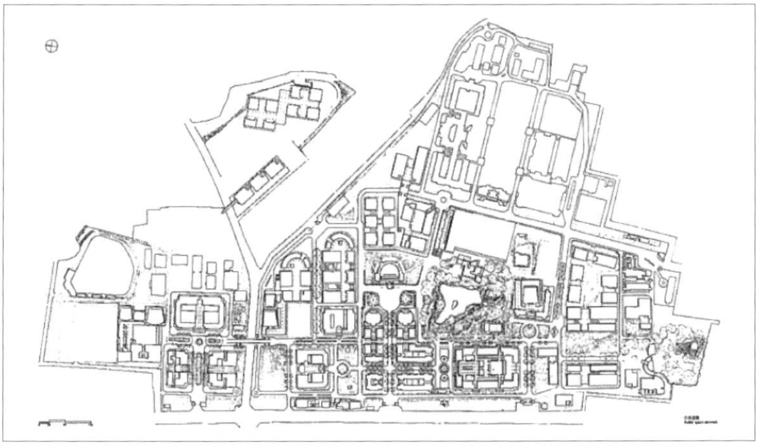

図4　キャンパスのオープンスペース・ネットワーク、工学部建築計画室、1996年

武田先端知ビルはレンタル・ラボと

図5　旧2号館竣工時の様子、1920年代

図6　ボルケンビューゲル、エル・リシツキー、1925年

国際会議ホールを組み合わせた新しい型のプログラムに対応するもので、社会連携を図るテクノ・プラザとして再編を検討している地区の計画第1弾となった。住宅街に面する学外側と学内側で全く表情を変え、全面ガラス・スクリーンの学内側では、インタラクション・ボイドが最上階まで吹き抜け、建物前面に計画されている将来の広場を、立体化された垂直に立ち上がる広場として先取りしている。ここでは階段が最上階の屋上テラスまで連続し、空中にはキッチン・ラウンジが浮かび、カフェが散らばる街路の延長ともいえよう。

工学部2号館は、工学部の教育・研究・交流の拠点として、また本郷キャンパスの再生のための手法として応用可能な型を提案するものとして、10年にわたる検討を経て2002年、実現に向け着工した。

2号館旧館（1924年）は学内で最も古い校舎の一つで、大講堂とともに本郷キャンパスの中心部の景観を80年にわたってつくってきた（図5）。赤レンガタイルを用いた擬ゴシックのデザインは、レンガ造建築が並ぶ明治のキャンパスを彷彿とさせ、スクラッチ・タイルが特徴的な昭和のキャンパスに明治をつなぐデザインでもある。震災前後の大学の重要な記憶を留める旧館を空間として意味あるまとまりとして残し、最終的には隣接する3号館まで一体化して生まれる長大なヴォリュームと共存させて初めて可能となるような時間の厚みを感じられるような場を生みだそうとした。

そのため、デザインは現在を既存に同化させて消すのではなく、むしろ既存に対し対比的なつながりをもった形として刻むことが必要となろう。歴史的な環境を引き立てつつ、現在を明確に現すこと。旧館を始め内田ゴシックの歴史的建物が連なる地上の環境の上に別の世界を浮かべること。法人化されたとはいえ大学で革命が起こっているわけでもないが、モスクワの上空にヴォリュームを浮かべたボルケンビューゲル（図6）と構図は似ている。

旧館は光庭を囲む南半分だけ改修保存し（2000年）、その上空、地上からおよそ16mの高さに7層の研究室のヴォリュームを二つ浮かべる。10mの間隔を開け、メイン・フロアに光を落とす。下層部はガラス張りとし、緑豊かな環境を映し込むだろう。旧館に見られるような視覚的存在感は消え、建物の内外どこにいても時間の重層する環境を意識できるのではないか。旧館の外観はサッシュ以外手を加えない。その上に浮かぶ新しい構造は、細かいディテールのついた暗赤色タイル張りの旧館に対し、光によってのみ表情を変える墨絵のようなモノクロームの世界である。

全体として多少アクロバティックな構造が要請されたが、一つの巨大な建物の中に様々な分野の研究室や人の集まる共用施設を高密度に集積し、「街路」や「広場」、「カフェ」や「テラス」など都市的な仕掛け、しかも新旧の多様な時間が重層する場を立体的に組み上げることによって、時間を越えた多種多様でスケールも様々なコミュニケーション、交錯が生まれるのではないか。大学におけるコミュニティの断片化の危機が叫ばれて久しい。学際的なインタラクションは不可欠になりつつある。本郷キャンパス再生に真の狙いがあるとしたら、こうした交錯の芽を様々に生起させることにほかならないと思う。

撮影　新建築社写真部(P.27)

武田先端知ビル 2003年

東側ファサードの近景

西側より見る遠景

●オープンスペースを切り開く

この建物は、タケダ理研工業（現アドバンテスト）の創業者、武田郁夫氏の御寄付を受け、先端的工学の研究･教育、社会連携のための拠点として建設された。大学では最近、時限的ミッションのプロジェクト型研究が増えており、また、分野を越えたインタラクションも重要になってきている。こうした動向に応え、高度な装備に対応できるフレキシビリティとアクセスの開かれたオープンな場をつくることが重要な要件であった。

敷地は、東京大学本郷キャンパスから少し離れた浅野キャンパスにある。学内で最も建て込んだ場所で、言問通りに面したその北西角に残る細長い空地が計画地となった。南西側は住宅街に接し、北東の学内側は、長期計画ではいずれ広場になる予定である。

建物はリニアに延びる二つのフレームからなる。すべての研究室とホールなどを入れるメインフレームは、SRCの骨組みからなり、50㎡強のレンタルラボのユニットが積層される。外部は鋼製グレーチングのダブルスキンでカバーされ、住宅街に対しスケールと色彩を和らげ、室内から見下ろす視線をコントロールする。学内側のサブフレームは奥行きが浅いスチールの骨組みである。内部は垂直に立ち上がる吹抜けの中にキッチンラウンジやオフィスユニット、ロビーが浮かび、地下から最上階まで連続する階段がそれらの間を縫って架けられる。

メインフレームが研究者たちの隔離、集中する場を用意するなら、サブフレームがつくる「インタラクションヴォイド」は、将来計画に描かれた未来の広場を垂直に引き起こしたようなもので、人が行き交い、留まり、視線が交錯する、ガラス張りの半屋外的なオープンスペースとしてデザインした。階段は街路の延長のように、エントランスホールや空中ロビー、レンタルラボを経巡りながら、最上階につながっていく。誰でもホールやホワイエ、屋上テラスに上がり、本郷と弥生の両キャンパスを一望できる。孤立した浅野にあっても一つのキャンパスの中で生きているという実感も持てるのではないか。樹木が枝葉を延ばしやがて大木に育っていくように、この建物に仕込まれた様々なオープンスペースが種子となり、他の同様な空間を誘発し、オープンスペースのネットワークが成長していくことを期待したい。

昼光を取り入れたホールは350人の国際会議対応で、多目的利用を想定している。研究室は給排水設備が可能な深いダブルアクセスフロア、変更容易な間仕切りなどを備え、クリーンルームも各種のグレードを揃えている。「インタラクションヴォイド」と同様、こうしたすべての研究･実験室は素通しで、内部の活動を積極的に見せる一種のショーウインドウになる。大学が都市の広場や橋詰めで始まったことを考えると、いずれも原点への回帰と考えている。

配置図　S＝1/10000

東側（学内側）外観

西側（学外側）外観。ピロティはキャンパスの出入口となっている

1階南側エントランスよりインタラクションヴォイドを見る

ピロティ床に描かれた牛皮模様は、埋文調査で見つかった弥生時代の方形周
溝墓の平面形を現地で再現したもの

インタラクションヴォイド。キッチンラウンジが浮かぶ

５階の大会議室（武田ホール）。左手には大開口、上部にはトップライトがある

大会議室の開口より工学部の建物群を望む

ルーフテラス。室外機置場などを収めた逆三角断面形のボリュームが見える

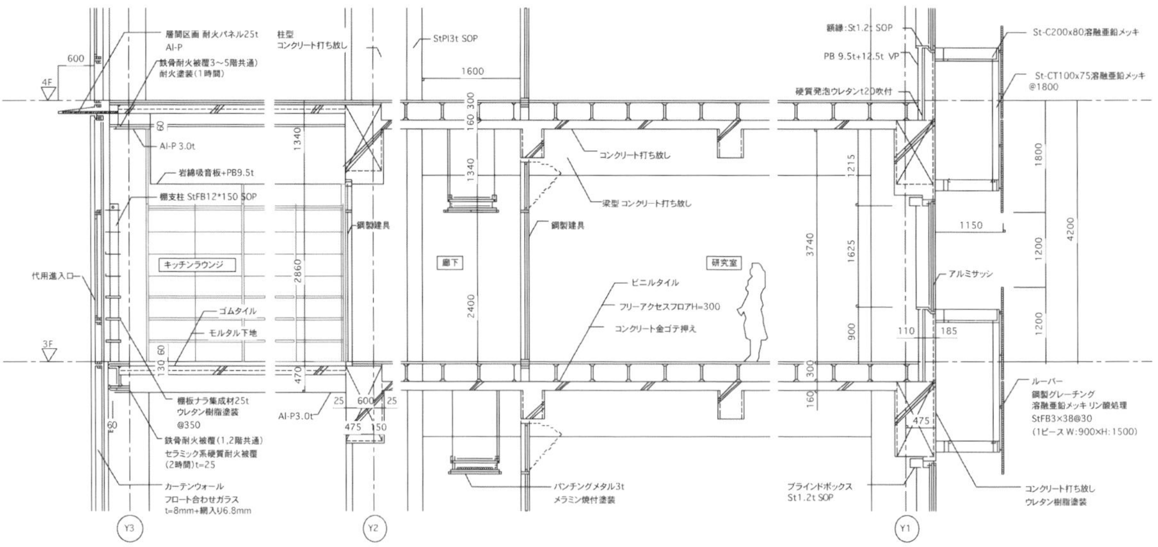

断面詳細図

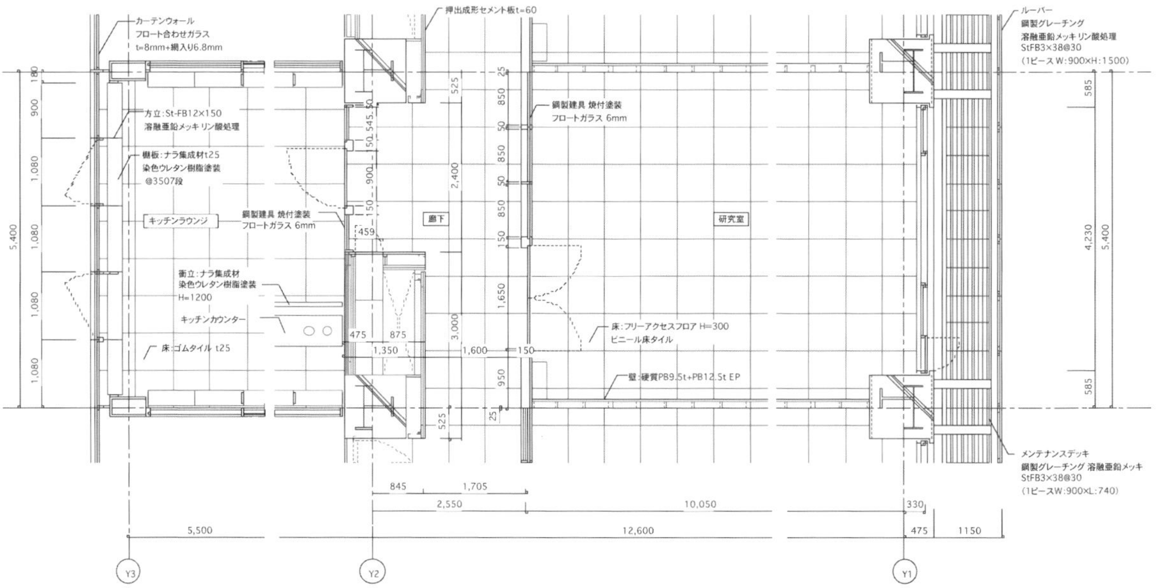

平面詳細図 S＝1/120

ルーフテラスにつながるホワイエ

キッチンラウンジ内部

廊下より研究室を見る

設計：
建築　岸田省吾、宮部浩幸、岩城和哉、
　　　東京大学施設部、現代建築研究所
構造　金箱構造設計事務所
設備　環境エンジニアリング
施工：大林・ナカノ・川土特定建設工事共同体
敷地面積：42,959.62㎡
建築面積：1,402.81㎡
延床面積：6,537.34㎡
階数：地下3階　地上6階
構造：鉄骨鉄筋コンクリート造　一部鉄骨造
設計期間：2000年10月～2001年11月
工期：2001年11月～2003年10月

北東より見る

東側のファサードを見る。「垂直の広場」であるインタラクションヴォイドが透けて見える

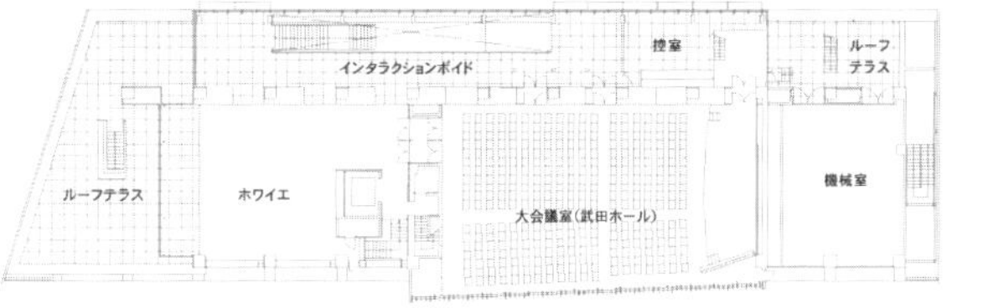

5階平面図

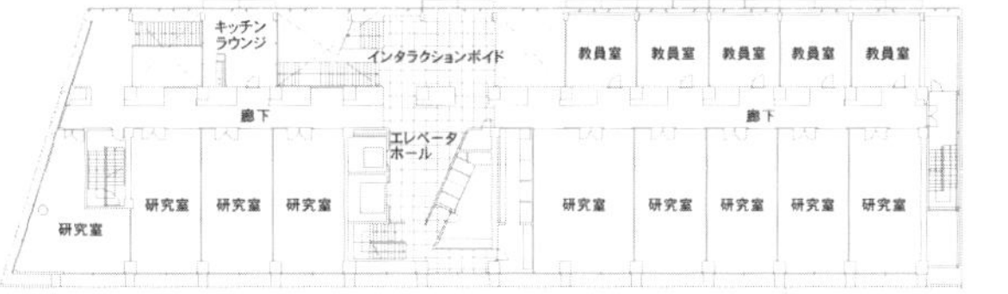

4階平面図

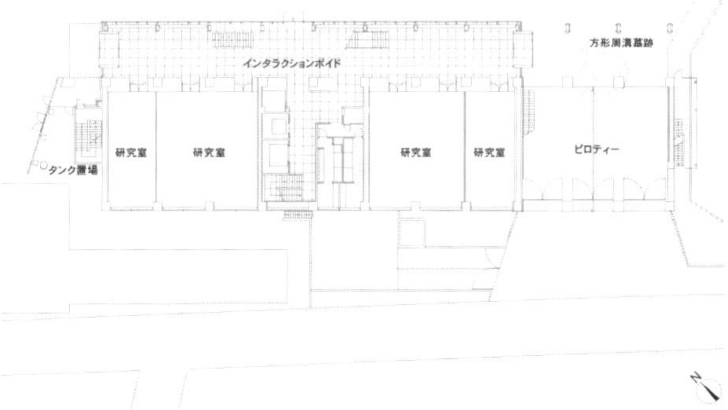

1階平面図

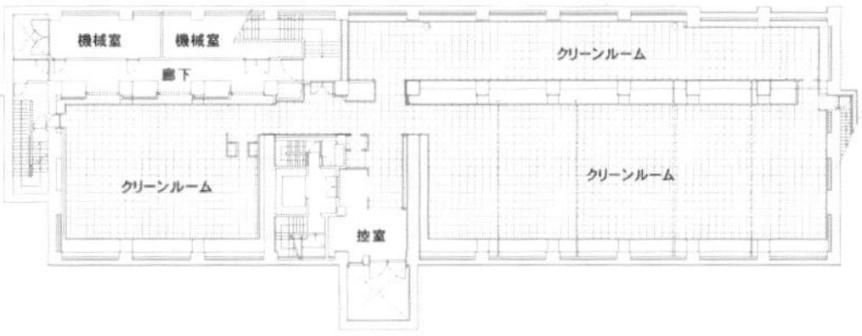

地下2階平面図　S＝1/1000

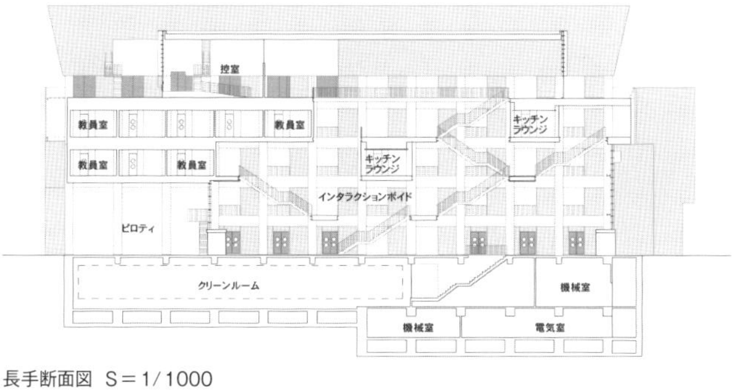

長手断面図　S＝1/1000

短手断面図

総合研究博物館小石川分館 2001年

正面外観。小石川植物園内の池越しに見る。この小石川植物園の日本庭園は徳川家ゆかりのもので、都心に貴重な自然環境を残している

●生き残った建築に新たな命を吹き込む

■「学校建築ミュージアム」構想

この建物は、近代の学校建築の資料を研究、収蔵、展示する施設です。
明治に入ってから、日本には多くの近代的な学校が建てられてきました。大学を含めさまざまな学校がいろいろな人の手によって建てられてきたわけです。しかし、それらに関する資料を体系立てて研究し、収蔵・閲覧できる場がありませんでした。以前から「学校建築ミュージアム」の構想はあったようですが、それは東京大学というより文部科学省が主体的に考えていたようです。

そういった状況の中、学術情報センターとして数年間使われていた建物が、その後の用途が決まらないままになっていたということと、この建物が日本の高等教育機関の校舎として一番古い建物であるということが重なり、機が熟したとでもいうのでしょうか、「学校建築ミュージアム」の企画が急越浮上したわけです。

■二つに分割された建築

この建物は、東京大学の前身に当たる東京医学校の本館として明治9年（1876年）に、現在の東大病院（東京・本郷）の位置に建てられたものです。設計は工部省営繕局です。西郷元普（もとよし）という人が設計したと書いている本もありますが、定かなことはわかりませんし、建築家が介在していなかった可能性もあります。この時代の擬洋風は、大工さんが見よう見まねでつくったものが多いようですが、たぶんそれに近いものではないでしょうか。

当時は、現在の東大病院の場所に医学部があり、赤門の近くに病院があったのですが、その後、明治のキャンパス内建物の再配置で、医学部と病院の位置が入れ替わり、共に現在の位置に移りました。そのとき、この建物はふたつに分割されて、建物正面側が赤門の近くに移築されました。明治44年（1911年）のことです。このときは、医学部の建物としてではなく、史料編纂所という一種の研究所の建物として使われました。

赤門の南側には、加賀藩邸の時代に富士山と呼ばれていた小高い丘があったのですが、この建物ぐらいの大きさなら何とかよけて置けるだろうということで、ここに移されたようです。

ところで、分割されたもうひとつの建物の行方ですが、最近になって、学士会館として東京・一ツ橋に移されたということがわかりました。現在の学士会館

２階多目的室。この建物はその擬洋風の外観に対して、小屋組は和小屋である。この建物自体を展示品と考え、あえて小屋組を見せることでこの建物の特徴を伝えることを意図した

は昭和3年（1928年）に佐野利器・高橋貞太郎の設計で完成していますが、それまで使われていたようです。
その後、生き残った正面側は、現在の小石川に移るわけです。移築した翌年、重要文化財に指定されていますが、2回の移築を経て、内装はすべて失われ、構造の軸組だけが露出された状態でした。いずれにしても、ひとつの建物が、ふたつに分けられ、その片方だけが生き残ったという不思議な建物です。

■整合的でないものをあえて見せる

そういったことで企画が急遽固まり、計画を東京大学キャンパス計画室が担当することになり、設計は私がまとめることになりました。重文の改修増築であることから、計画・調査に当たっては、設計事務所、文化財保存協会をはじめ、建築学科の鈴木博之先生、坂本功先生、藤井恵介先生にたいへんなご協力をいただきました。
設計をするに当たって、まずは現場を見ました。天井裏に潜ったり床下を覗いたりしたのですが、予想通り部材は相当傷んでいました。しかも、2回の移築の間に、当初、柱で使われた部材が梁になっていたり、柱がやたらに多い場所や唐突に梁が出てきたりすること、さらに昭和以降の部材もはめ込まれていたりと、整合的でない部分が多分にありました。しかし、建築のミュージアムとして、移築され生き続けてきた歴史をそのままの状態で見せることが、この企画にはふさわしいと思いました。たとえば野地ものの天井裏をそのまま見せているのはそうした考えからです。
ただ、ここまで汚い（？）と、なぜそのままにしたのかといわれるかもしれませんが、建築は風化し、古びていくもので、だけどやりようによってはその古さ自体が新しい意味を帯び、「展示物」として楽しめるのではないか、そんなふうに考えています。

■「学校建築」をどのように見せるのか

「建築ミュージアム」というのはヨーロッパでも多くなく、もちろん日本にもありませんでした。学校という限定はつきますが、とにかく建築にかかわるミュージアムができそうだということで、本当によかったと思います。しかも建築というものを意識せざるを得ないような建物がベースにあるわけで、格好の舞台が選ばれたと思います。
企画の詳細は現在、東大の総合研究博物館でまとめられています。多くの資料を集め、歴史、思想、背景など学校建築にかかわるいろんな面を展示、収蔵、研究していただけると聞いています。
展示方法には初等教育、中等教育、高等教育などに分けるというのもあるでしょうが、ただ、「閑谷学校」のように当時の教育風景を蝋人形などで再現するのではなく、地味かもしれませんが、図面や模型など、客観的な資料にもとづいた展示が基本となるようです。また、スペースに余裕があれば海外の学校建築も扱われます。
目玉のひとつはデジタルミュージアムとしての役割です。1階のデジタル作業室は専門家がデジタルコンテンツをつくる仕事場になり、それをとなりのデジタルアーカイブからガラス越しに見ることができます。そしてアーカイブの端末を使ってコンテンツにアクセスできるようになります。東大の総合研究博物館の中にはデジタルミュージアムを専門にしている先生がおられますが、総合研究博物館の分館としてこの建物で、デジタルミュージアムの新しい姿を展開していただけるのではないかと楽しみにしております。（新建築2001年9月号掲載インタビューより）

東京医学校 明治12年頃（『東京帝国大学五十年史』より）

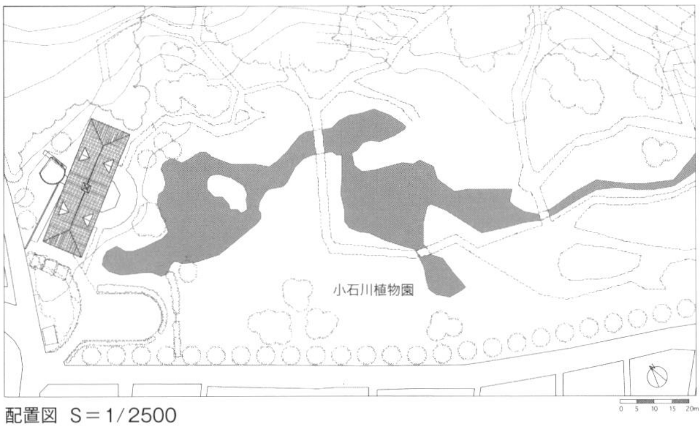

配置図 S＝1/2500

2階展示室。空間内には既存の構造材があらわになる。古材保護の観点から、人が触れる高さまではスチールのバンドを巻き付けている。この建物は2回に渡って移築されているが、その際に木材は様々な形で転用され多くの材料の位置が変わっている。古材の不思議な欠き込みはその様子を今に伝えている

外周壁は既存の外壁の内側に新たな壁を設け、内窓に鋼製建具を設置することで博物館に求められる気密性を確保している。またこの壁を構造材の芯から400mm離し既存外壁との間に通気スペースを確保した。外壁は構造用合板で補強したが、古材が密閉されることのないよう合板に通気用の穴を開けている

中央階段

1階展示室。手前の丸柱は既存建物が明治44年に東大赤門脇に移築された際に設置されたもので、今回の工事で失われていた斗栱と西洋風の柱脚を復元している

アプローチのロータリーより見る

北側外観

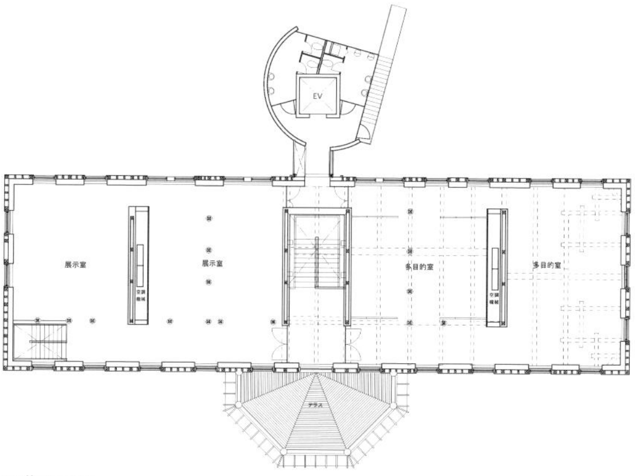

2階平面図

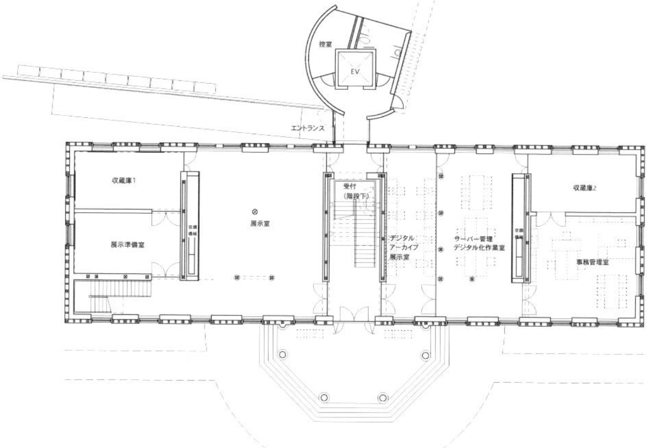

1階平面図　S＝1/500

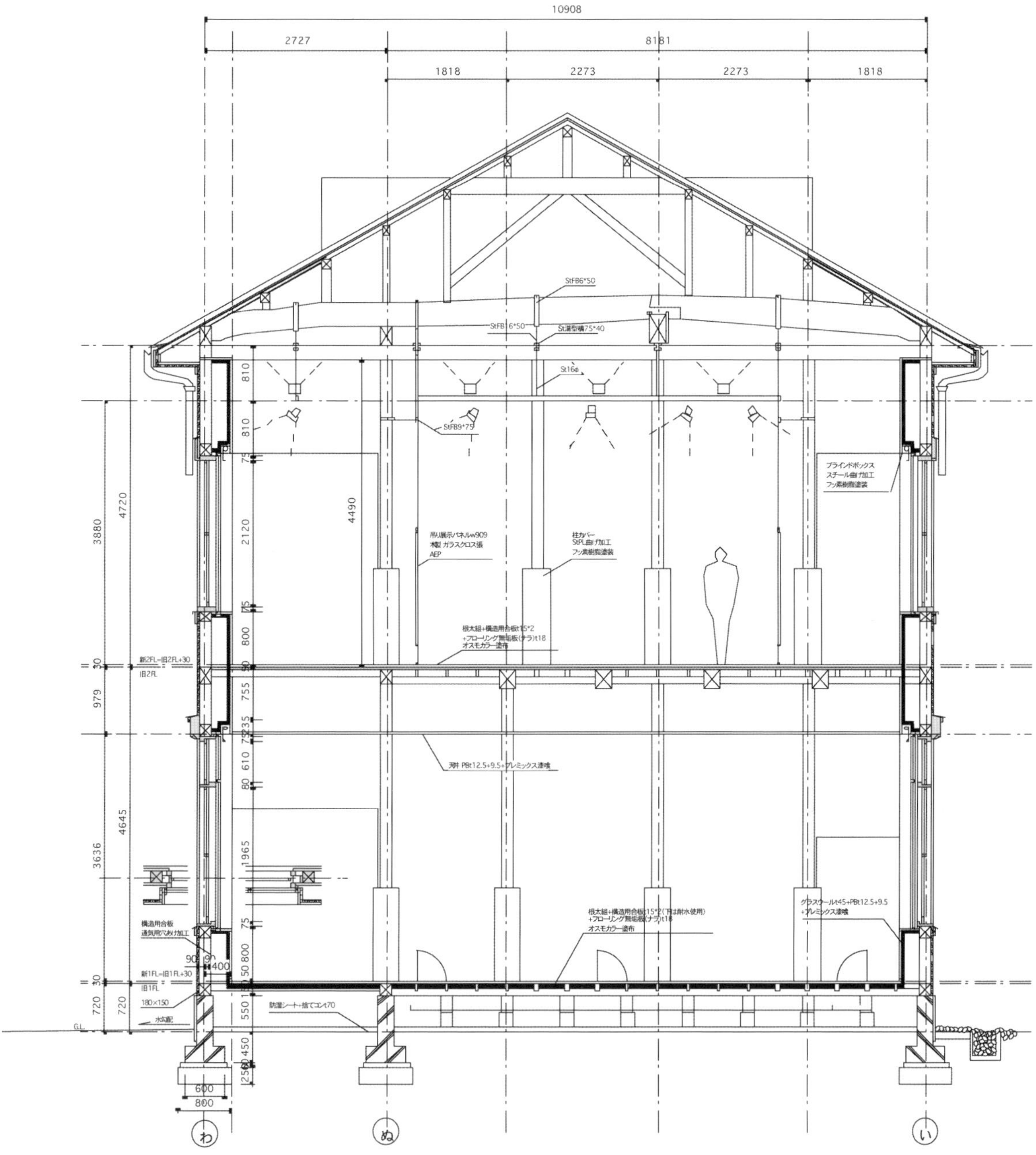

断面詳細図　S＝1/100

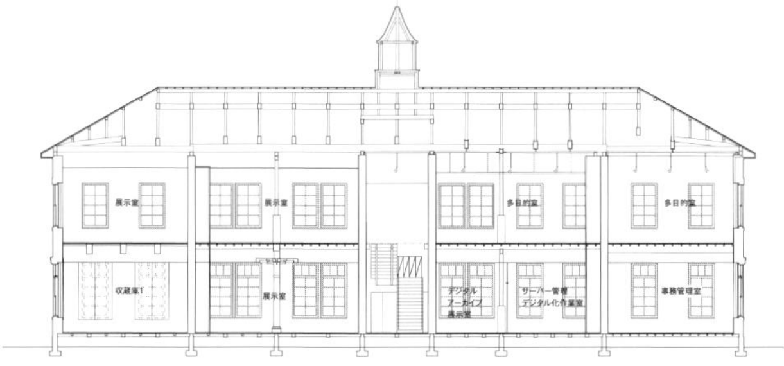

長手断面図　S＝1/500

設計：岸田省吾、宮部浩幸、
東京大学施設部、永山建築設計事務所

施工：丸一田中建設

敷地面積：3,285.00㎡

建築面積：476.60㎡

延床面積：865.70㎡（既存793.20㎡＋増築72.50㎡）

階数：地上2階

構造：木造（既存部分）　鉄筋コンクリート造（増築部分）

設計期間：2000年8月～2000年11月

工期：2000年11月～2001年3月

北側アプローチのスロープ。左が増築棟。RC壁の内側には、エレベーター、トイレ、空調換気設備などの既存部分の博物館機能を支援する機能が収められている

東京大学キャンパスを対象とする岸田省吾の作品

岡田新一

私が、東京大学附属病院の全面建替えに従事していた24年の間（1982～2006）、岸田省吾の活動を見続けていたことになる。それは単に一つの作品、たとえば工学部2号館のような――もののみでなく、東京大学キャンパスでくり拡げられたいくつかの作品に関連している。

キャンパス整備担当教授として前任の香山寿夫教授の後を継いだ作品群、そこには東大キャンパスの歴史をとらえ環境に根ざした建築、空間の総合デザインを明瞭に読みとることができる。

この視点は、問題の重要性が謂われながら、実際には行われ難い分野であるのでとくに注目をしたい。

それは、グランドデザイン（GD）の問題なのである。私は、東日本大震災の復興に宮城県の復興会議のメンバーとして参加した。復興会議の冒頭では10名の委員全員がグランドデザインをしっかり踏まえた上で報告書をまとめることを申し合わせた。ところが最終にまとめられたものにはGDの姿はなく、会議でテーマとなり取り上げられた政策テーマの羅列で、それは分厚い報告書であったがそれをもって復興計画書とすることはできないものであった。将来の建設を導くGDの本質が全く理解されていないことに愕然とした。GDの意味内容が通じないのだ。

このような欠落は東大キャンパス整備では見られない。明治期の東京大学本郷キャンパス設立、現在のキャンパスの基調をなしている大正15年、関東大震災からの内田祥三（当時総長）による復興。第2次大戦後の吉武泰水教授（当時）による東大病院中央診療部の構築とそれに続く岡田による東大病院の全面建替え（鈴木成文教授当時から長沢泰教授当時へ受け継がれている）、香山教授（当時）の屋上部への増築手法の導入、それらは、歴史を積み重ねる軌跡を描くものであったが、単に建物を対象にするのではなく、環境、空間等キャンパスの持つ都市的環境の整備を迫る統括的視野による建築デザインが受け継がれてきた。この視点は甚だ重要である。

岸田省吾の東大本郷キャンパスの作品群は、このような何代にもわたって整備を続けている流れを次代へ渡すものであり、キャンパスがともすれば失ってしまう秩序、混沌たるカオスに堕ち入ってしまう無秩序開発に対する歯止めを行ってきた。歴史様式ともなってきた工学部2号館の上に大架構によって増築棟を乗せた計画は、コスト基準を逸脱する面があったかもしれないが、キャンパスの外部空間が、広場、道の軸線、緑、空間等多くの外部要因によって創られることを理解すれば、それは、高く評価されてよい。更に、秀れた建築が備えるべき緻密で細密なディティールが建築の質を支えている。次の時代へ整備を進めるバトンが用意されている。

これによって、主要門（正門、赤門などのゲート）のみでなく諸々のサブゲート（本郷消防署横の小さな門など）、安田講堂前面広場と地下生協、建物へ出入りする広場やゲートの在り方などがデザインされ、キャンパス生活の主体である学生、院生、教職員達の生活空間が以前とは見違えるようにデザインされ好ましいものとなってきた。これらの統合デザインはGDなしには考えられない。GDがしっかり立案された故に好ましい環境空間が見えてきた。岸田は、「現在進められているキャンパスの再生は、コンドルや内田のようにオープンスペースを重視する。異なる点は、キャンパスを一つの完成図として描き切ることより、オープンスペースを軸として時間をかけ生成する姿が構想されていることであろう」[*1]と述べている。オープンスペースを軸とする手法は、私が東大病院全面建替えの当初にGDを実現するシステムとして用いたシステムマスタープランに近い。

現在、キャンパス計画の責任者は短期間で交代しているようであるが、GDによる整備は継続することによってはじめて可能となる。たとえ担当が変わってもGDが暗黙知として継承されてゆくことが不可欠である。岸田省吾の設計活動によってGDの存在に対する意識の顕在化は緒についたばかりである。GDに目覚め理解してゆくには長年の修練と経験の積み重ねが必要である。将来の姿の見え始めた東大本郷キャンパスの整備に停滞をもたらすことのないようにGDの視点が受け継がれていくよう願っている。

＊1　岸田省吾「荒涼たる原野に重ねられた時間」2005『本郷キャンパス案内』

（おかだ・しんいち／建築家、日本芸術院会員）

ギガスの夢

北川原 温

岸田省吾が手掛けた２号館の改修が終わった頃、東大のスタジオ課題を非常勤で受けもつことになり３年ほど本郷キャンパスに通った。エスキスを始める前に必ずその２号館のラウンジでハヤシソースのオムライスを食し、コーヒーを楽しんだ。そのラウンジももちろん岸田の設計で、客はちょっといただけないが空間のデザインはほどよく抑制の効いた官能的な雰囲気があってとても居心地がよい。

インテリアは黒御影石と暗赤色に染色されたナラ材、黒皮のイタリー製のイスなど、国立大学としては贅沢なものである。ある日、同じ階の奥のトイレに行った。やはり黒御影石で統一されとても暗い。その黒々とした空間に入ったとき、ふと谷崎潤一郎の『陰翳礼賛』を思い出した。岸田省吾という建築家はこういうテイストをもっているのか、と一気に親しみが湧いた。黒々としたもの、重量感、硬い質感、細部とマチエールへのこだわり…など独特の美意識を感じた。しかし私の知る限り、彼はそうした作家的な面について一言も語らない。僕が水を向けても「いやぁ…」と言って苦笑いするだけだ。

岸田省吾は東大でいくつもの貴重なプロジェクトを手掛けているが、ここでは本郷２号館について触れたい。なぜなら、彼の仕事の中で最も興味深い傑作であり、また問題作でもあるからだ。なぜ問題作なのか？ それは東大のどのプロジェクトも多かれ少なかれ東大という格別の巨大組織が孕むポリティカルな力学に翻弄されることを逸れないが、２号館はそこに岸田の作家としての力も強く働いて、不思議な建築の姿をつくり出していると思えてならないからだ。

大学は人や社会を啓発する役割をもっている。キャンパスはそのための実験の場でもある。新しい人たちの新しい考えがまず最初に試される場がキャンパスでなければ大学は硬直し、存在意義を危うくするだろう。旧態依然とした環境を守るばかりでは未来が見えてこない。そこで岸田は自身が解説しているように、歴史的な本郷キャンパスの「再生」と「持続」を「新旧の対比の重層」と「外部環境を豊かなオープンスペースに変換すること」によって実現しようと試みた。人の想像力を喚起し、キャンパスを社会に開き未来につなぐ「しくみ」を創ろうとしたのである。

２号館の大規模な増改築が終わってまもなく、芸大の建築科の学生たちを連れて見学させていただく機会があった。明治期の話から始まって１時間、岸田自身の話を聞くことができた。キャンパスデザイン室の責任者としての岸田はあくまで冷徹なプランナーとして振る舞う。思慮深い彼は決して作家としての言葉は発しない。

２号館の設計では三層構成とし、巨大なスケール感を和らげようとしたと誌上でも述べている。しかし、西面と東面の立面は巨大なＶ字型コラムによって、内田祥三の設計による旧館の上空に持ち上げられた巨塊となっている。この圧倒的なスケールのコンポジションの迫力は新旧の対比を超えてしまっているかのようだ。

これは不思議なプロジェクトである。まず第一に、丸の内のような高密度街区であれば当然だが低層で超低密度の本郷キャンパスでなぜ旧館の上に新校舎を載せなければならなかったのか。旧館は歴史的な遺産として充分な保全を図らなければならないし、地震対策から増築部は構造的に遊離させなければならない。そうすれば、巨大スケールの構造が必然的に顕れてくる。

２号館は修復再生にとどめ、隣接の３号館を取り壊して、そこに高層棟を建てるというオルタナティブもあったに違いない。しかし、様々な事情から２号館の上に新校舎を載せざるを得ないことになったのだろう。岸田はそれを逆手にとって、これまでの本郷キャンパスになかったスケールとプロポーションをもつ全く新しい、そして不思議な建築を作り出したのではないかと僕は想像している。

旧館が改修された2000年に発表された２号館・３号館の増改築完成予想パースを誌上で見たときに、これはすごい建築ができるぞ……と非常に驚いたのを覚えている。彼のデザインにはどこか大胆な革新への意思が潜んでいるように僕は思う。岸田は赤く錆びついた秩序の真只中に巨大な異物（カオス）をスーパーインポーズさせ、新たな創造の契機を生み出そうとしたのではないか。創造は整然とした秩序の中では起こらない。秩序とカオスが接するところ、つまりカオスの縁で創造が可能となる（スチュアート・カウフマン）と岸田は考えたのではないだろうか。岸田にとってその縁とは、キャンパスの屋外環境を指しているように思う。岸田は誌上で本郷キャンパスの何でもない屋外空間は自由を担保する、そしてヒューリスティックなオープンスペースとして維持してゆくべき重要な要素であると述べている。僕はまだ岸田がキャンパスデザインを手掛けるより以前に本郷キャンパスを散歩したことがある。豊かな緑もあり、確かに歴史の香りも高い。しかし、全体に雑然としていて、防災上は有効だとは思うが退屈な空地が連続している印象があった。それは僕が狭隘な芸大のキャンパスに慣れてしまっていたせいかもしれないが。余白だらけの本郷キャンパスはともかく途方もなく贅沢な環境にある。その空地に息を吹き込むように、岸田はATM、ゴミカート、サインなど各所に巧みなデザインを施し、まだ一部ではあるけれども、知的で柔らかな新しいオープンスペースを見事に生み出した。その素材の選定や扱いにも岸田の美意識が垣間見える。

2号館改修（2000年）においてその外観を内田の原型に極力戻したのは、その後に続く岸田のデザインとクラシックな内田のそれの対比を徹底させ、キャンパスの「空間」と「持続」を実現するためであった。しかし巨大立方体を積み重ねるという岸田の当初のデザインがそのままの姿では実現しなかった理由について僕は知る由もない。

旧の上に新を浮かべるという手法は現代では常套手段となっている。そのほとんどは匿名性を装った退屈で美しくないガラスのただの箱が載っている。ところが、岸田はあえて重量感、量塊感をもたせた（東面と西面）。立面に穿たれたぽつ窓がその感を一層強めている。そしてなんと言っても圧巻なのは旧館の上にボリュームを持ち上げている黒々とした巨大なV字型コラムだ。これまで本郷キャンパスにはこれほどのスーパースケールの柱や量塊はなかった。これはいったい何を意味しているのだろうか。

Vコラムは900ミリϕの鋼管を厚さ4.5ミリの黒塗りの鉄板で被い、仕上げ寸法は1220ミリϕまで肥大化している。おそらく模型を使って何度も吟味し、このサイズに決めたのであろう。Vコラムそのもののプロポーションも上のボリュームとのバランスも絶妙で完璧と言っていい。その黒々とした鈍い艶に岸田の独特の美意識を感じる。工学部フォラムの構造のスケールも大きいが、こちらはアルミプレートに銀色のメタリック塗装が施されていて明らかにVコラムは別格の扱いになっている。岸田の黒や鉄へのこだわりは単に本郷キャンパスの歴史の厚みを演出しているだけでなく何か根源的なものへの希求を感じさせる。Vコラムの太さはその傍らの人がミニチュア模型のように見えるほど巨大かつ超越的であり、旧館は仮設の舞台背景のように存在感がない。この建築は旧館との対比を遙かに超えて本郷キャンパス全体との対比さえも視野に入れようとしたのではないかと思わず飛躍した想像をしてしまう。

安田講堂に配慮してスケール感を和らげるのではなく、むしろ劇的な対比、あるいは安田講堂を圧倒し、凌駕する新しい建築の出現こそがキャンパスにさらに強力な生命力を与え、未来への活力を生み出すはずである。黒々とした巨人の影のような銀灰色の巨大立方体のデザインがそのままの姿で実現していればどんなに眩い光を放ったことであろうか。21世紀の本郷キャンパスの進化の方向を明確に示したに違いない。その際立った量塊は安田講堂の最頂部のおよそ2倍の高さに達し、本郷キャンパス全体を睥睨するかのような凄みをきかせたであろう。

そう言えば、その完成予想パースには実現したVコラムは描かれていない。とするとVコラムはあの黒々とした巨大な立方体の化身なのだろうか。伝統とは革新の連続の積み重ねによる進化があってこそ、価値のある生きた伝統たりうる。岸田が真摯に語った「再生」と「持続」にはそのことが読み取れる。キャンパスは大いなる創造の実験の場でなければ想像力豊かな人材は育たない。人々を啓発し、社会に貢献することもできない。ここまで書いてきて、岸田省吾という建築家について少し理解できた気がする。彼は思慮深く、誠実に建築を探求し、常に静かな美意識をもって根源的なものに思いを巡らしている建築家なのであると。

（きたがわら・あつし／建築家、東京芸術大学教授）

柏図書館 2004年

東側外観。大屋根が水平に延びる　　　　撮影　新建築社写真部（P.44）

●開かれたキャンパスの顔

柏図書館は、自動書庫を備えた学術情報の集約センターであると同時に、学生研究者、地域の人たちが共有する様々な居場所を備えた、開かれた図書館として構想された。

建物は、柏キャンパスのユニヴァーシティグリーンと名づけられた公道沿いの帯状区域にある。緑に包まれる予定のこの場所に1枚の大屋根を浮かせ、その下に必要な諸室を収めたコンクリートの基壇を据え、周囲を透明なガラススクリーンで覆う。室内でも緑の中にいるように感じられるとともに、開かれたキャンパスにふさわしい開放的な場所をつくろうとした。

コンクリート基壇とガラススクリーンをずらして配置することにより、1階にはメディアプロムナード、2階閲覧室には大きなテラスが生まれている。メディアプロムナードではノートパソコンを使ったり、お茶を飲みながら談笑することもできる。プロムナード沿いにはホール、ロビー、コンピュータリテラシー室などが並び、いわば空調された街路のようなものである。2階閲覧室は19世紀的なワンルームのホール形式とし、世界に関する知の広がりを一望の下に感じられるようにした。

基本構想時には多数の細い柱によって屋根を支える計画であったが、実施設計時に大スパン架構に変更され、構造梁が現れている。

閲覧室の空調は、床から吹き出し、照明器具を兼ねたリターンポールによって吸い込む方式で、居住域のみを集中的に空調することで省エネルギー化を図った。

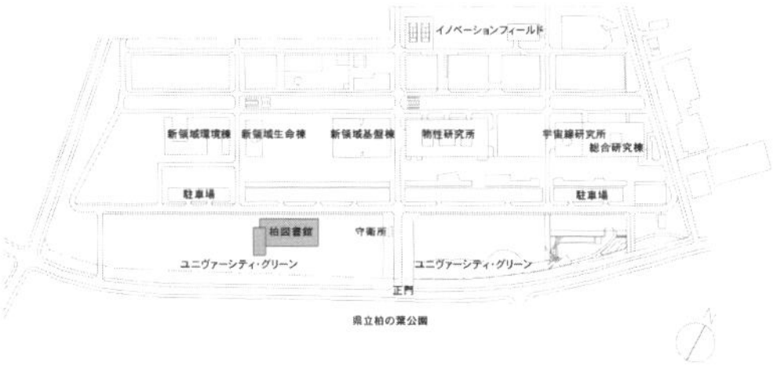

配置図　S＝1/15000

北側外観

メディアプロムナードを見通す。メディアプロムナード沿いにロビーや市民公開スペースが設けられている

北側構内道路より見る。上部の張り出しているヴォリュームはAVコーナー

1階映像会議室

メディアプロムナード東側角の喫茶コーナー

２階閲覧室。約45m×27mの空間。天井高は4.8m

テラス

テラス前の閲覧スペース

フロアに立つリターンポール。照明器具を兼ねる

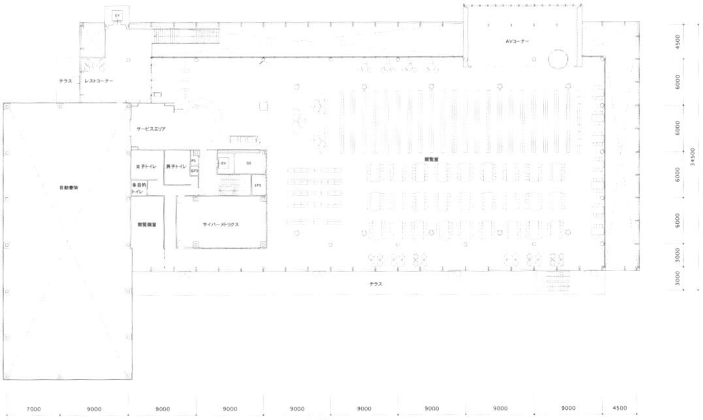

2階平面図

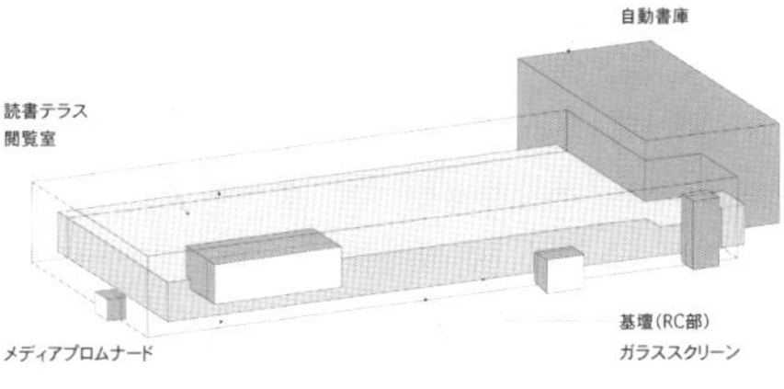

全体構成を表すアクソノメトリック

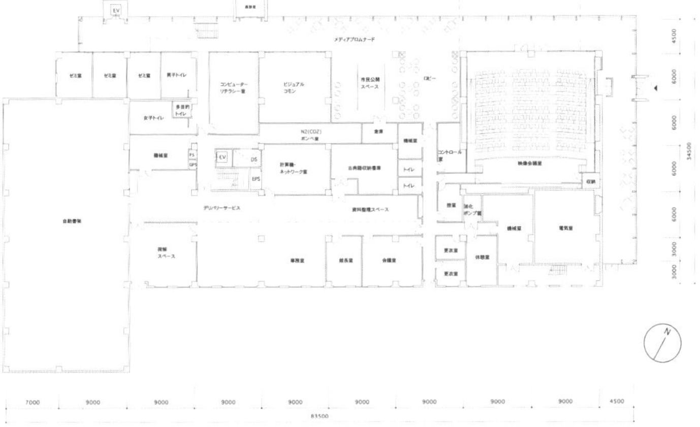

1階平面図　S＝1/1000

AVコーナーより構内を望む

南側外観

設計：

建築　岸田省吾、宮部浩幸、木内俊彦、
　　　東京大学施設部、山下設計

構造　山下設計

設備　森村設計

施工：奥村・志眞特定建設工事共同企業体

敷地面積：237,452.39㎡

建築面積：3,062.49㎡

延床面積：5,023.24㎡

階数：地上２階　塔屋１階

構造：鉄筋コンクリート造　一部鉄骨造

設計期間：2000年４月～2003年５月

工期：2003年６月～2004年２月

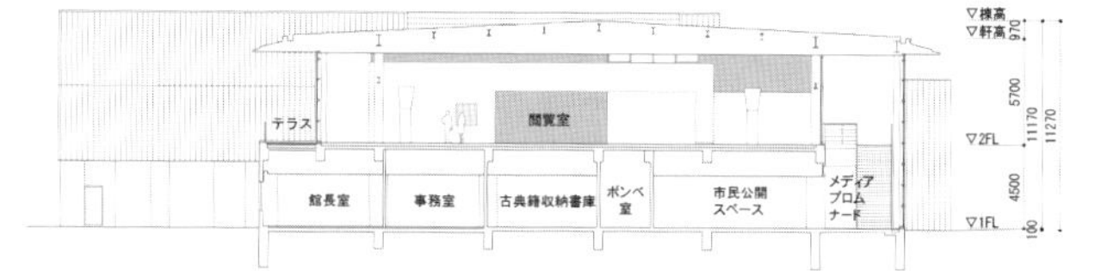

南北断面図

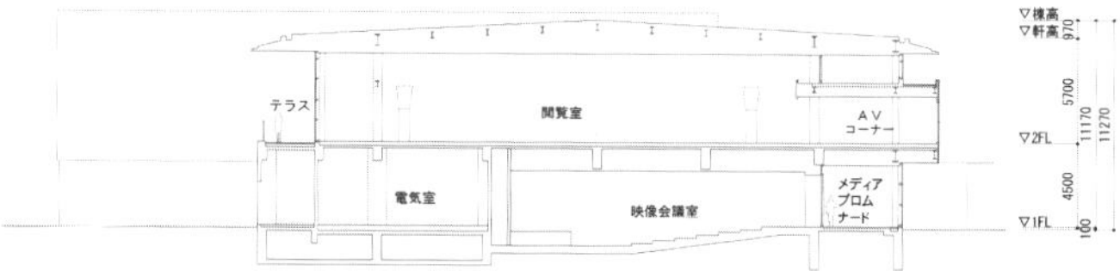

南北断面図

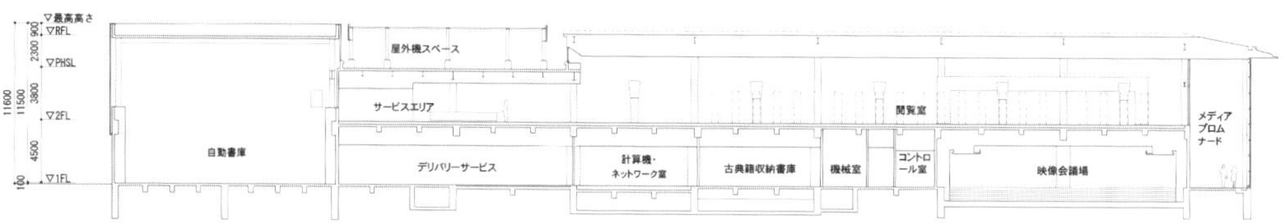

東西断面図　S＝1/750

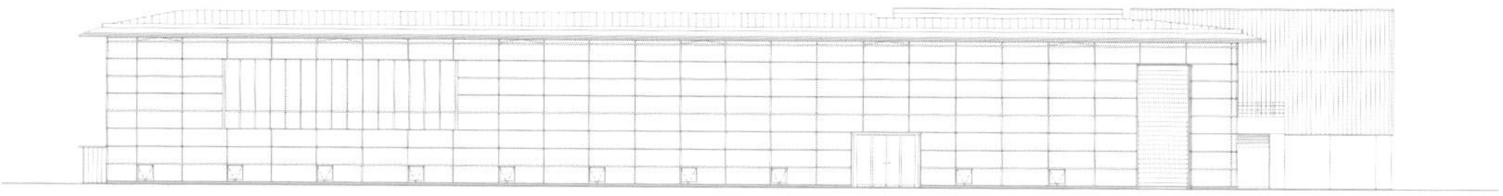

北立面図　S＝1/750

総合図書館改修増築構想─メディア・プロムナード 2005年

メディア・プロムナードを入口側より見る。中庭にトップライトを掛けて屋内化することにより、明るく開放的な空間が生まれる。 将来的には正面ガラス面の先へ延長され、団地全体を結びつける骨格となる

総合図書館正面。図書館団地のポーチ門灯は2009年に復元した

総合図書館は、大正12年（1923年）の関東大震災で失われた明治期の図書館を再建するものとして、昭和3年（1928年）に建てられた。設計者の内田祥三はキャンパスの軸線を建物内へ引き込み、エントランスから3階まで連続する劇的な大階段を設計したが、時の経過とともに空間は手狭になり、メディアへの対応や耐震対策なども行わなければならなくなった。

それらに応えて研究室で行った構想は大きく二つに分かれる。一つは、総合図書館の機能拡充のための改修計画で、いま一つは、総合図書館と史料編纂所、社会科学研究所、情報学環（旧社会情報研究所）、教育学部などを含む「図書館団地」と呼ばれる一体的建物群の整備構想である。

前者の総合図書館の改修計画は、1999年に機能整理とバリアフリー化などの提案を行い、2005年には後述する図書館団地計画を踏まえて、100万冊の自動書庫、アナログメディアとデジタルメディアの共存、リフレッシュスペース設置などを図る改修計画をまとめた。同じ2005年に提案した図書館団地の整備計画は、建物更新も考慮しつつ、団地内各部局の増床要求に応え、現状では分離している団地内部を空間的に結びつけようとした。

具体的には現在中庭に個別に建てられた増築群を整理し、中庭を、団地を縦断する「メディア・プロムナード」として内部化する。メディア・プロムナードは既存の中庭外壁を内壁とする6層吹抜けの巨大な一室空間で、実体資料と紙媒体、デジタルコンテンツなどのメディアがフラットに並列され、メディア環境として求められる多様な「交流」を可能にするだろう。

設計：岸田省吾、木内俊彦
延床面積：30,000㎡（構想面積合計）
階数：地上14階、地下1階（構想部分）
構想期間：1999年、2005年～2006年

Nメディアガーデン・東京大学芸術科学融合センター構想 2004年

春日通り交差点付近から見る

緑地軸へとつながるメディアガーデンの様子

●本郷キャンパスの新しい顔を考える

日本発デジタルメディア作品の映像世界や技術が世界的評価を獲得する中、東大においても、デジタルメディアやコンテンツビジネスの研究拠点を整備する構想が持ち上がった。計画地として、本郷キャンパス龍岡門に近い区立中学校跡地が想定された。学内側は産学連携本部やインキュベーションセンターに隣接するエリアで、龍岡門周辺をキャンパスの新しい顔の一つとして整備できる可能性がある。デジタルコンテンツの発信源で大消費地でもある秋葉原や、芸術の一大拠点である上野にも近く、将来的には活動の連携も考えられ格好の場所でもあった。

敷地東側は春日通りからの龍岡門への進入路に面し、反対の西側はキャンパスを縦断する『緑地軸』南端の懐徳館庭園に接している。来訪者を多く受け入れる活気ある場と、静かな緑地とを結びつけ、人の流れを交錯させる特異点をつくろうとした。

研究拠点となる８階建てのスタジオ棟は龍岡門側の街路に面して配し、主要動線を可視化したガラス張りのファサード越しに内部の活気を垣間見せる。前面広場も街路と一体的に整備し、懐徳館庭園側にはゆったりとした芝生広場やミュージアムを置きインフォーマルな交流や発表の場を設えるとともに、街路側と芝生広場をつなぐように低層のギャラリー棟を配することで、性格の異なる東西の空間をつなげ、敷地全体として多様な活動が立体的に展開できるような舞台をつくろうとした。この構想は実現には至らなかったが、大学と社会との接点を広げるために有効な視点と方法を考える良い機会となった。

設計：岸田省吾、櫻木直美
延床面積：10,750㎡
階数：地上８階、地下１階
構想期間：2004年3月～4月

ホール

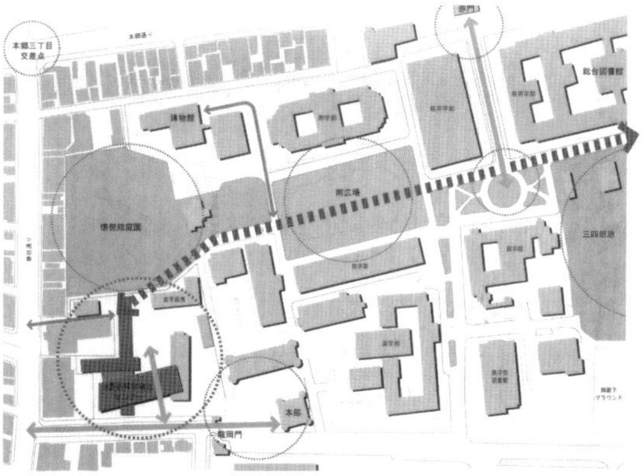

配置図。芸術科学融合センターと学内のオープンスペースとの関係がわかる

ミュージアム

スタジオ／オフィス

東側正面

経済学部図書館・広場構想 2006年

広場の様子

本郷通りより見る。右手前が新研究棟。左奥に赤レンガ倉庫を改修したレストランが見える

●大学と社会をつなぐ場

この計画は、経済学部が図書館を含む新研究棟を建設することとなり、その敷地としてまず学士会館分館の庭が検討されていたことに端を発する。敷地とされた庭は本郷通りに面するキャンパス南端に位置しており、夏にはビアガーデンが開かれ、学内外の人たちに親しまれていた。

我々は学士会館分館の改築・移転を行うことも提案し、新棟建設により失われるオープンスペースに代わる広場をつくる提案をした。

新研究棟は既存の周囲の建物と調和するようレンガタイル張りの外観とし、その色が低層部の赤レンガ色から垂直方向にグラデーションで薄くなっていく。建築のヴォリューム感を低減させようとしたためであるが、一方、内部では多様な窓辺の空間が生まれるよう大小様々な開口を考えてみた。

新しい広場ができれば学内で唯一の本郷通りに面する広場となる。現在、大学と社会をつなぐ場が重視されている。広場の北側には大正時代に建設された赤レンガ造の資料庫があり、これをレストランに改修するとともに、南側には大学の活動を紹介するインフォメーションボードや照明を散らした緑化壁を設け、街に開かれた場所にふさわしい設えを考えた。

現在この敷地には我々の構想の趣旨が生かされた経済学部施設と伊藤国際学術研究センター、広場が完成している。

設計：岸田省吾、高島守央
延床面積：2,500㎡（経済学部図書館）
階数：地上6階
構想期間：2006年4月～5月

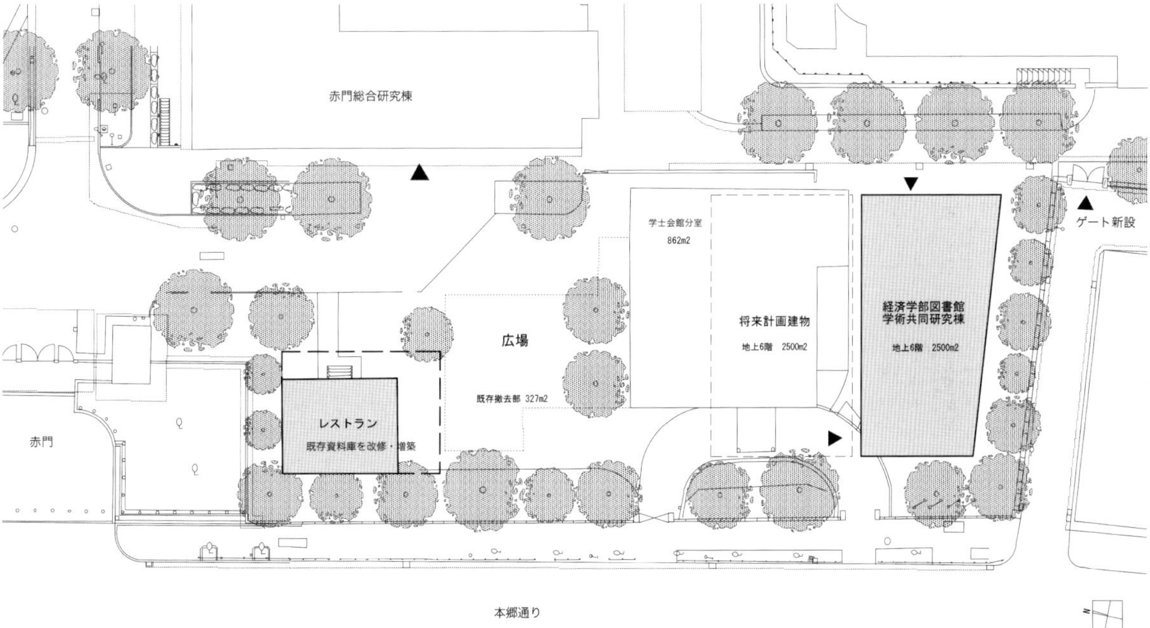

配置図 S＝1/800

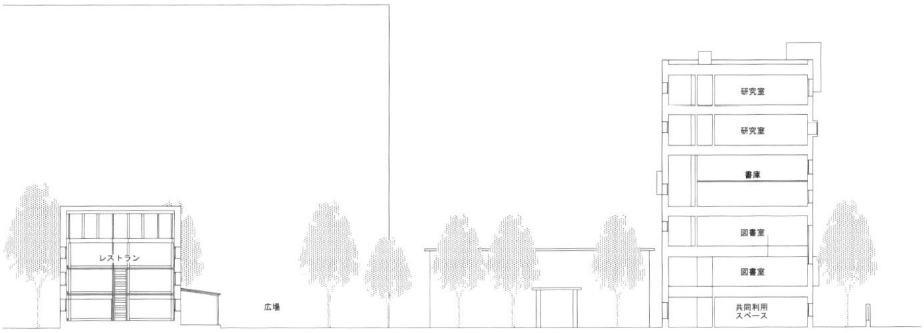

断面図 S＝1/800

クリニカル・リサーチ・センター構想　2010年

A案。南側正面より見る。左側に見えるのは旧館のアーケード

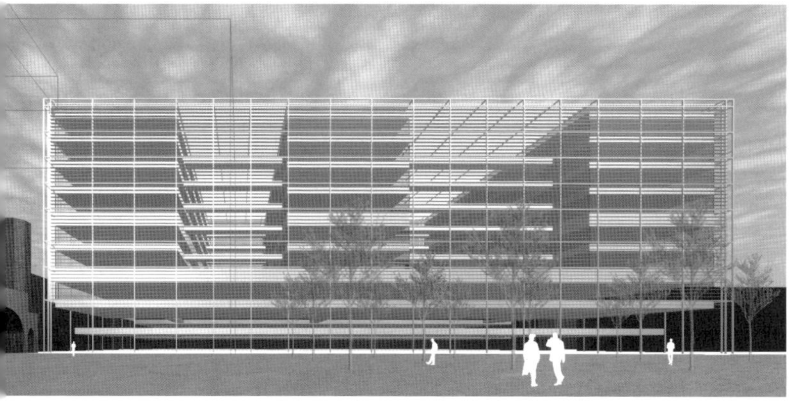

B案

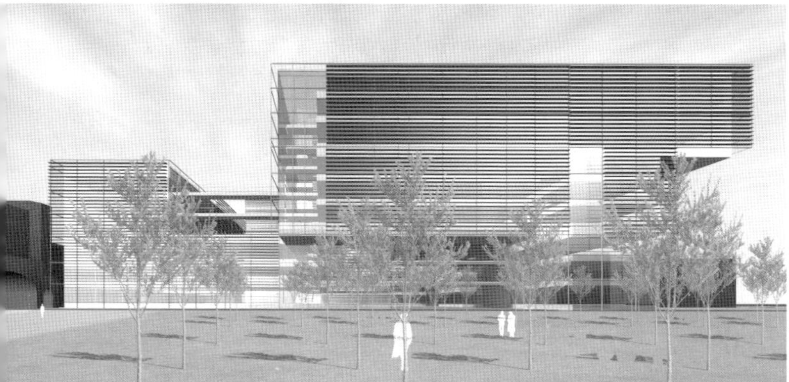

C案

バレーを望む。コモンスペースが浮かんでいる

附属病院は診療・教育とともに研究を使命としており、病院についてはここ20年あまりの期間に新たな病棟群が整備されすべての部門の建物がひと通りの完成を見たが、臨床研究を担う施設群は未だ戦前からの建物を利用しており、最先端の研究に対応できる新たな研究棟が嘱望されてきた。研究室では以前から計画の策定に協力し、2010年に新しい臨床系研究棟と附属病院地区の将来像の構想をまとめた。

クリニカル・リサーチ・センターと名付けられた臨床系研究施設は、駐車場として使われている空地に第一期を建設し、順次竣工建物に移転しながら建設を行い、既存改修部を含め延べ75,000㎡を整備する計画である。ここではそれぞれの診療科を超えた領域横断的な研究も期待され、さらに医学系だけでなく他の研究科との連携も予想された。

構想は三つの案としてまとめた。いずれにも共通するのは最先端の研究を支えるヘビーな実験設備に対応する明快な設備系のシステムと、領域横断的な交流を促すパブリックスペースを随所に仕組んでいることである。

各案はそれぞれの空間構成に応じて生じるパブリックスペースにより特徴づけられている。A案は南北に2棟を並べて配置し、その狭間の空間を一体的なパブリックスペース（アカデミックバレー）とする案で、それぞれの棟が上階にいくに従い外側にずれ重なることでバレーに広がりを生み、また「ずれ」や「抜け」によって生じるテラス、上部に浮くコモンスペースによってバレーに多様な表情を与えようとした。

B案は南北に並べて配置した低層部と、それに直交する上層部が井桁状に重なる空間構成をもつ。上層部の向きが変わることでバレー空間に光と通風をもたらそうとした。全体はルーバー状のスキンで覆われ、パブリックスペースを周囲に半ば開かれた半内部的な空間として考えた。

C案はL字型の棟を組み合わせていくことにより他の2案に比べよりインティメートなスケールのパブリックスペースをつくろうとした。様々なレベルの外部のパブリックスペースと内部のコモンスペースが立体的につながっていくことで、三次元的なパブリックスペースのネットワークを生み出している。

設計：岸田省吾、高島守央、
　　　飯田雄介、佐竹翼、西山礼子
延床面積：74,800㎡（1期：43,800㎡ 2期：31,000㎡）
階数：地上9階、地下2階
構想期間：2009年11月～2010年4月

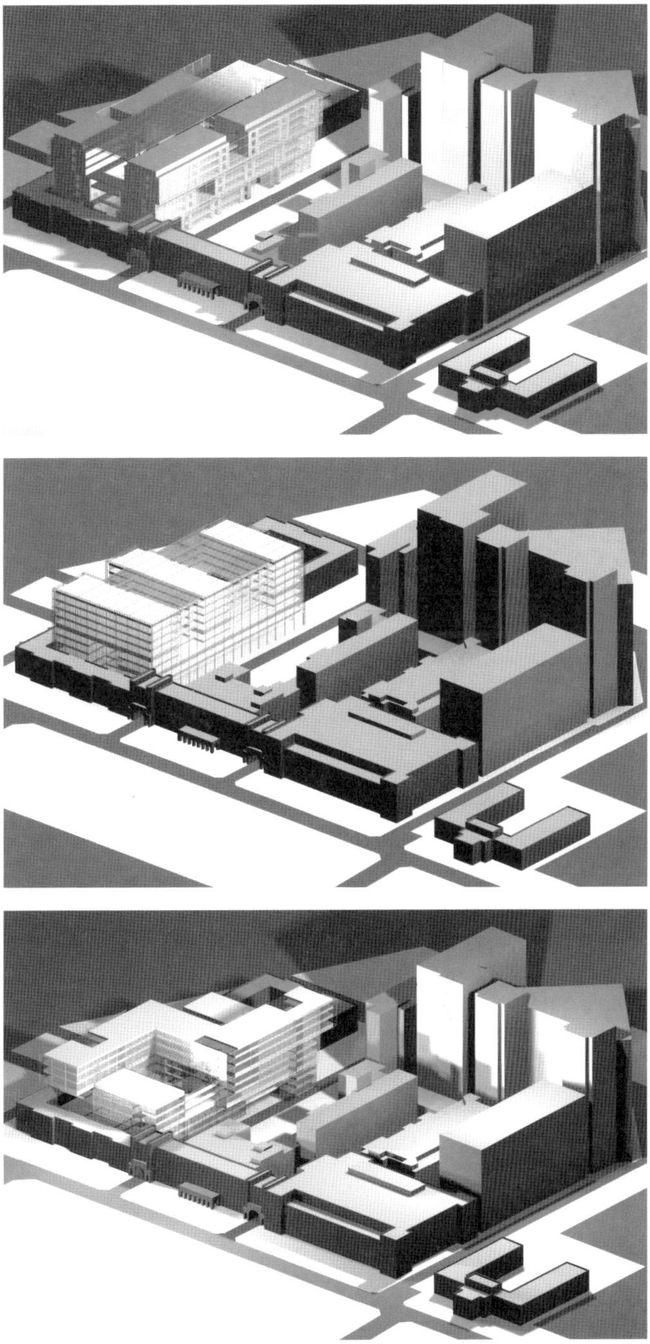

俯瞰図。上よりA案、B案、C案。それぞれの案の空間構成を示す

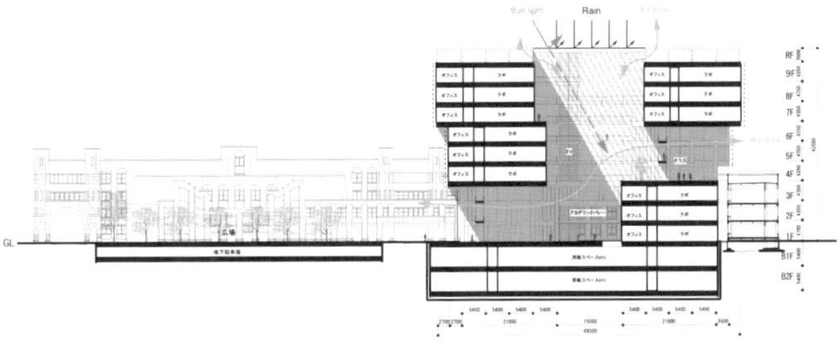

A案 南北断面図 S＝1/2000

中央食堂改修　1994年

天井見上げ。切り込まれたスリットが空間に軽さを与えている。家具は既存のもの

東大の中央食堂は安田講堂前広場の地下にある。計画の目的は、地下という基本的な制約の中で落ちついて食事を楽しめる空間をつくることであった。そのためには地下の大空間構造のもつ視覚的な重さから空間を解放すること、強い残響、暗い印象の照明を改めることなどが必要であった。天井は既存の構造の迫り出しに合わせ、折り紙細工のような平面で近似したボールトで覆った。壁には吸音の木ルーバーを立て、床はリノリウムタイルをランダムに配列した。

一陣の風が天幕を吹き上げ、タイルを散らし、ルーバーの間を抜けてゆく。空間はその一瞬の出来事を痕跡として留めるばかりである。照明は必要な照度を確保しつつ「紙」のボールトを浮き上がらせるだろう。

設計：岸田省吾、福田洋子、
東京大学施設部、環境造形研究所
延床面積：1,542.47 ㎡（改修）
階数：地下１階
構造：鉄筋コンクリート造
設計期間：1993年11月～1994年6月
工期：1994年7月～1994年9月

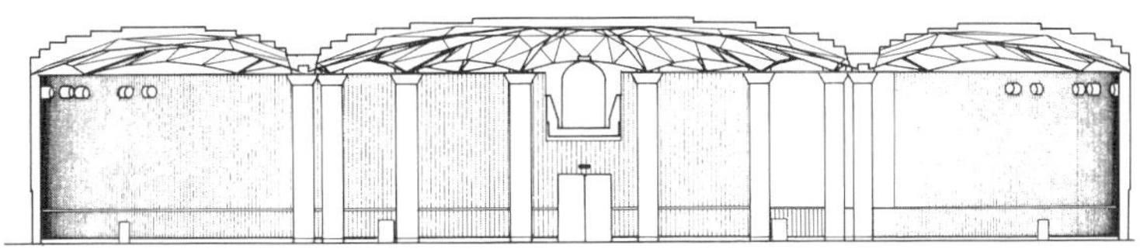

断面図

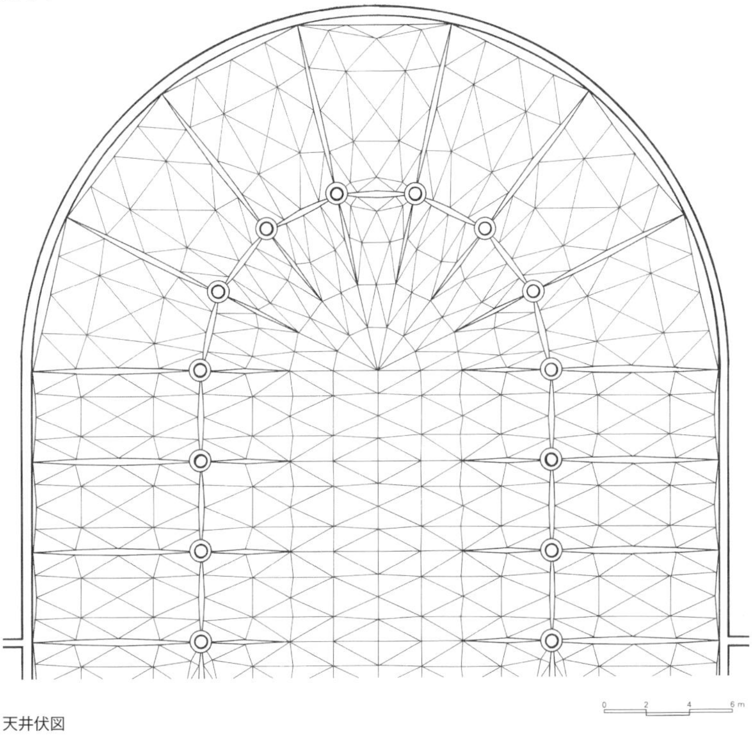

天井伏図

改修前

２階ブリッジより食券コーナーを見る

工学部8号館エントランス整備 2007年

ピロティ空間を見る

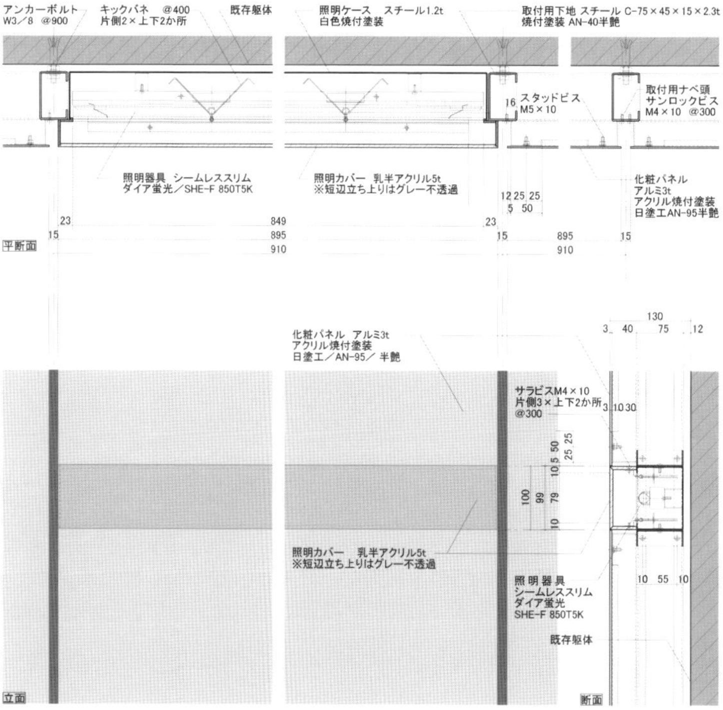

パネル詳細図 S＝1/12

耐震改修工事による壁の増設によって閉鎖的になってしまったピロティ空間に、エントランスとしてふさわしい明るさと開放感を回復しようとした計画である。出入口外側のピロティ空間と、内側のエントランスホールを横断して照明一体型パネルを壁と天井に設け、館内案内サインも組み込んだ。パネルの照明は正面から取り外し可能な乳白色のアクリルケースでカバーし、光が均一に広がるようシームレス蛍光灯が用いられている。細長いラインが反復するパターンは、エントランスホールの既存床パターンのリズムに近い。パネルはスチール製で求められる強度を確保している。表面は半ツヤの白色アクリル焼付け塗装として、反射した光が空間に溜まるような効果を狙った。出入口周りの耐震壁にはガラス色のアクリル製パネルを割り付けて、更新可能なサインパネルとして利用するとともに、耐震壁の重苦しさを軽減しようとした。

設計：岸田省吾、木内俊彦、浦野設計
施工：篠木工務店、森川製作所（照明一体型パネル）、コトブキ（サイン）
延床面積（改修部分）：509.73㎡
設計期間：2006年11月～2007年7月
工期：2007年8月～11月

法文1号館改修　2009年

エントランスホール。八角講堂の模型が展示されている

学生ラウンジ。パーティションは撤去した

設計：岸田省吾、木内俊彦、高島守央、
　　　弘中陽子、東京大学施設部
施工：中秀工業、森川製作所（照明器具）
延床面積：665.36㎡
設計期間：2007年12月～2009年1月
工期：2008年7月～9月、2009年5月～7月

現在の法文1号館の敷地には、関東大震災以前、通称「八角講堂」といわれた法科大学の講堂が建っていた。現在の法文1号館（昭和10年竣工）は、震災で焼け残った「八角講堂」の地下部分を利用しており、講義室部分にその八角形状が今も残されている。こうした歴史的由緒のある建物であるが、改修以前には時の経過とともに付加された水周り、自動販売機、学生ロッカーなどがあふれ、天井には無数の配管がむき出しとなっていた。改修では、法学部のメイン・エントランスにふさわしい構えと、学生たちがリラックスできるようなラウンジをデザインすることが求められた。

調査の結果、エントランスホールの天井裏にはオリジナルの格天井が隠されていることがわかった。そこでエントランスホールは極力オリジナルの状態に戻し、学生ラウンジの方は広々とした空間をつくることを心掛けた。

照明のデザインは研究室内コンペで案を募り、当選案（松岡康）を採用した。ホール全体は柱に上下配光のブラケット照明を設け、柔らかい光で満たそうとした。その他の公共スペース部分ではペンダント照明をグリッド状に配置し、光のレイヤーをつくるとともに、天井付近を白く塗り込め、露出配管を目立たなくした。

ロッカーや自動販売機などは位置を整理し、やはり白色系の木製パーティションで目隠しをした。染色でラワンの地色を残すことにより、質感に変化をもたせている。その他、学生ラウンジは廊下との間のパーティションを撤去して空間を一体化した。なお、エントランスホールには前述した「八角講堂」の木製模型を制作し展示したが、展示ケースと図面額は、既存タイルなどの褐色系に合わせた暗色として空間を引き締めた。

山中寮内藤セミナーハウス 2009年

北側より見る。屈曲した建築によりつくりだされる外部空間

●一つの「内部」を宿す大きな「家」

山中湖畔の敷地には、昭和4年に完成した旧寮が建っていた。80年にわたって、運動部の夏合宿の拠点として使われ、卒業生にとっては他に代え難い学生時代の思い出を刻む場所でもあった。旧寮の建物は岸田日出刀の設計によるもので、勾配の変化する屋根が特徴的な木造建築であったが、厳しい自然の中で風雪に曝され老朽化が進み、また、東京から比較的近く、自然に恵まれた場所にありながら、ほとんど夏利用に限定されていたため、全面的な改築が決まった。

計画では、豊かな自然の中で、様々な世代が交流を深められるような場をつくりだすことが求められた。敷地は富士箱根伊豆国立公園の一角、山中湖南岸を占める東京大学富士演習林内にある。南に向かって針葉樹の高木林が広がり、北側の湖に向かっては緩やかに下る地形で、富士の裾野の雄大なスケールが感じられる。冬には敷地内からも冠雪した富士山が見える。夏だけでなく、新緑が芽生える春も、周囲の山々が紅葉で彩られる秋も、いずれの季節も、自然は実に豊かな表情を見せてくれる。

敷地を訪れ、ここには、一つの「内部」を包み込む大きな「家」のような建物がふさわしいと思った。それも「内部」の存在が強く意識できるような、場の多様性に富み、強い一体感をもてる空間を宿す「家」である。大自然の中の一つ屋根の下で寝食をともにすることによって、世代を越え、時と場を共有していることを実感できるだろう。セミナーの密度高い討議には意識を集中できる場も必要となる。

そのために考えたのが、大きく屈曲しながら連続する、黒い外殻の建物である。外殻は傾斜屋根と壁、床が連続することによって、五角形断面の、人を包み込むような内部空間を生み出す。外殻には大小様々な開口部のキューブが貫入し、内外のインタラクションを生み出す窓辺の席となり、周囲の風景を切りとり、光と風を導き入れる。微妙なレベル差のついた五つのフロアが連続的に展開する内部を巡ってゆくと、閉鎖と開放が場所ごとに強いコントラストをなし、様々なスケールで様々な風景に開かれた場が次々と現れる。

外部では、勾配屋根の建築型とも抽

南側より見る。庭が広がる

象的な幾何学形態のいずれにも見える外形が与えられ、屈曲する外壁が周囲の樹木群や地形と応答しつつ、空間の襞となって大小の屋外スペースを生み出す。環境に「挿入」されるような建物ではなく、内外の視線を反応させながら生成するような形を模索していたのかもしれない。内外のいずれにおいても、この場所の風景と建築が噛みあい、一つの連続体へと変容し初めて可能になるような、人と自然を関係づける時空の装置、ひいては人と人を結びつける触媒のような装置となればよいと思う。

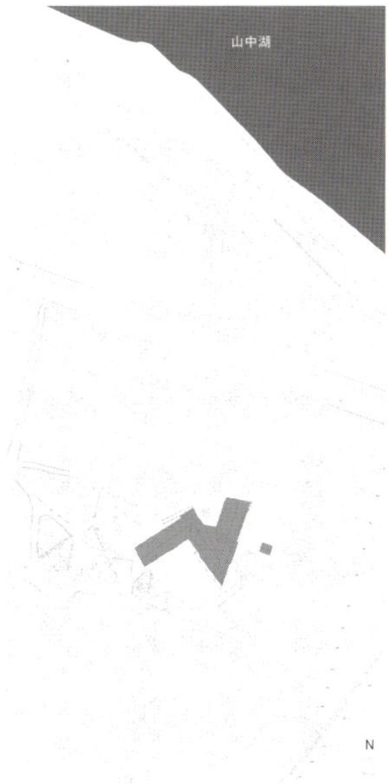

配置図　S＝1/5000

エントランスへ至るスロープ。国立公園内の規制からくる傾斜屋根は幾何学形として解釈し直し、わずかに倒れた外壁は軒の出に代わる

ダイニング

ダイニングからつづくテラス

北東立面図

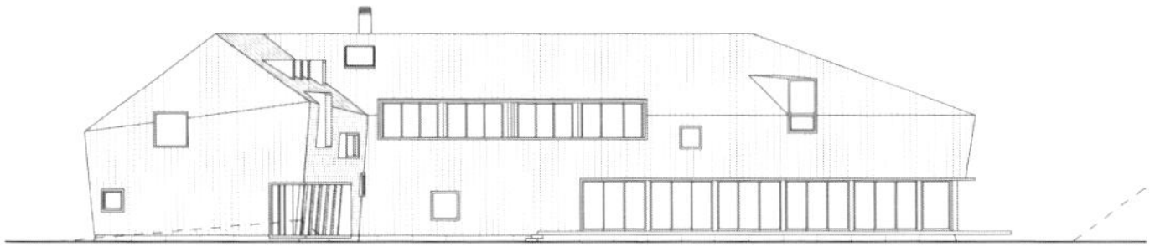

南西立面図

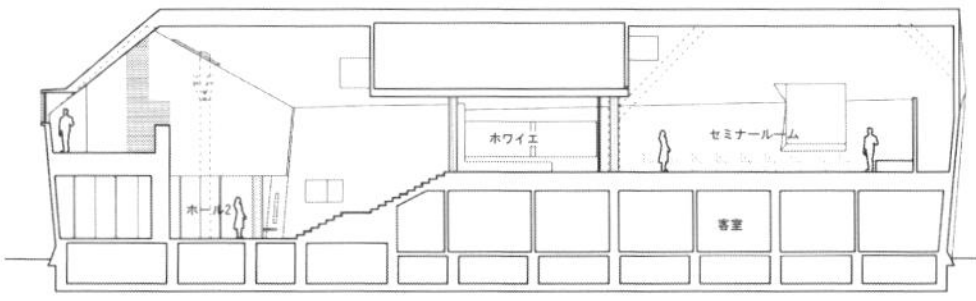

断面図1

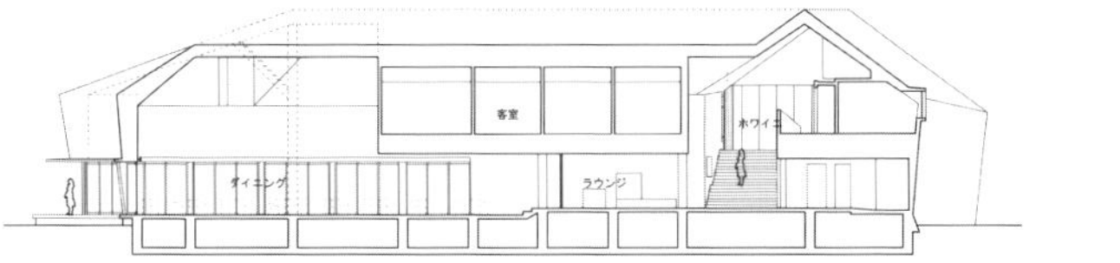

断面図2 S＝1/600

ホール2。ホワイエに続く大階段

暖炉前の吹抜けに立つ木柱。主要構造部はRCスラブの鉄骨造、外殻その他は木造とし、大空間では大断面木造柱を露出している

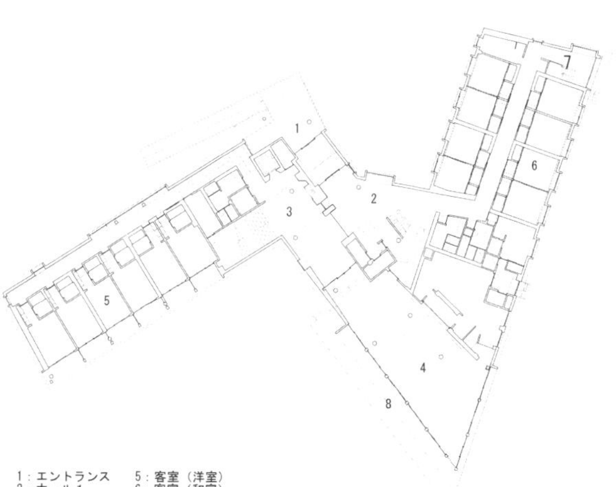

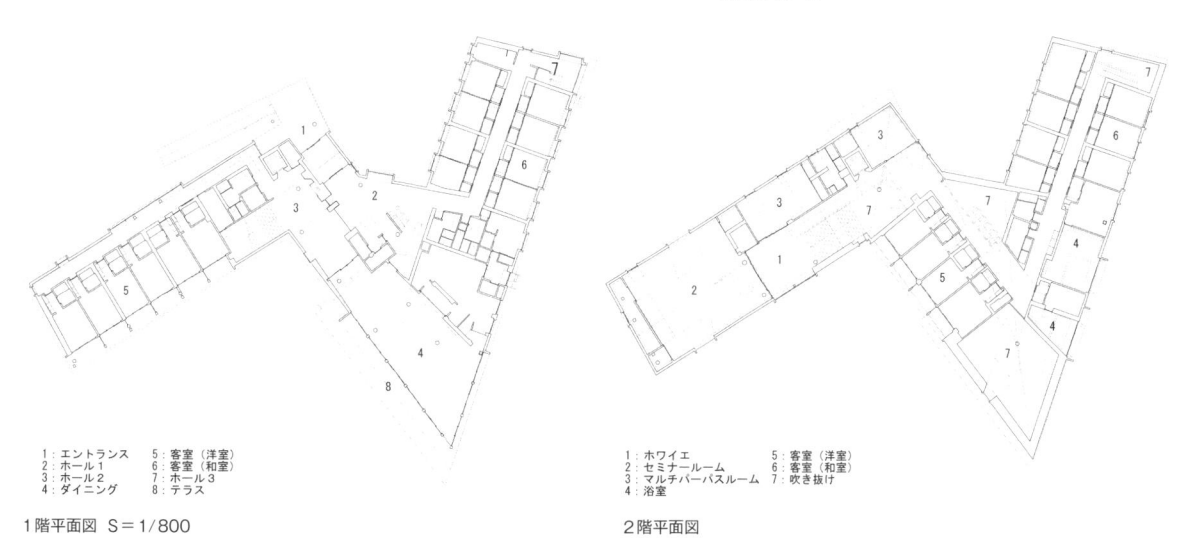

1：エントランス　5：客室（洋室）
2：ホール1　6：客室（和室）
3：ホール2　7：ホール3
4：ダイニング　8：テラス

1階平面図　S＝1/800

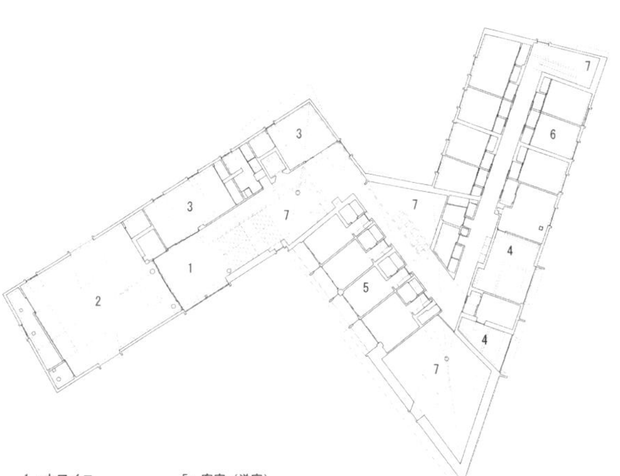

1：ホワイエ　5：客室（洋室）
2：セミナールーム　6：客室（和室）
3：マルチパーパスルーム　7：吹き抜け
4：浴室

2階平面図

ホール2。南庭を望むウインドウベンチ

大階段の窓辺

ホワイエのウインドウベンチ

ホール1。受付脇のウインドウベンチ

ダイニング。開口が傾斜する外壁・屋根に貫入している

旧寮の部材を使い内装を再現したメモリアル室

旧山中寮（1929年、岸田日出刀設計）

北西より見る。手前は記憶として残された旧寮の基壇の一部

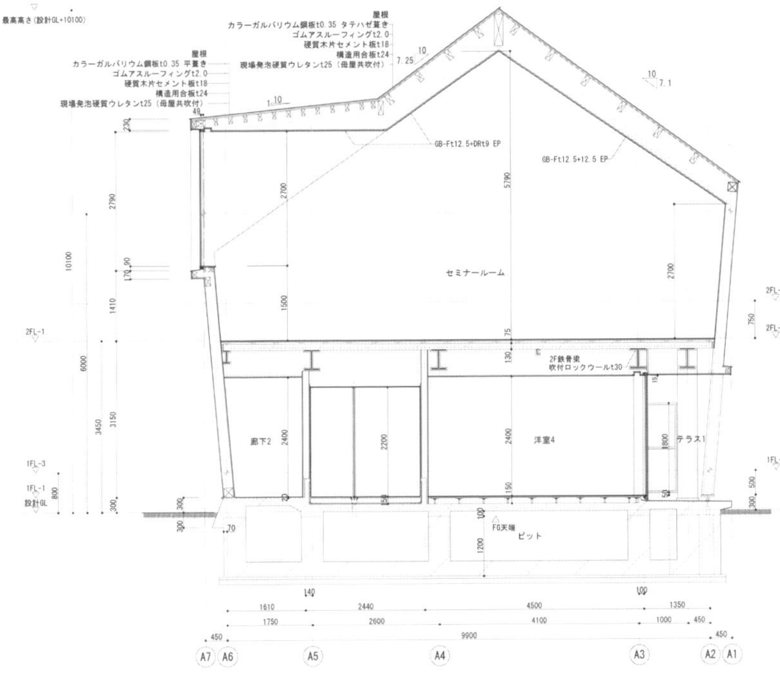

矩計図　S＝1/150

板金のディテール。屋根の稜線、壁や軒の出隅は面が連続する納まりとした。外装の立てハゼ葺きが時間によって細やかな陰影を落とし、壁面の明暗が変化する

設計：岸田省吾、高島守央、
　　　東京大学施設部、馬場設計
施工：新津組
敷地面積：103,887.37㎡
建築面積：1,024.23㎡
延床面積：1,723.73㎡
階数：地下1階　地上2階
構造：鉄骨造　一部木造
設計期間：2007年5月～2008年9月
工期：2008年11月～2009年7月

学生支援センター　2010年

北西角より見る。既存壁から引用された縁取りのモチーフが、軒裏、壁、床端部に展開する

北東より見る。右手奥に学生支援センター。左手の明治期のアーチは、裏面が平成初期にディテールのない抽象化したアーチに改修されている（芦原義信設計、1989年）

●溶けあう時間

この建物は学生に自主的な活動の場を提供することを目的とするもので、「学生ラウンジ」や「ディスカッションルーム」などの学生スペースと、学生支援系事務室を収容している。敷地は安田講堂からほど近く、大正期の理学部化学東館や江戸期の三四郎池に隣接した歴史地区にある。理学部側には昭和初期の歴史的ファサードが残されており、平成初期の改築(芦原義信設計、1989年)でファサードの背面はモダンな半地下モールとして整備されていた。

計画では歴史的ファサードと新しい建物を一体化しようとした。古い意匠と新しい意匠の境界を曖昧にし、周辺の歴史的な建造物や環境も巻き込んで、新旧が融合するような連続性の中に時代の違いや変化を感じられるような場をつくろうとした。

北面(既存ファサード面)は、既存合わせの褐色タイル、ゴシック調開口、縁取りモチーフ等を用いながら、南面に回り込むにつれて、外廊下と全面ガラスという開放的な表情に変化してゆく。南面の既存モールに用いられていた芦原好みの青と水色のタイルパターンもそのまま内部に連続する。戦後の改築で塞がれていた既存の三つのアーチを出入口や開口として再生することによって、動線や視線を交差させ、敷地南北の連続性を生み出そうとした。

照明器具が埋込まれた南側のスチール製縦ルーバーは、日射を調整して空調負荷を下げるとともに、モール階ではロッジアのコラムとなる。上階に行くにつれて後退するヴォリュームは運動場越しに見る化学東館への眺望を考慮したもので、モールから最上階まで続く一連のテラス群を生み出している。外部空間から発想した芦原先生へのオマージュでもある。

出入口として再生した既存アーチ。抽象化された上階アーチ

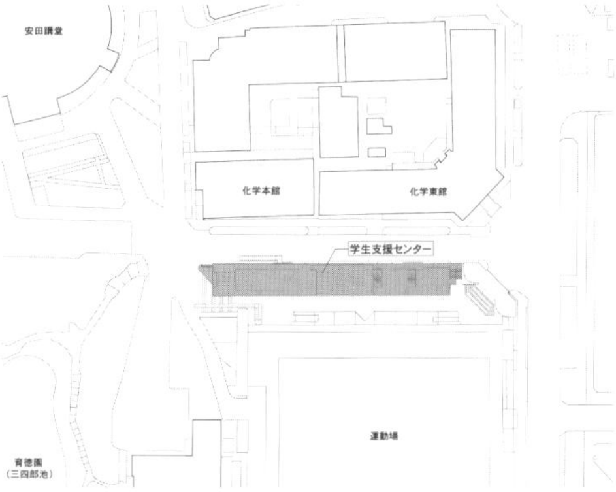

配置図 S＝1/3000

南側出入口。柱頭が消えた抽象化アーチ

地階のエントランスアーチよりモールを見る

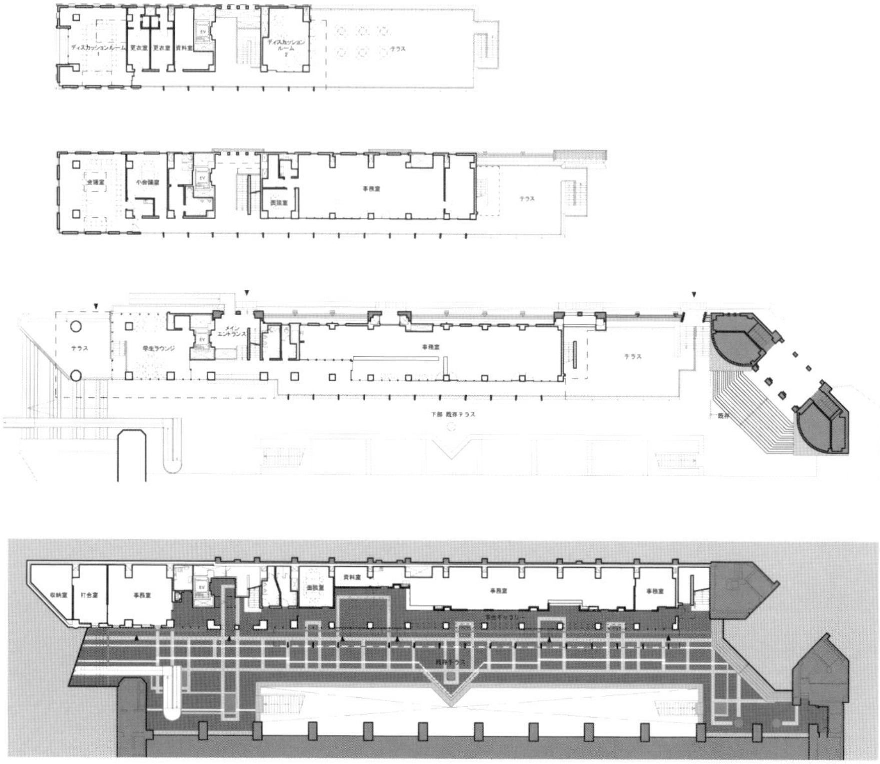

3階平面図
GL+8400

2階平面図
GL+5200

1階平面図
GL+1700

B1階平面図
GL-2000

平面図 S＝1/500

３階エレベーターホール。北側の２層にわたるアーチから屋外の緑が見える

モールより見る。右奥に芦原義信によるアーチが見える。三つの時代のアーチがディテールを少しずつ変化しながら繰り返され、関係づけられる

南西角より見る。地階レベルのモールへ続く

1階外廊下。ルーバーには照明が仕組まれている

3階ディスカッションルーム

地階内観。モールの床タイルパターンが室内に展開する

北立面図　S＝1/700

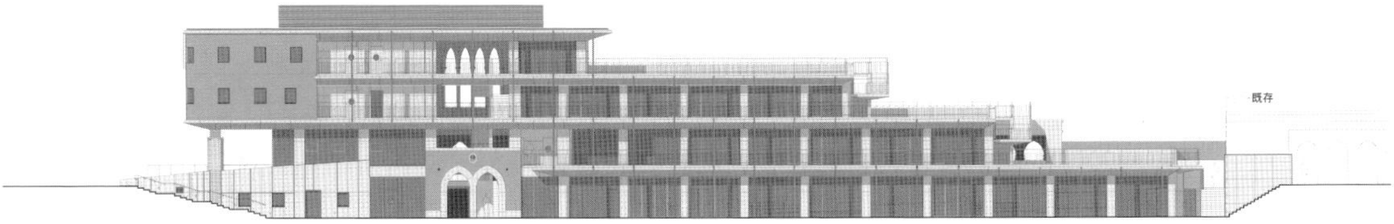

南立面図　S＝1/700

南東夜景。5層のテラスが連続する

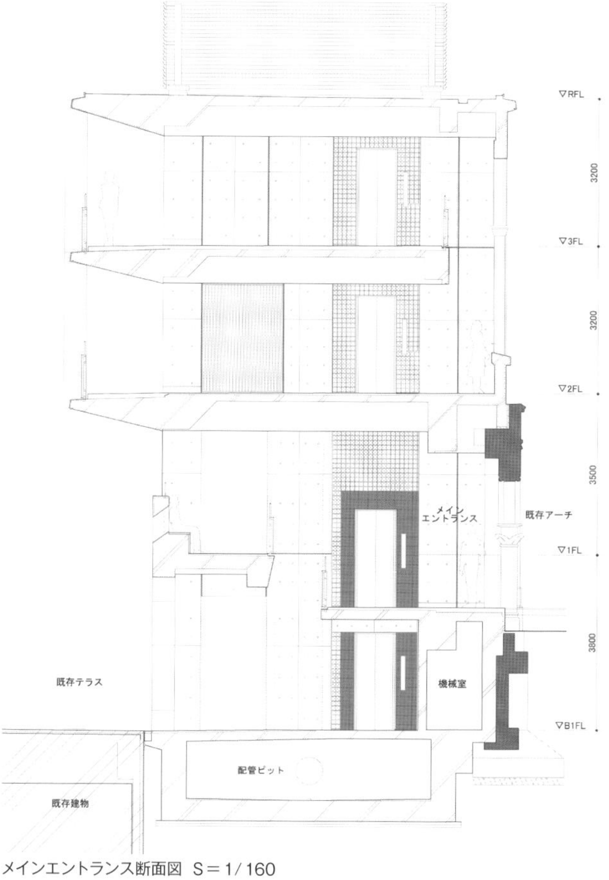

メインエントランス断面図　S＝1/160

工事前の様子

設計：
建築　岸田省吾、木内俊彦、東京大学施設部、
　　　芦原建築設計研究所、大田建築設計研究所
構造　織本構造設計
設備　建築設備設計研究所
施工：飛島建設
敷地面積：402,682.18㎡
建築面積：701.58㎡
延床面積：1,584.34㎡
階数：地下1階　地上3階
構造：鉄筋コンクリート造
設計期間：2007年5月～2009年1月
工期：2009年1月～2010年6月

オープンスペースに重ねられた時間――東京大学本郷キャンパスと工学部2号館の「再生」　2000年

●「再生」と「持続」

東京大学本郷キャンパスには、大学が創設された明治以来の歴史が刻まれている。一方で、東京大学が将来のためにこのキャンパスに求めているスペースは大きく、装備も新しい。歴史的な環境、それも2万人もの人間がつねに働き学ぶこのキャンパスの再開発では、否応なく歴史の蓄積と開発による変化を長期にわたって統合していくための方法、そして結果として現れてくる環境の姿が問われてくる。

実際、再開発計画に関わってきたここ何年かを振り返ってみると、こうした問いに関係する二つの問題―空間における時間性についての問題につねに行き当たっていたような気がする。一つは「再生」について、そして今一つは「持続」についてである。

「計画」ということが、未来へ向けて現在のヴィジョンを描く行為であるなら、歴史の「再生」も基本は全く変わらない。空間は現存する人間が生きていく場、そして現存する人間がある程度予測しうる近未来の人間が生きていく場である。「再生」においては、時間の蓄積を新しい文脈の中に位置づけ、評価し、そして必要であれば取捨選択し、未来に向かって再編していかなければならない。

一方、環境にとって変化が不可避であるとしても、変化が留まることを知らない不断の変容を意味するならば、そこには永遠の現在があるだけだ。変化の跡は次第に過去の形跡となっていくが、様々な過去の形跡を現在、そして未来に向かつて連続するフラックスとして意識できるとき、われわれはその環境に「持続」を見る。「持続」があって初めて「現在にありながら、常に過去、未来と容易に行き交う」(H.ベルグソン) 自由を手にすることができる。未来に向かって過去の「再生」をすることも、未来に向かってヴィジョンを描くことも可能となる。

キャンパスにおいて、どのような方法が「持続」を可能とするのか、また、どのような「持続」が求められているのか。計画の方法についていうなら、単に「完成」の姿を想定するだけの計画では不十分であろう。むしろ変化を導き、方向づけるような何らかの空間的な「しくみ」を考えなければならない。

設立の時代も背景も異なる様々な大学空間の変容を辿っていくと、そうした「しくみ」の役割を果たす共通の基盤としてオープンスペースの存在が見えてくる。ここでいうオープンスペースとは、単なる外部空間というより、特定の機能を担った場や建物の間にある、あるいはそれらの下に流れている空間のことであり、広い意味での空地である。特定の活動によって占められておらず、また可能性としてはあらゆる活動を受け入れうるような場でもある。単純にいうなら、たいていの建物が「何かである」ことから意味が生じるのに対し、その一方でオープンスペースは「何でもない」ことから意味が生ずる。

大学という知に関わる様々な活動

法文1号館北側に設置されているゴミカートボックス。溶融亜鉛メッキの上リン酸処理の施されたグレーチングが通りに対してスクリーンの役目を果たす

大講堂側よりATMを見る。ガラスブロックのスクリーンの後ろがゴミカートボックスになっている

が集積され、交錯する場にあって、こうしたオープンスペースこそ長期間にわたって継起し続ける変化を過去の形跡として蓄積し、多様な人、もの、情報が交錯しうる場となってきた。キャンパスに流れる多様な時間、多様な活動はオープンスペースによってまとまりを与えられ、環境における「持続」が生成してきたのである。

昨今、大学は「資本のグローバリゼーション」の奔流に投げ込まれた感がある。そのような状況にあってなおも大学固有の役割があるとすれば、「それは価値に関する議論を行う場でありつづけること」(B.リーディングス)という指摘がなされている。そうだとすると大学にとってのオープンスペースは、まずもって「自由という名の椅子がいつも用意されている」(H.アレント)開かれた場として捉え、そのように維持することが重要ではないか。これは広く「公共空間」一般についても指摘できることであろうが、とりわけ大学のキャンパスにとっては、開かれた自由の場としてのオープンスペースは欠かすことのできない環境の要件となる。

本郷キャンパスにある戦前の建物は、どれも堂々たる構えをもつ。構内には巨木が連なる街路があり、要所にはモニュメンタルな建物の全景を示すためにたっぷりとした前庭が置かれている。キャンパスの歴史的蓄積の第一はこうした外部環境にあろう。しかし、それらはあまり人が集うことも、憩うことも想定しているようには見えない。いずれもここでいうオープンスペースというより、「帝国大学」としての偉容を示すための空間的な装置であった。

こうしたキャンパスであっても、屋外環境をオープンスペースに組み替え、個々の建物にもそれを内包させることができれば、建物内外を貫通するオープンスペースのネットワークが成長していく。ネットワークの成長に伴って、多様な時間と空間が統合された環境へと成長していくであろう。時間の成長を空間の成長に接続していくような「しくみ」としてのオープンスペース、そうした眼で本郷キャンパスに残された外部環境と建物を見ていくならば、それらのすべてが膨大な遺産として現れてくる。

●新旧の対比的な重層

今回改修を終えた工学部2号館(1924年竣工)は、現在の本郷キャンパスの骨格をつくった内田祥三が構内で最初に実現した建物である。設計は関東大震災前に終えており、本来、ゴシックスタイルのレンガ造建物が並んでいた明治期のキャンパスに建ち上がるはずのものであった。周囲に合わせて外装はレンガ色に近い暗赤色のタイルが選ばれ、スタイルもゴシック系のデザインでまとめられている。建物は大講堂(安田講堂)のすぐ北側にあり、法文系の校舎とともにキャンパスの中心ともいえる講堂前庭を囲んでいる。現工学部の建物の中では最も古く、明治と昭和の二つの時間をつなぐ数少ない建物である。

これまでに工学部の再開発計画の一環として「新2・3号館」構想と呼ばれる計画を立てていたが、今回の改修はその第一段階として行われた。構想案の要点は、2号館の光庭を含む南側半分を保存し、残りを隣接する3号館ともども高層の研究棟に改築すること、光庭は半屋外のオープンスペースとし、多用途に使える広場

大講堂南側に面した広場。緑地広場が整備され、コンクリートの擁壁の内側にはATMとゴミカートボックス、二つの機能が一つにまとめられている

スクラッチタイルによる掲示板。既存のものに新たに手を加え、ガラススクリーンの案内板を取り付けている

とすること、保存部分の上部にも新しい研究棟を重ね、基準階では極力平面的な広がりをもったフロアをつくること、施設全体を貫くオープンスペースを内包させ、旧館光庭のオープンスペースと一体化させることなどである。

およそ75年前のRC造は、メンテも不十分で、傷みもひどかった。現在の耐震基準からすると大がかりな補強も必要であった。しかし、この建物が大学と学部の重要な歴史を刻み、キャンパスの中心部分の景観を長年にわたり形成してきたことなどが多くの理解を得るところとなり、保存の方針が決まった。改修部分の１階にはセミナー室や展示室、ラウンジなど学部共有の交流施設が展開している。ほかの階には機械系と電気系専攻の講義室や実験室に加え、各専攻の先端的な分野を代表する研究室が収められている。将来、光庭にオープンスペースとしての「広場」ができ、それを核として学内外の区別のない交流の輪がさらに広がっていくことを期待したい。

２号館の内部は、震災以後の建物と比較すると大きな開口部と細い柱、高い天井などが特徴的で、明るく開放的である。外部の頂部飾りや石の繰形も繊細である。この建物ではポインテッドアーチとラウンドアーチ、ハンチ付きの単純梁などが混成されている。スタイルと呼ぶべき形態の一貫したシステムがあるというより、合理的な格子状の構造骨格と単純な開口の穿たれた壁がまずあり、場所に応じて「スタイル」を思わせる細部を付加、ないし表装するというやり方である。

今回のリデザインでは、こうした内田の方法とデザインを露出させ、さらに新たに必要となる要素によってそれを強調することにした。いっさいの付加物を除去し、形を裸形に戻す。その上で、スタイルが表装された場の特徴と程度に応じ、応答していく。結果としてオリジナルの状態では外から内に、あるいは中心から端部に向かって次第に「スタイル」の表現密度がデクレッシェンドしていくのに対し、新しい要素のデザインには逆にクレッシェンドがかかっていく。対比と同化、隠蔽と露出をオリジナルの流れに応じ調整しながら分散させることにより、もともとあった空間の力が新しいものの背後により明確な輪郭をもって見えてくるのではないか。

具体的には、新しい要素をすべて付加されたものとして扱い、背後に連続する古い構造体が全体として透視できるようにした。「スタイル」が曖昧に暗示されているだけの場所ではそれを少し補填し、明瞭にしてやる。いずれにおいても新旧が対比的に重ねられ、互いに強め合う。複数の時間の形跡が強度を高めながら一つの空間の流れに統合される。こうした新旧の対比的な重層による「再生」を通して「持続」は一つの明確な形として現れてくると考えた。

外観はサッシュの入替え、外壁の補修を行った以外はほとんど手をつけていない。正面玄関左右のランタンもオリジナルを復元した。逆に、部屋内はかなり手を入れている。講義室の天井は複雑に折り畳まれ、ラウンジの壁は凹凸を深く刻むナラ材に暗赤色を施している。部屋内の廊下側は消し炭色に塗りつぶされ、天井は照明の反射板のように扱った。エントランスホールや廊下の扱いは外観と部屋内の中間である。ガラス

工学部２号館西側に新たに設置されたスロープ。床面には鋼製グレーチングを用いている

本郷キャンパス北側に新しく整備された塀。東と西で色彩の異なる塀をタイルのグラデーション貼りでつないでいる

パーティションや照明、設備ラックや案内板など新しい要素はすべて背後を透視できる素材とし、既存部分に密着させず取りつけている。主要な扉類には大きな穴が穿たれているが、これも同様な狙いである。エントランスの照明カバーは下面に微妙な膨らみをもった円盤とし、柔らかく弧を描くラウンドアーチに応答する。これ以外の照明も間接照明を基本とし、新旧が一体となった空間そのものを浮かび上がらせようとした。向こう側を見せることは、とかく閉鎖的になりがちな実験室や研究室の内部を文字通りガラス張りにすることにつながった。

●オープンスペースへの変換

建築の更新と並行して屋外環境の「再生」も進めている。一つは屋外照明のリデザインである。整備が終わっているキャンパス中心部に続き、現在は構内を南北に貫通する緑道、いくつかの主要な前庭や街路、クスノキの樹列がある本郷通り沿いの緑地などで照明を一新した。建築の壁面やポーチ、樹木や銅像などを選び出し、光を反射させ、まとわりつかせ、あるいは透過させる「物体」と見立てて光を当てる。いずれもオープンスペースの境界を定め、視覚的焦点となり、その場の歴史の痕跡となっているようなものである。それらを照らすことにより、オープンスペース自体が発光するように見せようとした。

身近なところに憩える場所をつくることも必要である。いつも多くの人で賑わっている大講堂南側では、打ち捨てられ、ゴミ捨て場と化していた植込みを切り開き、ベンチのあるグリーンのオープンスペースに変えた。その中に設備類などを収めるコンクリートの群壁を立てたが、これらは機能的には永続性が少ないもので、やがて金属部分が朽ち果て、芝生のオープンスペースに残された遺跡のようになるのかもしれない。

屋外のサインボード類は、これまでに正門や赤門など主要な門の周辺で整備が終わっている。いずれもブラストで肌理を荒らしたステンレスとガラスで構成し周辺の緑やタイル貼りの建物と対比させ、重々しい環境の中で浮遊するような軽さを与えようとした。

２号館や屋外環境の「再生」はキャンパス全体にオープンスペースのネットワークを成長させ、環境の「持続」を生成させるための第一歩にすぎない。しかしこうした計画を重ねていくことができれば、分散した点でしかなかった多様な「再生」の拠点が連携し始め、点から線へ、線から面へと成長していく。それが文字通り開かれた自由の場を実感できるようなキャンパスの形成につながっていければよい。オープンスペースは長い眼で見ると大学の活力を大きく左右する。本郷キャンパスは昨日できたばかりの新設キャンパスに似て、これからオープンスペースの伝統を時間をかけて築いていかなければならない。

本郷キャンパスを南北に貫く緑地軸に沿って計画された照明計画の一部。農学部３号館前のポーチを見る

足下に埋め込まれたスポットライトに照らし出された樹木

知のプロムナード／工学部１号館前広場整備　2007年

法文１号館側より広場を望む

西側から見た広場。中央の大銀杏の背後に工学部２号館が見える

東京大学創立130周年にあわせて、本郷、駒場、柏、白金の各地区でキャンパス整備が行われた。学生や教職員がくつろげる語らいの空間を設け、大学の誇るべき歴史や研究成果を眼にすることのできる知的プロムナードをつくろうとするものであった。

本郷キャンパスでは、工学部1号館と総合図書館を結ぶルートが「近代知の道」と名づけられ、特に工学部1号館前の広場や医学部本館前広場が重点的に整備された。工学部の広場には学部の前身である工科大学本館の中庭から移植された大銀杏がそびえ、その両側には建築学の初代教授であったジョサイア・コンドルと、機械工学を教えたチャールズ・ウェストの像が対面している。整備前にはあたりは灌木が生い茂り、人が入ることのできない場所となっていた。計画は、広場を人々の憩いの場として使えるようにすると同時に、この場所に刻まれている歴史の跡を残すように工夫した。

灌木を一掃し、車道の幅を狭くして植栽（芝生）面積を増やし、広場全体が人々の居場所となるようにした。ここを斜めに横断する歩道は既存の軸線を利用するとともに、時間の蓄積を感じられるように明治時代に由来するといわれる丸石の縁石や大判石はそのまま残している。加賀藩邸時代の「蛇塚（おばけ灯籠）」は、不義の奥女中の供養塔といわれている。倒れやすいので植栽で円形に囲った。キャンパス内にあってここだけはただならぬ気配を漂わせている。他には、学内に残る研究遺物をガラスケースに入れ展示した。芝生の中には学内コンペで選ばれた「チェス・ベンチ」（デザイン：大野友資）が置かれている。

設計：岸田省吾、木内俊彦、
　　　東京大学施設部
延床面積：4,730㎡（工学部一号館前広場）
設計期間：2007年4月～7月
工期：2007年8月～11月

大銀杏の木陰。人々は思い思いの場所に腰掛けている

改修前。灌木に囲まれ、鬱蒼とした様子であった

明治時代につくられたウエスト像。説明板をその足下に、地表のグリーンと同面で埋めこんだ

工学部１号館前広場。明治時代の玉石と戦前の道路縁石が芝生の中に残されている

浮き出る縁石

大野秀敏

ヨーロッパの古都、例えばローマでレストランに入って、奥の方の漆喰塗りの壁のなかから古い煉瓦のアーチが浮き出て再び漆喰の壁に潜っている、そんな場面に出会ったことはないだろうか。店の主人がこれはローマ時代の遺跡の一部だと得意げに語る。このとき、自分は、確かに過去と現在が繋がっている場所にいるのだと実感することになる。ところが、日本ではそんな風景になかなか出会わない。なぜなら、この国の建物は木と紙で出来ており、戦乱や災害で容易に燃え尽きてしまい、たとえそれを生き延びたとしても腐朽してバクテリアの餌食となってしまうからである。まことに、浮き草のような文明ではないかとなかばあきらめ、なかば居直るということになる。ところが、漆喰の壁から浮き出るアーチが日本の現代都市にも出現しうることを、本郷キャンパス工学部１号館前の前庭の改修工事が出来たときに発見し、そして驚いた。たしかに、日本の現代建築にも文字通り「浮き出るアーチ」はあるが、皆、ある種のでっち上げである。古い例では、日本橋東海ビル（1975年竣工、設計 日建設計）の東北面の通用口がある。この入口を縁取る御影石の枠は、ここにあった旧村井銀行本店（1913年竣工、後に東海銀行日本橋支店）のもので、真新しいオレンジ色の壁面に、西欧古典様式の門の枠が「浮き出て」いた。また、日本建築学会が入る建築会館（1982年竣工、設計 秋本和雄設計事務所）の慶応仲通に面したゲートは、有楽町にあった旧建築会館（1930年竣工、設計 矢部金太郎他）の入口の部材を使っている。しかし、これらは解体時に古い建物の外壁から当該の部品を取り外して、新築の建物に貼り付けたいわばアプリケである。アプリケといっては、文化的継承に対する高い見識をもった関係者に失礼であることを承知の上で、違いを強調する為にだけこの比喩の使用のお許しを願おう。かの国のアーチは、そこに昔からあった基礎や壁躯体に継ぎ足す様に新しい建物を作ったので、図らずも古いアーチが残ってしまったのである。ルオーの油絵が絵の具を厚く厚く塗り描き上げてゆくのに似ている。表層を透かして深層が見えるのである。過去の遺産の継承を目的とする文化的動機というより、撤去して新たな基礎や壁を作ることを節約した経済的理由が大半だと思われる。

本郷キャンパス工学部１号館前の前庭は総合図書館の前庭と対称の位置にあり、正門＝安田講堂の主軸に直行する副軸の一極をなして、中央に銀杏の大木を据えている。2005年に改修される以前は、日本の近代公園のデザイン作法に倣って園路と園路で区画された植栽域で構成されていた。園路のパターンは西欧バロック庭園に倣ったものであるが、植栽域は日本庭園の作法がここかしこに残り高木と灌木が入り交じって構成されていた。日比谷公園も上野公園もだいたい似た原理でできている。東大の本郷キャンパスは、都内では緑が多い場所であるが、その印象は高木に依るところが多く、実際はまとまった緑地はわずかで、特に皆で憩える緑地となると皆無である。工学部１号館前の前庭は工学部ゾーンの中心的広場でもあり憩える広場としての再整備が望まれた。そのような期待を受けて、岸田が再生を果たした。そして見違える程の新しい魅力をまとって我々の前に姿を現わしたのである。それまで通り過ぎる場所でしかなかったが、今や学生や職員、そして訪問者とおぼしき人たちが途絶えることなく訪れ、通り過ぎる、銘々好みの場所を見いだし、ラップトップに見入ったり友人と話し込んだり、それぞれの時間を過ごしている。夕方や休日になれば、近隣の子連れや犬連れの家族も訪れ、まさに開かれたキャンパスの中心に変わった。

再生デザインの基本は、多すぎる灌木を取り払って足下をすっきりさせ、園路の範囲を狭めて植栽域を広げ、芝生を貼り、舗装を上等にし、ベンチを配置するもので、まことに基本的なことをしているだけである。ただ、園路の範囲を狭めたので、当然古い園路境界は役に立たなくなるのだが、岸田は元の園路を限っていた縁石を撤去することなく芝生のなかに残した。玉石、御影石の切り石など様々なタイプの古い縁石が青い芝生のなかに浮き上がり、潜り込んでいる。

私の主たる関心は建築の設計にあるが、アーバンデザインにも大きな関心をもっている。その私から見ると、日本ではアーバンデザインに対する関心が薄いと常々思っている。その理由は本当に良いアーバンデザインが無いからであろう。日本では横浜市が公共的なアーバンデザインを牽引してきた。最初の試みである市庁舎前の駐車場（「くすのき広場」）（1974）の舗装がレンガタイル敷きだったことに象徴される様に、ミナトヨコハマを意識してバタ臭いテーマパーク的な方向の化粧直しであった。20世紀最後の四半世紀の始まりを飾る都市戦略としてはまったく正しく、日本にアーバンデザインを定着させた絶大な功績を認めつつ、アーバンデザインとは都市にバタ臭い仮面を被せることであるという誤った認識を作ってしまったのではないかと感じている。そんななか岸田の本郷キャンパスで行なった外部空間整備の仕事は真のアーバンデザインであると私は常日頃確信している。岸田は東大の関連の多数の建物施設の設計をこなしているが、この１号館前広場に限らず、広場、外部照明、身障者用スロープ、門、ゴミ置き場の囲いなど大小さまざまな脇役のデザンにも並々ならぬ情熱を注いでいる。また、キャンパスに対する深い知識と愛情を示した好ましいエッセーも上梓している（木下直之、大場秀章、岸田省吾『東京大学本郷キャンパス案内』東京大学出版社、2005年）。それらの小物のデザインでは、岸田はディテールデザインに対する特別に優れた感性を示している。日本の建築家でディテールデザインに関心を示すとなると十中八九は数寄屋風の意匠に走る。曰く軽み、繊細さ、透き、エフェメラルなどなど。岸田は違う。鉄を好んで使うが、鈍重ではなく剛直に使う。三四郎池に沿って立つ照明も直径270φの金属管がズドーンと立っているだけである。フランク・ステラの彫刻のように、抽象性と物質性のせめぎ合いが見られると同時に、東大というコンテクストの中で時代のせめぎ合いを作っている。これが岸田のアーバンデザインの強さである。

建物のデザインでも「浮き出る縁石」のテーマが追求されている。その代表は、工学部２号館の増築であろう。古い工学部２号館の、前面３分の２を残して、後ろから覆いかぶさる様に新棟を増築して中央にアトリウムを創り出している。このデザインは「浮き出る縁石」などという生易しいものではない。相当マッシブで暴力的な増築であるために毀誉褒貶相半ばする結果となった。私自身賛成しかねるデザイン処理もあるのだが、極めて難しい条件のなかで、既にあるものに敬意を示しつつ現代性を主張することを放棄しなかった岸田の果敢な態度は賞賛に値する。紛い物の様式建築で融和的に増築することなく、今の時代の言語で堂々と渡り合っているところが清々しい。

（おおの・ひでとし／建築家、東京大学教授）

岸田さんと本郷キャンパスの現在・過去・未来

加藤道夫

岸田さんは、1991年に着任以来、東京大学のキャンパス計画や学内施設の設計に携わるかたわら、工学部建築学科・建築学専攻の教員として学生の設計教育ならびに建築意匠の研究にあたられて来られた。

1992年、東京大学ではキャンパス計画を検討立案する拠点としてキャンパス計画室が設置され、われわれはそこで各キャンパスのマスタープラン案の作成のほか、主要建物の基本計画や設計、点検評価などに携わってきた。彼は、東大のメインキャンパスである本郷キャンパスに関するこれらの業務を中心となって推進した。中でも、短期的な実施計画を定める「整備計画概要」、すなわち長期的な計画を定める「再開発・利用計画要綱」に基づいて具体的な実施計画を定めることは、利害の対立する部局間の調整を含む大変な作業であった。そもそも、研究と教育の継続を妨げることなく、キャンパスを更新することは難しい。土地がない。資金がない。部局の希望を単純に加算すると法規制の延べ床面積を超えてしまう。そこで、何よりも求められるのは、キャンパス全体を見渡してフィジカルな全体像を構想する能力である。その調整だけでも大変なのに、彼は、具体的な外部空間の整備を「整備計画」に組み込んだ。部局主導の計画では二の次になりがちな外部空間整備を重視し、全学的な合意を取り付けた。このような部局を超えた東京大学の共有資産として外部空間を整備するという考え方は、2010年に改定された「再開発・利用計画要綱」の重要な視点となって明文化されることとなった。

ちなみに彼の大学キャンパス計画に対する考え方は、『大学の空間』(SD別冊、鹿島出版会、1996年)にまとめられている。そこでは、ヨーロッパとアメリカの23例の大学を調査して空間原理が類型化され、キャンパスすなわち大学の空間を導く原理は、「変化の結果として与えられる完成形より、変化の過程そのものにある」と記されている。

わかりやすいのは、予め、普遍の完成形を定めて、それに向かって収斂する手法だろう。しかし、このような単純な普遍的理想の実現を目指す短絡的な「近代」的計画原理には限界がある。それが、1960年以降の「近代建築」や「近代都市計画」への批判だった。

当然のことながら、彼のいう「変化の過程」とは、このような「近代」的計画原理を超えた、過去から未来への時間概念を包摂したものである。ただし、こうした唯一の普遍原理へと収束しない建築空間の考え方を具体的なキャンパスの空間計画にどのように取り込むかは容易ではない。唯一で普遍の目標が前提とされないゆえに、個々に、キャンパスの歴史・環境を深く読み込む必要がある。彼は、本郷キャンパスの歴史への深い知識に支えられつつ、同キャンパスの将来を見据え、現在の需要に応えた建築を実現してきた。つまり、彼の計画には東大の本郷キャンパスの現在・過去・未来が刻まれている。

その精神が具体化された代表例が、武田先端知ビル(2004年)、工学部2号館の改修・増築(2007年)と学生支援センター(2010年)であろう。それぞれが、異なる外観に彩られているのは、彼が唯一の原理を建築に押しつけない証である。

歴史的な環境の保全と改善という考えが現在の主流である。その点から見ると、彼は、過去の類例の模倣から抜け出さない保守的な過去の迎合とは組しない。時代に即した建築の相貌があるべきであるという考えを崩さない。その考えが最も明快に表れたのが武田先端知ビルであろう。ガラス張りのファサードの背後に動線を集約し、内部での活動を可視化させたギャラリーは、開かれた先端知のイメージを明快に伝えている。

他方で、既存の歴史的伝統とも共存が求められる。工学部2号館改修・増改築は、この難しい課題に対する一つの解答だと考えられる。既存の低層部分を残し、旧建物の中庭部分に棟状の建築物を建設し、カンチレバーで高層部分を付加するという手法は、その後の工学部3号館や法学部3号館増改築の先駆けとなった。

実現した最も新しい計画が、学生支援センターである。本建物は、二重の意味で既存建物との共存が求められた。一つは、昭和初期に遡る、御殿下グランドである。第二に東京大学100周年記念事業として実現した芦原先生による御殿下記念館(1977年)であった。

ここで、彼が取った手法は、北側の外観においては旧御殿下グランド周囲壁のアーケードに用いられた素材やアーチなどの建築語彙を反復させつつ、連続的に変化させ、南側の御殿下記念館側では芦原作品と調和させるというものだった。

以上、要約するなら、岸田さんのキャンパス計画と建築は、本郷キャンパスの歴史と現状に関する深い理解に裏打ちされたよりよき「変化の過程」の実現であった。未来に向けた新しい知を取り込むことで、時間に耐えるキャンパス創造を実現しようとするあくなき追求の証であるといえるだろう。

（かとう・みちお／東京大学教授）

東京大学本郷キャンパス工学部２号館：過去から未来への変容

マルコ・ポンピリ

私が初めて赤門をくぐり、東京大学の本郷キャンパスに足を踏み入れたのは4月の初旬だった。桜の花が満開の中、銀杏や欅はまだ冬の肌寒そうな姿のままで、とりわけキャンパス内の建物のほとんどがまだ低かった。それは1995年のことであったが、その3年前に、歴史的な本郷キャンパスを含めた東京大学の全キャンパス再編の方針を定めた『東京大学キャンパス計画の概要』が制定され、次いで『本郷キャンパス再開発利用計画要綱』がまとめられていた。私はすぐにその『概要』や『要綱』が意味する開発の意図を理解できた。

幸運にも私は、文部省の奨学生としてキャンパス計画についての研究で知られる研究室（建築計画室）に所属することができた。ここでは、岸田省吾助教授らが大学キャンパス研究と並行して、本郷キャンパスの重要な建築の改修改築の設計を数多く行っていた。固定的で変化を拒むイタリアという国から来た若い建築家として、私は研究室の活動を知ったとき本当に驚いた。岸田研究室は、伝統的な学術研究と、実際の建築・デザインの創造が有機的に絡み合うハブのように思えた。私のイタリア的な考えでは、アカデミックな研究と創作活動を大学の中で同時に進めることは単純に不可能であるように思えた。

本郷の学生として過ごすうちに、私はキャンパスとは、すばやく変化していくものであることを理解した。私が1999年に卒業するときまでに、多くの新しい工事が竣工の時を迎えた。同時に、研究室が凄いスピードで改修予定の建築模型でいっぱいになったことも覚えている。その多くが研究室で設計され2005年に完成した工学部2号館計画の模型であった。ここで私はこの工学部2号館の建築についていくつかの視点から論じてみたいと思う。その複雑な建築的判断についてどこまで公正な表現になるかわからないが。

2000年代、私は本郷を訪れる度にキャンパスに新たな表情がひとつまたひとつと現れてくるのを見ることができた。東京大学の三つのキャンパスのうち最も重要な本郷は大学の21世紀に向けての変化を象徴的に表す役を担っていた。伝統的なキャンパスという場所で、既存の歴史的なレイヤーの側面や上方に新たなレイヤーが形成され、キャンパスは過去の遺産と未来への挑戦という価値を反映するイメージを同時に獲得していた。

工学部2号館は、新旧の要素を特別な方法で内包している。ガイドラインでは、歴史的重要地区は開発予定地区とは分けられていたが、工学部2号館は、新旧、言い換えると歴史と現代を共存させる劇的な方法を提案している。工学部2号館は、正門から安田講堂を結ぶ軸と、北側に並行に走る補助軸の2軸に沿って建つ11階の二つのブロックからなる。ヴォリュームは中央部で細長いオープンスペースにより分けられていて、南側では新館が既存のネオゴシック様式の2号館をまたいで浮かんでいる。

この建築の特徴が最もよく表れているのは、南側の3階建ての2号館旧館と、その上に浮かべられた新しい7層のブロックを描いた断面ダイアグラムであろう。細長いオープンスペースは古さから新しさへの変容を刻むヴォイド、裂け目を強調するものであり、北側には11階建ての新しいブロックが立ち上がる。旧2号館は南半分が保存され、その高さが上下の2部分からなる建物全体の立面構成を決定したと言ってよい。

上下間の隙間がこの立面的な分割を強調する一方、増築部低層を覆うアルミニウムのマリオンが反復されたガラスカーテンウォールのリズムが、旧館の窓のリズムとの繋がりを保っている。既存建物は巨大な新しいヴォリュームによって小さく見えるものの、安田講堂に面したメインファサードでは、それを最小限に押さえたデザインがなされている。新しいブロックはレンガと石のネオゴシックの旧館のファサードより大きくセットバックされ、黒メッキのグレーチングなど、暗い色調の材料が選定されているのだ。

いずれにしても、この新旧の調和的な関係は明らかである。この建物の周りを歩くと二つのことに気付くだろう。力強い構造体が新しい増築部分を支え、既存建築物をまたぐことを可能にしている。また、低層の4層が吹き抜けた中庭空間はアトリウムになっている。ここでは旧館の北側部分が切断され南側が保存されていることに気付く。この「切断」は目に見える形で表現されていて、２つの短いウイングを立面ではなく断面として見ることができる。そこに空いた入口から入りアトリウムに導かれると、そこでは旧２号館のメインの階段室と、マッシブで既存のプロポーションから逸脱する新しいブレース構造が衝突する、劇場的な空間が広がっている。アトリウムより上方では斜めにブリッジが飛び交い、分断された旧館と北側の新ブロックが繋がれている。

ここに見る複雑性、ダイナミズムそして解決されない矛盾と共に、アトリウムは再生された２号館で最もエキサイティングな場所であり、過去から未来への変容が具現化される計画の中の焦点となっている。

（マルコ・ポンピリ／建築家、ニューサウスウェールズ大学講師）

The Faculty of Engineering Building 2 in the Hongo Campus of the University of Tokyo: The Transition from the past to the future.

Dr Marco Pompili
Lecturer, University of New South Wales, Sydney, Australia
January 2012

It was early April when I first walked across the Akamon and entered the Hongo Campus of the University of Tokyo. The cherry trees were in full bloom, the gingko and zelkova trees were still wearing their minimal winter clothing, and, above all, most of the buildings in the campus were still low. This was in 1995, three years after the establishment of the "*Outline of the University of Tokyo Campus Plan*" a document containing the guidelines for the development of all of the campuses of the University, included that for the historic campus at Hongo. I could realize the scope of the development that these guidelines implied very soon.

As a student on a Monbusho scholarship I was fortunate enough to be assigned to what was by then known as the Laboratory for the Planning of the Hongo Campus (Hongo Campus Kenchiku Keikakushitsu). Here Professor Kishida Shogo and his staff were assiduously conducting research on university campuses and, at the same time, working on a number of designs for the redevelopment of key buildings in the Hongo Campus. As a young architect coming from Italy, a place well known for its immobility and resistance to change, I was simply astounded when I was explained about the activities of the laboratory. Kishida Laboratory seemed to me a hub in which conventional academic and research activities were performed and yet they were intertwined with real design and production of architecture. Because of my Italian bias, these were things that seemed simply impossible to combine in a university environment.

During the time I was a student at Hongo I understood that the campus was an entity that was changing fast. By the time I graduated (1999) a number of new construction sites had been opened. Similarly I remember the speed with which the space of the laboratory was being filled with models for the next building scheduled for redevelopment. This was Building 2 of the Faculty of Engineering, completed by the staff of Kishida Laboratory in 2005. In this text I will only discuss some aspects of this building, so I am afraid to have to say that my comments will not make justice to the complexity of this architectural work.

I visited Hongo repeatedly in the 2000s and I could see that a new face of the campus was gradually emerging. The most important among the three campuses of the University of Tokyo, Hongo has assumed the role to symbolically represent the University's transition to the 21st century. In the old grounds of the campus, a modern layer formed "aside" or "atop" the existing, historic one. The campus has now acquired a new image, one that reflects a simultaneous presence of the values of the past and of the challenges of the future.

Building 2 of the Faculty of Engineering encapsulates these opposing factors in a peculiar way. Despite the fact that the guidelines prescribe codes according to which "areas of historic importance are differentiated from areas having a modern sensibility" (1), Building 2 proposes a dramatic juxtaposition of old and new, or, in other words, of historic and modern forms.

Located along one of the auxiliary axis of the campus that runs parallel to the west of that linking the Campus Main Gate (*Seimon*) to the Yasuda Hall, Building 2 consists of a new 11 storey block that is torn in the middle by a narrow and long courtyard and that straddles the existing neo-gothic building, the ni-goukan, on the eastern side. The building would be best described with a sectional diagram showing the old 3 storey building on the eastern side, the 7 storey part of the new block to the East suspended on top of the *ni-goukan*, the narrow courtyard emphasizing the *caesura*, a void marking the transition from old to new, and finally the 11 storey part of the block to the West. The old *ni-goukan* has been partially retained and its height seems to have determined the bipartite composition of the elevations that are split in upper and lower portions. While a gap emphasises this division, the textured lower portions of the new building characterised by a repetition of aluminium mullions and glazed panels maintains a connection with the rhythm of the windows of the existing part of the scheme.

Although the new block with its size dwarfs the retained portion of the old building, this effect is minimized on the side of the main façade towards the Yasuda Hall. This has been possible because the new block has been set back from the line of the existing frontage and also because of the material and chromatic treatment of the block' s eastern elevation, which, with its dark colour, functions as a neutral backdrop to the brick and stone neo-gothic façade.

This harmonious relationship of old and new is only apparent though. As one walks around the building two things capture the attention: the powerful structure that allows the new addition to be suspended and to straddle over the existing building and the space of the courtyard that, in the lower 4 storeys, functions as an atrium. Here is where one realises that the old building has been only partially retained and that his western end has been sliced out. This "amputation" is expressed with a graphic quality and in such a way that the two short sides are seen as sections and not as elevations. These peculiar *propylaei* lead to the space of the atrium where the modest and yet theatrical presence of the volume containing what used to be the main staircase of the *ni-goukan* collides with the massive, almost out-of-proportion braced structural elements of the addition. Higher above the space of the atrium is crossed by oblique bridges that connect the truncated wings of the old building to the western portion of the new block.

With its complexity, dynamism and unresolved contradictions the atrium, the most exciting space of the renewed *ni-goukan*, is the point of the scheme where the transition from the past to the future materializes itself.

(1) Quoted from information panel in the Hongo Campus (2012).

座談会　キャンパスの空間と時間をつなぐ

岸田省吾＋千葉 学＋岩城和哉＋宮部浩幸　高島守央（司会）

高島——岸田先生の研究室が92年にできてから、今年でちょうど20年になります。その間、意匠研究室としての活動に加え、東大のキャンパス計画や建物のデザインに取り組んできました。今日は、研究室の活動に関わってこられた皆さんにお集まりいただき、これまでの活動を振り返ってみたいと思います。

キャンパス計画の草創期

岸田——当時はキャンパス計画の草創期で、すべて手探りでやっている状態でした。キャンパス計画の関係の仕事が圧倒的に多かったのですが、《工学部２号館》の完成を境に、研究活動の比重が増えてきたように思います。いずれにしても大学の中で、デザインと研究をパラレルで動かせたのはとてもよかった。

千葉——僕が関わり始めたときは、キャンパス計画がリアルに動きだしていたときで、日々、様々なプロジェクトが動いていました。龍岡門を引き屋するとか、列品館を改修するとか、トイレをつくるとか、ランドスケープの植栽をやり直すといった小さなスケールのものから、一方でちょうど２号館、３号館など、何万平米という規模のプロジェクトも動いていました。さらに全学の委員会では、要綱もつくられていた時期でした。そういう制度的な面の整備を全学の先生方が集まって進められ、キャンパスがこれから変わっていくのだということを、様々なレベルで実感できました。原先生や香山先生が中心となって、柏と駒場と本郷の三極構造という大局的な話が立ち上がったのも印象深いですね。

岩城——その頃、工学部14号館のプロジェクトが動き始め、その模型や工学部新２・３号館構想の手伝いをしていました。その後スタッフになって、案内板や掲示板、ATM、スロープ、ゴミカート置場、屋外照明、安田講堂の玄関ポーチ照明復元や内部の音響改善などの小規模な計画を行いました。

岸田——大小様々なデザイン・ミッションのかたわら、大学空間の調査や研究を研究室全体でやりましたね。

千葉——大々的な調査にいきました。

岸田——それをまとめたのが『SD』別冊の特集「大学の空間」（1996年）だった。

千葉——アメリカやヨーロッパを中心に、かなりの数の大学を見て回りましたね。

宮部——僕がキャンパス計画に関わったのは1999年から2007年までです。２号館はきたときから動いていて、竣工まで見届けました。その間に小石川にある重要文化財の旧東京医学校の《総合研究博物館小石川分館》《武田先端知ビル》《柏図書館》の基本設計などを担当しました。最初の仕事は安田講堂の裏の入口にある鉄でつくったスロープでした。安田講堂の窓の改修もやりました。サッシをフラットバーでつくり直して、一番上のところに10センチくらいだけ陰になるように奥まらせてスリットをつけ、そのスリットに換気ダクトをつなぎ込むと、給排気がきちんとできるようになるという仕掛けがしてあるのです。変えたことがわからないようにするのが美徳のようにやっていました。古いものと新しいものと区別するのではなく、新しいものを忍ばせるようにする。そのときはあまり意識していなかったのですが、今にして思えばこれがのちのち自分の研究テーマにつながっていったと思います。

岸田——窓上にスリットを設けるというのは、列品館の改修からやり定着しました。大講堂のサッシは、建物が建物だけにディテールを慎重に考えました。

岩城——ヤスリで既存のサッシの塗装面を削って、古い塗料と錆止めが何層にも塗り重ねられていたのがわかりま

緑地軸

震災直後の並木道

した。

岸田――キャンパスという都市的なスケールから、建物の細かいディテールまで、様々なミッションがあって、ふつうはなかなかそこまではできないのですが。

宮部――ああいう小さなことの積み重ねがいかに重要かということを何年かしてみると、しみじみとわかりますね。何かそのときに、全体を通じてこうしようというものが明確にあるわけではないけれど、その時点でベストの方法を考えたのが、結果的に規範になっているものがあります。それが今のキャンパスの空間の質に大きく関与しているということを今でも歩きながら感じますね。

キャンパスという環境

岸田――香山先生は、本郷キャンパスは歴史的な環境をどう継承するかが重要な課題だとおっしゃっていましたが、僕と千葉さんで96年にオープンスペースのネットワークが成長するようなキャンパス構想をまとめ『SD』で発表しましたね。歴史を刻むのびやかな空間があるということは大学の場合不可欠で、僕はそれは今も変わっていないと思うのです。そういう議論を最初の頃にできたのは実によかった。

千葉――僕は緑地軸という概念が導入されたことが、かなり大きなことだったと思っています。というのは、本郷キャンパスのコアになっている内田先生のつくられた１号館と図書館を結ぶ軸と、安田講堂を結ぶ軸は、強固で完結性の強いこともあり、根津側に展開しているキャンパスを統合しきれていない。それを包括するさらに広域の秩序が必要とされている中で、ランドスケープによって軸をつくるというのは新鮮でした。それが内田先生の軸とパラレルに展開して根津側の展開を支える新しい骨格になると直感的に思いました。内田先生の計画に潜在的にあった軸を掘り起こし、それによってキャンパスが南北に束ねられ、オープンスペースのネットワークが形成されていく。あれはキャンパス計画にとっての 一つの分水嶺ではないかな。

岸田――岸田日出刀先生が描いた震災復興計画の油絵を見ると、工学部と農学部を隔てる言問通りにはアンダーパスが通っていて、香山先生は昔から、キャンパスを貫通する道路構想をご存知だったのでしょう。

千葉――都市的なスケールの、かなり壮大な計画があったのですね。

岸田――内田先生は、大きなキャンパスの空間をまとめあげる一貫したシステムを考えています。キャンパスを貫通する軸を、香山先生は緑地軸といって受け継ぐ。きちんと再発見する人がいないと見出せない。

変わるものと変わらないもの

宮部――資料集成の大学の頃をまとめたときに、フレキシビリティについてみんなで考えたことがありました。当時、メタボリズム以来、もう一度可変性部分に焦点があたっていて、床や間仕切りが移動するようなアイデアがたくさんでてきていました。緑地軸とか内田先生の軸を知っていたこともあって、実は長い目でフレキシビリティを考えるときに大事なのは、動くところではなくて変えない部分ではないか、という話を研究室でしていたのを覚えていますね。

岸田――たしか、学部のスタジオ課題で、変わるものと変わらないもの、というテーマをやりましたね。

宮部――メタボリズムなんかを見ても、故黒川紀章さんの《カプセルタワー》に代表される変わるほうを一所懸命提案していたものは変わらなくて、丹下先生の《山梨文化放送》のように、変わらない部分に主眼をおいてつくったものはその後増築されています。あれは

工学部２号館（2005年）

総合博物館小石川分館
（2001年）

幹がデザインされていて、その幹と幹の間に増築できるスペースがありました。動かないほうに視点が向けられていたものが、結果として、あとの人が動かせるということになった。

岸田——戦前戦後を通じて、キャンパスでも増築端というのがはやりました。でも、あれをつけている建物ってほとんど増築されたことがない。実は増築端とは全く関係なく増築されているものが多い。工学部１号館は典型で、大きな光庭があるから増築されて寿命が延びました。変わるものと変わらないものを考えることが持続する環境につながる。街中の計画でも、時間の中でデザインを捉えるということに気づくとがぜん面白くなります。変わらない部分というのは重要なのですが、変わる部分もないと退屈になる。

宮部——そうですね。都市でいうと景観みたいな話になりますが、何げなくみんなが面白いと思っているものは、そこに時間性が感じられるものだと思います。たとえば川越のように、今とさかのぼっていける過去の痕跡というのが全部並列に残っている状況が、実はみんなが楽しめる景観なのかなと思います。

千葉——完全にある時期の街並みを保存した場所というのは、どこかテーマパークみたいになりますよね。

宮部——本郷キャンパスは新築も増えるけど、オープンスペースのネットワークや安田講堂も、あの軸のキーになる建物も変わらない。でも同時に、工学部２号館の巨大な建物がすぐ脇に立ち上がる。そうしたことが空間に時間の奥行きを与えている、時間性を与えている、ということだと思います。

復元と改修

千葉——保存とか復元というのは難しいですね。僕自身も、今まさに大多喜の庁舎でやっていますが、50年の年月の中でずいぶん手を加えられていて、何を原形とするかという判断が難しい。そうなると「保存」は原形に戻すということでもなくて、どこかに僕の解釈や判断も加わってくる。だから保存や復元というのはフィジカルには定義できなくて、ある種の時間との対話の結果としかいえない部分もある。

岸田——ほとんどいじれないような文化財でないほうが、最終的には面白いものができそうですね。小石川博物館は、木造の重要文化財といいながら、指定されているのは外観ともともとから残る構造だけ、内部は全くない。内側に別世界をつくれるという前提で自由にやれました。擬洋風の装飾のついたポーチが正面玄関でしたが、裏にエントランスをとりポーチはテラスに変えて巡るのがおもしろくなった。

宮部——この既存建物は、本郷から小石川に移築されたものですね。明治の頃のオリジナルの写真も残っているのですが、かたちが全然違います。奥行きが減っています。

岸田——この建物が改修されるのは３度目で、いってみれば全く違う「人生」を歩んできた。最初は医学校、次に赤門のすぐ脇に移築され施設部になり、その後は植物園に移され事務の会議室として使われ、それから博物館になった。大学でなかったらとっくに壊されている。

千葉——話は違いますが、台風で崩壊した室生寺の五重塔を再建する宮大工のドキュメントを見たことがありますが、ここではオリジナルとは何か、という議論が中心にあるのです。もとの図面はもちろんありますが、すでにその図面通りのシルエットとは微妙に変化してしまっている。で、何に基づいて直すのかが宮大工の一番悩んでいるところで、結局そこにある種の自分の解釈を加えるのですね。ですから、実は再建されるたびにそこに関わった宮大工の新たな解釈が加わって新しい姿に

工学部２・３号館構想（2000年）

大講堂脇のスロープ（2000年）

生まれ変わる、保存ということの奥深さを思い知らされました。

岸田——唯一のもの、オリジナルというのは存在しないのかもしれませんね。改修する人が創造的に読み込んでゆく。

千葉——そうですね。

岩城——キャンパスという空間は、その時代その時代で関わった人の解釈が積み重なってできている。都市も同じで、たとえばパリが面白いのはその時代その時代の最高の建築をつくろうとして、エッフェル塔やポンピドーセンターが重なっていく。そういう多層なところがよいので、逆にある時代に特化された単層の都市はあまり面白味がないように感じます。

岸田——エッフェル塔はできたときはさんざんいわれて、今ではパリのシンボルになっている。ポンピドーセンターもそうです。本郷キャンパスの構想では、ある特定の、たとえば内田祥三のスタイルは保存し、60、70年代のモダンスタイルの建物はばっさり切り捨てました。その当時はそうだなと思いましたが、本当にそれでよかったのか…。

宮部——そういうことはポルトガルの独裁時代にあるのです。様式の浄化といいます。復元や修復のときは、大航海時代と建国の時代のロマネスクと、あとは中世の城の様式と決めるのです。そうすると、バロックも19世紀の建物も壊されてしまうのです。それに近い感じがします。

岸田——見方によって歴史の意味は変わってくるというのは事実であって、やはりできるだけインクルーシブにいろいろな痕跡は残したほうがよいと思いつつ、工学部３号館の改築計画みたいに、無批判に存在するものはすべて形だけ復元して残すというのではだめだと思いますね。

宮部——それはだめでしょうね。

岸田——もともと本郷キャンパスの再生は「歴史的環境の継承」を一つの目標としていましたが、「歴史的環境」を内田先生がつくったものだけに限定するとしたら、逆に単調でいびつな環境をもたらしかねない。歴史は蓄積されるものだという視点も必要だったと感じます。今、その乱暴な反動が起こっています。

工学部２号館と幻の2・3号館構想

岩城——《工学部２号館》は、キャンパスの「要綱」では保存に指定されていなかったですね。

岸田——皮１枚も指定されていなかった。

岩城——でも安田講堂と工学部２号館と病院の南研究棟だけは震災前の特殊な乾式タイルで、わざわざ型をつくって復元してもらいました。２号館の場合、やはり外壁を保存したほうがいいのではないかということになり、その後外壁だけではなく建物前面の１スパンを残そう、さらに中庭も残そうということになりました。解釈の積み重ねという話がでましたが、２号館のプロジェクトでも既存建物に対する解釈がどんどん変わってきているのですね。

岸田——実は当初、構造のイメージがわかなかったのですが、あるときに光庭が広いからここにひと組の構造コアを立てて、その両側に16メートルのカンチレバーにできるのではないかと思いついたのです。構造に検討してもらったら可能ということでしたが、最終的には振動が厳しいので、V字型のサポート柱がでてきました。この建物は千葉さんがいた頃からずうっとやってきて、隣の３号館と一体化した新２・３号館をつくる計画でしたね。巨大科学となった工学の諸領域を一つの場に集め、活発なインタラクションを起こそうという目的でした。キャンパス計画の責任者が変わると、建物間にあった細い道をつぶす（実際はまたぐだけ）のはけしからんということになり、別の計画となったわけです。大学ではいまだに

大講堂スチールサッシュ
（2001年）

復元した大講堂玄関ポーチ照明
（2001年）

学生センター（2010年）

100年前の「道路は本なり、家屋は末なり」という土木的感覚が生きている。

上書きされてゆく時間の痕跡

岩城——キャンパスにしろ都市にしろ、いろいろな人が関わってくると解釈は違ってきますね。

高島——構想の真意がよく理解されないというのは劣速な解釈と言われそうですね。

千葉——本当は、そういう何をどう解釈しどう判断したのかを蓄積したドキュメントというのは大事だと思いますね、たとえば3号館のサッシなども、下手すると形だけ復元してアルミでやるなどということが起こる。僕は最終的にどういう結果になるかは別にして、何をどう解釈してこのような形にしたという判断の蓄積を大学の資産として残したほうがいいのではないかと思っています。

岩城——サッシ一つとってみても、2号館や1号館ではスチールサッシをアルミサッシに変えています。安田講堂ではコールテン鋼を使ってオリジナルの意匠を復元しています。このように、建物のもっている価値とか意味によってやり方が変わってきますね。

宮部——全部、原理原則で押し通すのではなくて、蓄積が豊富で幅があることが、ある種の豊かさにつながってくると思いますね。

岸田——ドキュメントとして記録を残すということはすごく重要ですね。こうして本にまとめることもその一つかもしれません。

千葉——ペイブや植栽の改変も同様で、環境に上書きしているようなものですね。その履歴を大事にしたほうがいい。

融合する時間とオープンスペース

岸田——学生支援センターは、宮部さんのポルトガルの改修デザインに関する研究に触発されたものです。ものに刻まれたリアルな時間の痕跡を相対化しつつ、新たなものと融合して時間が溶け合うような状況をつくれないか考えました。

岩城——キャンパス計画も、最初は保存と開発という区分で考えますが、実際は保存部分と開発部分をつなぐオープンスペースのネットワークづくりだと思います。保存と開発というのは時間を切る作業ですが、オープンスペースを挿入することで、時間をつなぐことができます。

岸田——その通りです。キャンパスのオープンスペースは、時間をつなぐ空間的な仕掛けになると思います。古い建物という古いものがリアルにあるところに、それと対比的につくるというのは一つの方法ではあるけれど、もっと連続的につなげていくと、古さを特別視せず現在のもののように生かせるかと。学生支援センターでも、明治時代の部材を使い内田先生の建物がつくられ、戦後、芦原先生によってモールが組み込まれ、今また改修され新しい建物として生をつなげていく。その時々の営為が重ねられ、一つになっていけば、時間の蓄積をもっと自然に現在として生きられるような気がします。

環境をトータルにデザインする

千葉——もう一つ、キャンパス計画の特質として、土木も都市計画もランドスケープも横断的にできる点がすごいと思いましたね。通常なら敷地の中しか手が出せないけれど、道路も敷地も統合的に環境をつくっていける、貴重なことだと思いましたね。

岸田——構内で細い道路の上をまたいで建築するアイデアだけで土木の逆鱗に触れてしまうといいましたが、そうした縦割りでやっていく限り、キャンパスだろうが実際の街づくりであろうが、

工学部１号館前広場（2007年）

案内板（1997年）

農学部３号館ポーチ照明（2001年）

うまくいかないでしょう。

千葉――そういう意味でいうと、本来の環境づくりがもっとも正しいかたちで行われている。

岸田――かつてはそうでしたが現在はどうでしょう。道路１本でも、国交省や経産省、警察などがでてくるでしょう。キャンパスは本来、トータルデザインの実験ができるところなのに、現在は縦割り行政の縮図になりかかっている。

千葉――ヨーロッパの街は、そもそも土木とか建築の線引きがしにくい成り立ちですよね。

建設が止まらない現在のキャンパス

岸田――5年ほど前、再開発の決定に関係した総長、吉川弘之先生のお話を聞く機会がありましたが、先生は大学キャンパスの問題はまだまだ終わっていないとおっしゃる。それは新しい建物をつくり続けるということではなく、どうコントロールするかということだと理解しています。20年近く前に、再生構想の憲法ともいうべき計画要綱ができて、当時、全床面積で60万平方メートルだった本郷キャンパスを90万平方メートルまで増やすが、それ以上は建てないと決定しました（『本郷キャンパス再開発・利用計画要綱』1993年）。それ以上になったら将来のさらなる更新が不可能になるか、環境の悪化が限度を越えると判断したからです。でも、5年前の時点で90万を越えようとしていたにもかかわらず、ブレーキをかける人がおらず、今も建物をつくり続けています。

千葉――そろそろ制御することも考えなくてはならない段階に入っている。

岸田――そう考えると、キャンパス計画は重要な局面に立たされているといえます。いかにキャンパスのよき定常状態をつくり、維持するかという。

千葉――今の展開は、床面積を増やすほど価値があるといった、デベロッパー的なところがある。しかし長期的に見ると、人口が縮小時代を目前にして、大学の空間にまだ床を必要としているのか、疑問に思う点もあります。

岸田――大学の人は自分のことしか考えないから、いつまでも要求し続ける。大学は施設の運用で非効率なところです。

千葉――現在の地方都市で起こっている不思議な状況というのは、人口が縮小して中心部が空洞化しているのに周縁部ではスプロールしている。もしかしたら、それと近いことが大学でも起きているのではないかと思います。

岸田――その一つの原因は、ほとんどの先生は施設に関して見える範囲でしか考えない。大学全体の問題にはなかなかならない。無駄を省くスクラップ＆ビルドは大学ではできない。

岩城――ランニングコストとか原価償却とか、ないのですか。

宮部――一時、ファシリティマネジメントなんて話ありましたね。

千葉――たとえば、空間のマネジメントといった視点も必要ではないかと。

岸田――面積課金はその一種でしょう。

千葉――震災後の都市でも似たようなことが起きていて、街中の空地や空室を利用することなく仮設住宅をつくっていますね。結局都市空間のマネジメントという発想がないからそういうことになってしまう。それはキャンパスでも同様で、要綱の根底には本来そういう含みもあったと理解していました。部局の再配置などは、空間のマネジメントという視点で生まれた概念だと思ったのですが。

岸田――東大では大前提として、空間は絶対的に足りない、そこから始まっているのです。スクラップ＆ビルドの選択肢はなく、新しいキャンパスをつくり、既存キャンパスは1.5倍にして、まだ大きくしようとしている。だけど、もうそうした発想は通用しないと思いま

緑地軸外部照明（2001年）

山中寮内藤セミナーハウス（2009年）

す。今手にしているものを最大限生かす知恵や工夫が求められていると思います。

多様なデザインの経験から得たもの

岸田——キャンパス計画やオープンスペースのデザイン、建物の設計をしてきて、建築を考える基本的な視点を養えたような気がします。

宮部——僕は自分のドクター論文もそうだったし、今やっている仕事も8割くらいリノベーションとかストック活用で、キャンパス計画に関わったところからつながるところがたくさんあります。古いRCの建物を目の前にしたときに、多くの人は建替えから検討すると思うのですが、ここでは残すことから検討していましたね。そういう最初から立つ位置の視点から違っていたということが、今の僕にとってはかなり大きいですね。

岸田——工学部２号館では、人が住んでいる上に巨大な建物をつくり、小石川博物館では１世紀以上前の建物を改修しました。でも、今や、工学部でも病院でも古いものは邪魔だから壊せとなっている。

岩城——研究室での経験を通して、三つの問題意識をもちました。ひとつは土木的なもの、建築的なもの、環境的なもの、家具的なもの、照明とか植栽などをトータルにデザインするということの重要さです。ふたつめは新しいデザインをどう織り込んでいくかということです。たとえば、工学部２号館の改修では、細部にいたるまで読み解いて対応しました。三つめは空間の持続性についてです。メタボリズムのプロジェクトの多くは骨格をモノでつくっている。一方、キャンパス計画では、骨格をオープンスペース、つまり空間によって形づくっています。建物は更新されるけれど、オープンスペースによる骨格はずっと長く続きます。モノと空間を逆に見るというか、そうしたものの考え方を鍛えられたと思います。

岸田——何かイマジナリーなストラクチュアーを想像的に捉えるというのは重要な視点だと思います。ものに刻まれているリアルな特徴って誰が見てもわかるし、華々しくて面白いのだけど、どうもそういうものが本当の持続ではないような気がしますね。山中湖内藤セミナーハウスですが、そこはコンテクストといえば森林と湖しかない。でも夏に行き、秋にまた行き、真冬に行くと、それぞれ全く違う世界が広がっているわけです。季節の変化だけでなく、自然の示す様々な表情に接し、自然とのインターラクトを重ねることによっても、歴史的環境における経験とはまた別のかたちの持続的な経験をもてるのではないかと思いました。

多様の中の統一

千葉——僕も皆さんと共通していますが、この『SD』別冊のときに書いた「読み替え」という視点にもっとも想像力が注がれなければいけないということは、今でも有効だと思っています。結局キャンパスというのはどんどん変わり続けていきながら、同時にキャンパス空間としてのアイデンティティを保持していかなくてはならないという宿命を担っている。それは世界中の大学でも同様で、いいキャンパスというのは、つねに過去の構造に新しい解釈を加えて、次の展開につなげていくという空間が見て取れる。それを「読み替え」と呼んだのですが、先ほど出た緑地軸もそのいい例でしょうね。あともう一つは、様々な人が各時代に関わることで生まれる多様さがキャンパスには必要不可欠で、それは都市そのものといってもいいのですが、その多様性を含んだうえでの秩序というのが、いかにしてつくれるかが僕の中での大きなテーマになっています。

岸田——三人には在籍した時期や期間

イェール大学。オールドメイン

スタンフォード大学

に違いがありますが、視点に共通するものがありますね。岩城さんも宮部さんも若手のわりに視点が広い（笑）。

岩城——すごく忙しかったけれど、面白かったのは本郷キャンパスという素材のおかげですね。素材がいいので、いろいろな調理方法を考えられました。

岸田——料理する環境も整っていましたね。それは今から思うと、吉川さんをはじめとする大学のトップマネジメントの人たちに、建築に対する理解があったことが大きい。

岩城——多様性を維持しつつ、秩序を保つという意味で、現状の本郷キャンパスの状況はどうでしょうか？ マスタープランのときは、三層構成を基本とする緩やかな秩序みたいなものがありました。今の状況は、どう評価できるでしょうか？

千葉——そもそも秩序とは何かというのは難しいし、キャンパスに必要とされる秩序は何かということに対して明確な答えはないのですが、形態規制に短絡させない方法が見つかるといいですね。かりに三層構成でない建物ができたとしても、何かそこに既存の環境に対する「読み替え」があれば許容していけるような。

岸田——多様の中の統一という問題は、昔から続く大きな課題だったと思います。長期計画というのには必ず予定していなかったノイズが入る、これは都市でも同じで避けられない。だけど、キャンパスには本当のリアルな都市と違いある種秩序が求められる。それは大学がどんなに巨大化しても、一つの知的な共同体だからですね。そのとき重要なのは、ある一定期間はデザインの方向をつけられるような人が求められる。継続的に優れた判断力のある人が、デザインレビューを行っていくような制度が必要かもしれません。

岩城——デザインコードという意味でいうと、イエールは20世紀初頭にすべての建物をカレッジゴシック様式でつくっています。一方、1960年代になると、ルドルフ、カーン、SOMなどに依頼する。デザインコードを拘束するか、クオリティが高ければ、デザインコードなんてどうでもいいという感じです。

岸田——ハーバードではコルビュジエとかスターリングらによる作品が、キャンパスのコアとなるヤードを囲むように並んでいます。中心に伝統的な空間が持続していて、そこに極めて水準の高い建物が加わっていく、そういう状態はキャンパスのありうる形の一つだと思うのです。

千葉——解釈といっても、結局設計者の資質に左右されるところがあるから難しいのですが、でもスタンフォードのような形態コードを縛る方法は、簡単ですが採ってはいけない方向ではないかと思う。一方でUCパークのように、実に様々な建物が建っている状況まで行くと、全体像がよくわからなくなるし。多様性を包括する秩序というのは、永遠の課題ですね。

岸田——僕は最終的には、それは人によって支えられると思います。人を選んでそれをサポートする制度が必要だと思います。

高島——これからの本郷キャンパスはどうなるか、どうなるべきか、期待されるところは、その辺りについていかがでしょうか？

岸田——キャンパスの環境を総合的に捉えることが重要だと思います。本郷キャンパスについて、いろいろ問題点を指摘しましたが、基本的にはすばらしい骨格があるので、それを生かす視点がつねに求められます。現状はそれぞれが要求した建物のせめぎ合いになって、空地をつくりだすことがほとんど不可能です。

岩城——緑地軸先端部の医学部側に、オープンスペースはつくらないのですか？

岸田——新しい「要綱」（2010年）を見ると、道を通すようですが空地はつ

図書館前の移植直前のクスの老木

明治時代の囲障壁

くらない。工学部でも空地は消されています。本郷通り沿いの緑地の指定も消えています。「要綱」を見る限り、空地をどんどん減らそうという考えがにじみでているようです。

千葉――心配ですね、図書館の前庭も地下を工事していて。

岸田――以前、図書館前広場周辺の地下開発の計画をいくつかつくりましたが、構内で最も美しく威厳のあるクスノキを移植してまで建設するなんて発想はありえなかったですね。

宮部――そうですか、一番完成された感じのする広場ですが、あれもいじるのですか…。

岸田――昔、学生が「学内で一番好きな場所は」というアンケートを建築学科のスタッフに行ったところ、図書館前の空間を最上の場所とする人がいました。よくわかります。一対のクスの大木と水盤の水の音が静けさを生みだしています。本郷の中で、最も大学らしい静謐な空間でしょう。

千葉――僕はランドスケープに興味があるので、外部空間を保存することの価値はすぐに理解できるけど、建築というオブジェを保存しようという意識に比べ、空地を保存しましょうという感受性はなかなか共有されないですね。

岸田――空地って、意味がないところに意味があるわけで、キャンパスを考えるときには、とりわけ大切だと思います。

千葉――それがエンプティであることに価値を見出せる人はなかなかいないし、逆に僕たちもそれを伝える言葉をもちあわせていないから、空地の保存はより難しくなっている。

岸田――空地をつくるというのは、さらに難題になる。

宮部――そっちのほうがもっとハードですね。

岸田――最近、小さな住宅で変な空地をつくる例がありますが、不思議と面白い。古くは伊東豊雄さんの中野本町の家も、真ん中に変な空地があって。

千葉――本郷通り沿いの緑地も同様ですね。

岸田――福武ホールですが、学内側はともかく、本郷通り沿いのデザインはどう理解すべきかわからない。

千葉――僕は福武ホールに対する学内での議論が、あの長い壁にばかり向かっていたのが不思議で、むしろ本郷通りの緑地や風景をどうするべきかという議論のほうが、今後の大学のあるべき姿に対して重要なのではないかと思います。

岸田――「僕はもうあの前を歩く気がしなくなりました」という建築家がいましたが、大げさだとは思えません。

千葉――大学がこれから街とどう関わっていくのか、というヴィジョンを描く必要がありますね。

岸田――今、大学の中にいろいろなサービス施設ができていて、大学の周りにどんどんシャッター商店街が生まれています。福武ホールのデザインも通り沿いの緑地指定のキャンセルも、すべてが内向きになっていますね。

千葉――そうですね。スターバックスなどが大学にできると、大学に街が入り込んでいるようで、実は自己完結に向かうことにもなってしまう。本当はスターバックスやドトールなどができた分、大学が街に教室をつくるとか、同じだけ大学が外に出ていけばいいと思います。

岸田――入ってくるにしても、地元の商店が入ってくればいいのですが。

宮部――床面積が足りないといって増やさなくても、街の空き家を活用すればよいと思います。

岸田――全くその通りだと思います。大学が自ら決めた「要綱」を自ら破る「違法」増床を続けるなら、取返しがつかなくなるかもしれない。それでも足りないというなら、どんどん街にでていけばいい。

宮部——本郷三丁目の駅からくると、あっちはシャッター街で大学内は景気よく工事していて、ここだけ異様な感じです。

岸田——20年前に、世の中のバブルがはじけて大学バブルが起きた。バブルの勢いを街に還元すべきと気がつくといいんですが。

岩城——大学はもっと街に依存してもいいんです。本来、依存していましたから。

岸田——本郷キャンパスは、大名屋敷の跡を引き継いでいる。だから、塀で囲まれた中だけで楽しんでいるという姿ですね。

岩城——塀を撤去できないですか？

岸田——それは芦原先生の昔からありましたが。

宮部——『街並みの美学』に書いてありました。

岸田——もっともあんなに格調が高く、かつ開放的で親しみやすいすばらしい塀はなかなか壊せないでしょう。実際、あの塀は学内外をつないでいると思います。

千葉——街にしみだしていけばいいと思うんですけれどね。

宮部——空地はつくれない、床は増えるということだったら、やっぱり外にいくべきだと思いますけれど、外といっても本当に近くの外。

千葉——やはり本郷通りの景観は、地域の財産として位置づけていくことも必要ですね。

岸田——通り沿いが緑地だった頃は、実に深遠な感じがしましたね、世俗とは違う世界のようで、街側から見ても、そのオーラがにじみでていた。皆さんと一緒に20年近く本郷のキャンパス計画に携わり、建築の設計だけでは不可能な経験ができたことは本当によかったと思います。キャンパス計画に参加できたことは、建築を設計する者としても他では得がたい経験となりました。

高島——時間を大幅に過ぎておりますので、この辺で終わりにしたいと思います。今日は、ありがとうございました。

（2011年12月7日　東京大学岸田研究室にて）

岸田省吾

千葉 学

岩城和哉

宮部浩幸

II
空間論と時空論

1996年の『大学の空間』から2009年の
『建築の「かたち」と「デザイン」』まで14年間の論考を収録した。
通して見ると、空間論的な視点から時空論へ
展開していく過程がしるされているように思う。
92年の研究室発足当初は建物の設計やキャンパス構想などに追われ
ものを書くどころではなかった。
やがて本郷キャンパス再生の方針も定まり、海外大学の調査事例も蓄積され、
研究室全体でとりくんで『大学の空間』をまとめることができた。
それまで文献と言えば計画学的あるいは都市計画的な視点からの
大学施設論、キャンパス計画論や表面的なデザイン論ぐらいしか見当たらず、
大学を空間論として本格的に論じるものは皆無に等しかった。
とぼしい文献の中からP.V.ターナーの『Campus』を読書会で読み合わせ、
それまで見た世界の美しいキャンパスの記憶とともに考えるうちに、
大学における空地の意味に思い当たった。
そして、『大学の空間』をまとめる中で、時間をかけた変化を通し
初めて空間を生成させる動因が捉えられると確信するようになった。
これがその後、建築の時空論へ繋がってゆく。

大学の空間——その変容に見る持続する原理　1996年

1　大学改革論と大学の空間

今日、大学は厳しく改革をせまられている。大学における研究や教育、学問のあり方などについて、内外に変革をせまる状況が山積している。ことに日本では、今後生き残りをかけた競争が激化し、多様化の時代を迎えるという。学問の変化、多様化するニーズに機敏に対応するということも必要だろう。しかし、多様性とは、それを貫く共通の基盤があるという前提で成立するものである。こうした改革論は当然、大学の理念を巡る議論にまで行き着くことになる。

今世紀、最も成功を収めたと思われるアメリカの大学を巡る議論にもそれは見ることができる。かつてバークレーの学長、C.カーは巨大大学を評してユニヴァーシティならぬマルティヴァーシティと呼び、多元的な価値と組織をもって動くその姿をうまくいい当てた[*1]。ブルームはそうしたアメリカの大学の内部で進行する分断化の傾向をアメリカ社会の深刻な危機として捉え、その改善の一つの方途として大学教育の原点を模索する[*2]。そしてボイヤーを始め多くの論者がレポートするように、アメリカは依然として多様、多元的な価値をまとめる可能性をカレッジの伝統の中に読みとろうとしている[*3]。彼らにとって大学は、単に学問の動向や社会的ニーズを反映するものとして議論すべきものではない。社会の中で大学という制度が総体として実現しうる理念や価値を確認することが大前提なのである。

日本ではそれほど楽観的に考えられまい。なぜなら日本の大学はその共通の基盤ともなりえる大学の基本的理念に対する真剣な議論を欠いたまま制度を移植することで出発し、現在に至っていると思われるからである。戦前のヨーロッパ的な専門学部主体の大学像にしても、アメリカの制度とはおよそかけ離れた戦後の「アメリカ的」な大学像にしてもしかりである。今日改めて大学の個性化が唱われ、多様化が図られるにしても、大学の基本的な理念を巡る議論を欠いたままでは、マーケティングの思想が大学に浸透し学校の種類だけが増えたということになりかねない。おそらくどのような装いで登場しようと、大学が社会の中で存在を許され、ささやかな自由が与えられるとしたら、そうした基盤を抜きにしては考えられないはずである。かつてヤスパースは真剣に大学の終焉を憂えた[*4]。ブルームが憂えたのと同様な分断化の力が、大学の理念を不可能にするというのである。その可能性が全くないわけではない。

しかしそうした基盤を古典的な大学像や活動内容から導き出すことは容易ではない。研究と教育の動向を少し考えれば明らかである。学問体系はまさにドメスティックに変化再編されようとしているし、それが安定的な秩序に向かうという保証はどこにもない。編成の原理自体が揺れ動いているというべきであろう。教育もまた学問の再編とは必ずしも一致しない形で多様化されつつあり、教育研究の関係の分離が進む可能性が強い。ましてフィヒテーフンボルトの理想は大学による欺瞞とまで罵倒される。大学の理念を一つの規範的な理想像という形で固定することは困難なのである。

近代大学の理念を築いたドイツにおいても多くの問題を共有し、大学を巡る議論は盛んである。そうした中にあって目を引くのは、大学の理想をその活動性において捉えようとしたハーバーマスである。彼はシュライエルマッハーを引きながら、学問における論証の公的性格が大学で展開される多様な活動、機能において繰り返され、全体としてそうしたものの連携として形成される「公の論証」という構造のもつ重要性を説く。それがひいては大学の統合の軸となり、大学が社会の中で存在し作動し続ける意味を生み出す基準になりうると考えるのである。これは大学の基本理念を具体的な諸々の活動が行われているその状態の中で、つまり運動性の中で捉えようとしたものであり、先に述べたように大学の基本的活動の内容自体が不確定な状況を乗り越えうる新たな視点の一つを開くように思われる。動きの中で初めて現れ、捉えられる原理こそ、変革の時に求められているものであるからだ。

大学の空間は、その長い歴史の過程で様々に変容を遂げてきた。ごく最近の30年ほどを振り返ってみても、いまだに中世以来の形式を下敷きにして計画しているものもあれば、およそ大学に前例を見ないような形式に挑戦するものもある。一見するとそれらの間に明確な方向性は見えてこない。多様化がさらに進み、混迷の度

図1　サセックス大学

図2　電子工学高等学院（マルヌ・ラ・ヴァレ）

図3　ケンブリッジ大学

図4　イェール大学オールド・キャンパス

合いが深まりつつあるようにさえ見える（図1、2）。

しかし大学の空間を変容しつつ持続する形態、即ち変化が現れるたびにそれを司る原理が繰り返し実現される形態として捉えると、多様を多様として受け入れ、空間編成の類型の違いを際立たせるようなこれまでの議論の枠組みとは異なる様相が見えてくる。大学の空間を変化してゆく動きの中で捉え、そこに一貫し、持続する規則性、共通性を見出すことができれば、それは大学の空間を導き、持続させる、即ち生命あるものとして活動し続ける大学の空間に形を与え、形を生み出す原理として考えることができるだろう。

この小論は大学の豊かな空間形成の歴史に一貫するような原理を探り、空間の形成を巡る議論の基本的な前提を明らかにしようとする試みであり、同時に大学の理念を運動性のもとに捉えようとする試みと同様、変化の方向が揺れ動いているときに可能な計画的な基盤を探ろうとするものである。

2　大学空間の諸類型と空間の形成原理

11世紀の登場以来、大学は多様な空間を展開してきたが、そこには国や時代の相違を超えいくつかの共通し反復される空間編成の形式が存在する。大学空間の基本的なまとまりの型であり、類型である。オックスフォードやケンブリッジ大学（オックスブリッジ）のカレッジに見るクワドラングル（以下クワッド）と呼ばれている矩形の中庭をもつ空間編成も（図3）、広大な敷地の深い木立の中に学舎が点在するアメリカのキャンパスの編成もそうした類型の一つである（図4）。それらは直接的には、歴史的に限定された諸条件に適合し形成されたものとして説明されるであろう。クワッドは、その起源を記すパリにしてもオックスブリッジにしても、もともとは貧困学生の寄宿舎、即ち学寮の空間形式として生まれた。それが大学の必然性に基づいているといいがたいことは、起源として全く異なる説明が並行していることにも現れている[*5]。また、ベルリン大や19世紀に改築されたソルボンヌの新しい学舎など、18世紀以降数多く登場する国家的な大学では、バロック的な宮殿形式の類型を多く採用する[*6]。いうまでもないことだが、宮殿とは王と貴族の邸宅として形式の完成を見たものである（図17、19）。

こうした諸類型が長期間にわたり様々なバリエーションを示し、変容を遂げながらも保持されたのは、それらが先述したような歴史的に限定された条件に適応し、形成されたためというより、もともと大学の空間としての基本的な特性に合致する可能性を秘めていたか、あるいは変化を通して大学の空間としてより適切で理想的な状態を持続しえたためと考えるのが適切である。

たとえばクワッド形式のソルボンヌでは、草創的のほんの小さな学寮から今日見るような学寮を全く含まない巨大複合建築に至るまで、13世紀に遡りうるプロポーションの中庭を全体を統合する空間的焦点として保持し続けた（図5）。また、オックスブリッジでは、もともとクワッドに見られた内に向けての隔離の機能と外に向けての防御の機能が失われた後に、むしろ豊かな空間の展開を示すのである。

先にも述べた通り、大学の空間を導くような原理があるとすれば、それは変化の結果として与えられる完成形より、変化の過程そのものにより明確な姿を現すであろう。類型自体の形成や選択は先述したように歴史的限定を受けるため、どこが大学本来の（そういうものがあるとすれば）原理を反映しているかは不明瞭である。それに対して変化の過程では、変わるものと変わらないもの、可変的、一時的な要素とそうでない永続的な要素の弁別が容易である。成立の背景も形式も異なる類型の変化の間に一貫した力の働きを見ることができれば、それは大学の空間を形成し、それを持続させてきた原理といえるだろう。重要なことは類型自体ではなく、類型の違いを超え、類型の変化に一貫するものを浮かび上がらせることであり、変化を導き、変化をもたらした力を探り当てることである。

ここでは900年にわたる大学空間の歴史に現れた諸類型の中から、五つの代表的な類型―原初の空間、クワドラングル、宮殿形式、キャンパス、モダン・システム―を取り上げ、それらの変化を導く力がどのようなものであったか考察していくことにする。

3　類型の変容と変容の原理

3-A　原初の空間

■現象する空間

ヨーロッパ中世都市に大学が生まれた頃、大学は固有の空間をもたず、その必要もなかった。大学は変化という以前に「形」がなかったのである。大学の原点となる空間とは、教師と学生が知的時間を共用する間だけ、そこに立ち現れるものであった。学識のある人間と、その学識に惹かれ、教えを乞いに来た人間が学問を巡る時間を共有するとき、その人間たちの周囲に生起する空間であり場であった。それは街頭や教会、あるいは教師の住居や町中の貸部屋のこともあった（図6）。

パリ大学はセーヌ河畔の橋詰めで生まれたといわれている[*7]。ボローニャ大学は町一番の旧マッジョーレ広場の周辺であった。当時、学問は教会や修道院附属学校即ちスコラが独占していたが、そこでの公式的な学問に飽きたらない人間がスコラを出て新しい学問を自由に説き始めたという。彼らは多くの人の往来がある場を求めた。橋のたもとや都市の広場は恰好の場である。大学の始まりはこうして記された。

■オープンスペースの力

そうした場も大学団の制度が整うにつれ、次第に定着してゆく。特定の場に特定の学部が集結し、地区の街路の両側に大学施設や教師、学生の住居などが混在し展開するようになる。都市の街路が公共のオープンスペースであると同時に、大学の諸施設をまとめ、その活動の連絡と交通を可能とする大学の公共空間へと転化していった。カルチェ・ラタンの別名「麦わら通り」といわれるサンジャック通りは、かつてここに教養部や医学部のホールが集中していた頃、学生が床に藁を敷いて講義を聴いていた名残を留めている。ボローニャでも「学校通り」、「書物通り」などと呼ばれた街路の両側に大学のホールが展開していった（図7、8）。

こうして大学の空間は、個々の施設としての特性より、それらをまと

図5　パリ大学ソルボンヌ、クール・ドヌール

図6　イタリア中世都市における講義風景（A.ロレンチェティによる13～14世紀頃のフレスコ画）

図7　ウルビノの大学街

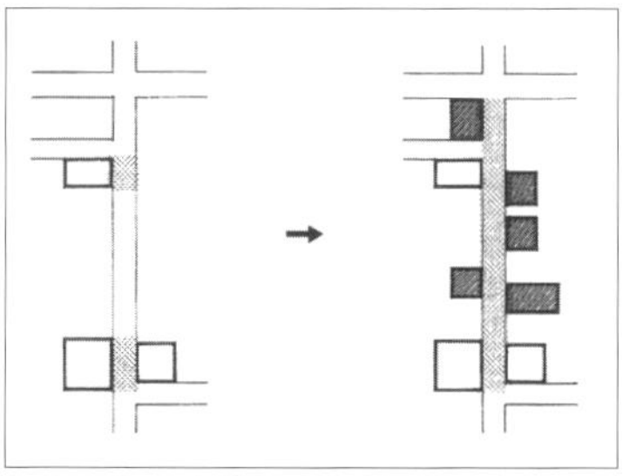

図8　原初の空間、モデル図

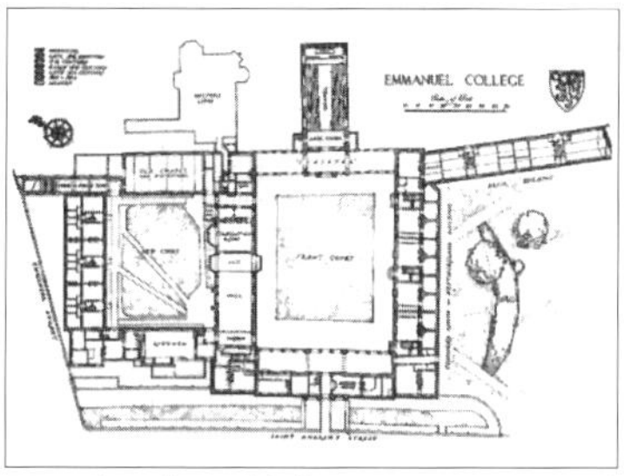

図9　ケンブリッジ大学エマニュエル・カレッジ

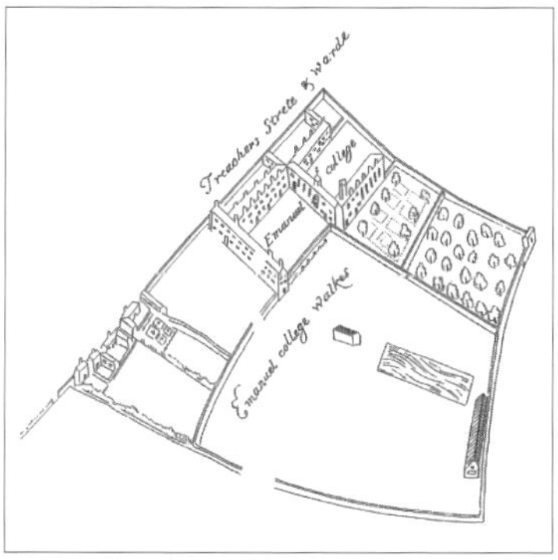

図10　ケンブリッジ大学エマニュエル・カレッジ（ハモンドの版画、1592年）

め、関係づけ、同時にそれらによって形成される街路という公共の場——オープンスペースの名称によって名指され、オープンスペースとして生成してきたといえるだろう。

そこには空間構成を導くいくつかの基本的な力を読みとることができる。第一にオープンスペースのまとまりをつくろうとする力である。大学はキリスト教世界全域に開かれたものとして生まれた。それは出自も様々な人間集団が学問とラテン語を共通の基盤としてつくる共同体であつた。大学とは人間の集団、制度、学問、そして空間など、様々な側面の自律的諸部分が共通する特性を連携させながらまとまりをつくっていった複合体である。空間としても自律的な活動を前提としつつ、それらを統合することが重要であった。大学の本義はウニ・ヴェルジテ、即ち「一つであることを目指す」という[*8]。街路を挟んで展開するいわば両側町というべき形式は、そうした自律的諸部分が統合される空間的なまとまりの基本である。

そして第二に、先に述べたオープンスペースのまとまりを開放しようとする力である。大学という制度は自由な交通、人やもの、知識の交差する空間の中で現れた。遍歴学徒は全欧州から集まり、大学の学位はキリスト教圏全域に有効な万国教授資格となった。真理の追究は開かれた環境を前提としていたのである。大学のオープンスペースであると同時に都市のオープンスペースでもある街路の二重性は、こうした大学空間の基本的特性の現れであったといえるだろう。街路をまとまりの軸にした大学の空間は、閉じた輪郭をもたず、まとまりを保ちながら必要に応じいくらでも展開できたのである。

大学の街路が次第に成長し、大学街が形成されてゆくとき、特定の学部が特定の地区に集結する。ボローニャでもパリでも見られたこの現象は、より大きなスケールでまとまりをつくろうとする力の発現といえるであろう。今となっては想像してみるしかないのだが、複雑に入り組んだ細い街路に沿って大学ホールが並び、ガウンを羽織った学生たちが大勢行き交う界隈は、都市の中の大学街というより、大学の空間そのものといえるような場であったと思われる（図7）。

3-B　クワドラングル

中世的な大学の空間として一般的に考えられているクワドラングルは、貧困学生のための学寮——カレッジとして形成された。一つのオープンスペースを共同生活に必要（当初は寝室、食堂、厨房のみ）な建物で囲むという形式は、同じ目的をもち、集団生活を行う人間たちの空間に求められたまとまりの形式としては根源的なものであった。中庭はつねにカレッジのあらゆる活動が交差する場であり、カレッジ全体はそれを中心として編成された（図9）。

この学寮の形式としてのクワッドが当時の大学の空間にとっても適切であったことは、その急速な普及を見れば明らかである。学寮における教育が大学の教育に代わってゆくに従い、大学そのものが吸収一体化されていった。そのとき、クワドラングルは都市空間の中に散開していた始源の大学空間のオープンスペースを閉鎖的な中庭形式に取り込んでしまう。大学のオープンスペースはもはや広く世界に開放された公の性格を失う。原初の空間の開放性と比較するなら、まとまりをつくろうとする力が主体となった空間形成といえよう。

■ **二つの系統とその変容**

クワッドはおおむね二つの系統に分けられる。フランス、イギリス、ドイツなどの北欧系とイタリア、スペインなど南欧系の大学におけるものである。

北欧系のクワッドは独立的な建物が一つの中庭を囲む形式である（図9）。これに対し、南欧系のクワッドは一つの完結した単位である。中庭には回廊が巡り、全体に一貫したサーキュレーションをもつ（図13）。

この二つは、変容の過程もその空間編成の違いからおおむね対照的な経過を辿る。北欧系の場合、カレッジの独立性が強く、変化は塀に囲まれたカレッジの中でカレッジごとに進む。大学全体として一貫したまとまりをつくりながら都市空間を形成するということはあまりない。反面クワッド自体は、建物単位で増殖変化できる柔軟性を備えている。ケンブリッジの多くのカレッジに見るように、変化に富んだ豊かな空間がつくられていく（図9、10、11）。クワッドがアメリカに渡り劇的な変容を遂げることができたのも、こうした北欧系クワッドが背景にあった。

カレッジのクワッドがオープンスペースの二つの力によって展開していった様子は、たとえばエマニュエル・カレッジなどを見れば明らかだ。そこではクワッドに内包されるオープンスペースが、成立によって意匠の異なる各建物の特徴を生かしながら統合し、建物の増殖を導き、緩く町や庭園へ連続してゆく。オープンスペースが連続と遮断を調整しつつ形成する持続的な空間であり、時間を蓄積しつつ成長する空間の形成を明瞭に見ることができる（図9～12、P.156）。

一方、南欧系のクワッドでは、変化の最小単位は完結的なクワッドであり、まとまりが開放されることはない。反面、クワッドの集合体は大学のオープンスペースでもあると同時に都市の公共的なオープンスペースでもある広場をつくることにより、大学の空間そのものを開放してゆこうとする（図13、14、15）。カレッジ連合体としてのイギリスの大学と対照的に、一つの統一体として編成された南欧系の大学ならではの空間形成といえるだろう。クワッドが閉鎖的でまとまりが強い分、その集合が形成される過程でまとまりを開こうとする力が集中して現れたといえよう。クワッドの閉鎖性を補完するように、集合体のつくるオープンスペースが開かれてゆくのである。

たとえばサラマンカ大学では、17世紀以降相次いで二つの都市広場が整備され、それを囲むように大学の重要な施設が配置されてゆく。エル・パティオ・デ・エスクエラス（大学広場）とプラサ・アナヤ（アナヤ広場）がそれで、町の公共広場でありながら、大学の重要な儀式にも使われる。それらは機能的にも象徴的にも大学にとって不可欠なオープンスペースとなっている。

同じく南欧系のボローニャ大学では一時期アルケジンナシオに全学部を集結させ、空間としては閉じたまとまりを形成した。しかし街路側にアーケードを巡らせ、伝統的なボローニャの都市空間を形成する点では外へ

図11　トリニティ・カレッジ

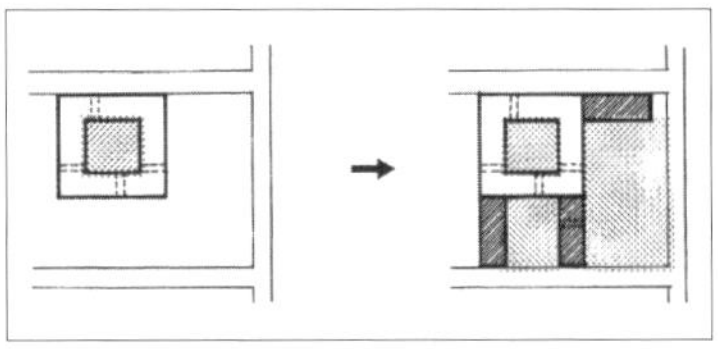

図12　クワドラングル（北欧）、モデル図

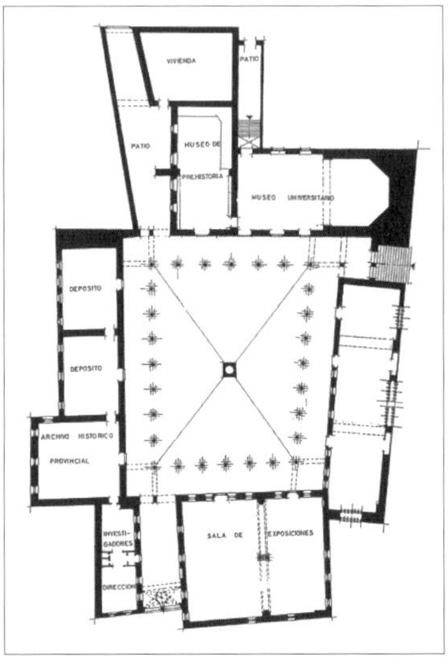

図13　サラマンカ大学エスクエラス・メノーレス

図14　サラマンカ大学、大学広場など

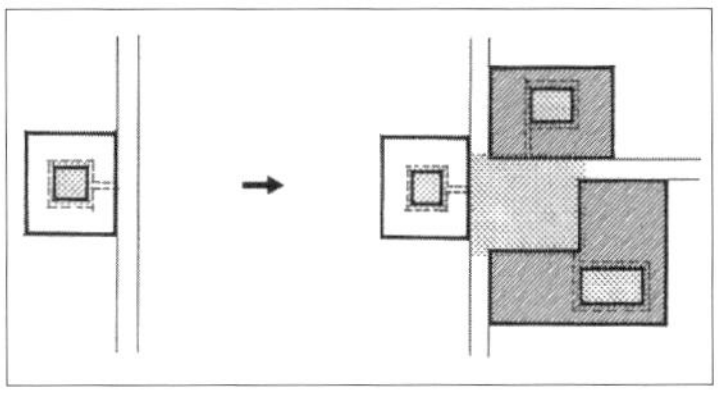

図15　クワドラングル（南欧）、モデル図

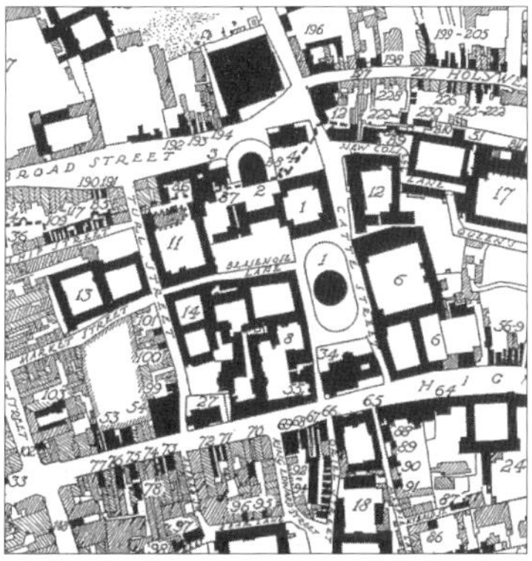

図16　オックスフォード大学、大学中心部

図17　ベルリン大学

図18　ベルリン大学

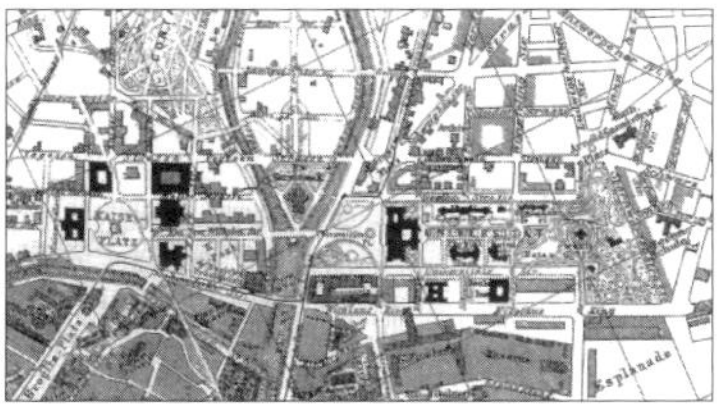

図19　ストラスブール大学

開こうとする力が現れている（P.154）。

ちなみにオックスフォードでは北欧系でありながら南欧系のクワッドと類似した変容が見られる。閉鎖的なクワッドの形式が長く維持されたオックスフォードでは、17世紀末以降カレッジ共用の施設群を展開したとき[*9]、稠密な街区が切開され、ひとまとまりのオープンスペースが形成された。それは大学の中心的な場として、閉鎖的なカレッジ群に囲まれ都市にも開放された強いまとまりを形成している。サラマンカと同様、変化の単位となるクワッドが閉鎖的であると、それを補完するかのように都市空間の中で大学のまとまりを開放しようとする力が働く（図16）。

3-C　宮殿形式とプロト・キャンパス

■宮殿における前庭と庭園

19世紀以降、近代国家の成立と産業社会の進展、科学分野の登場などを背景に、大学はひと握りの特権階級を育てるだけではなく、より広範な社会の要請に応えなければならなくなる。大学はアカデミーと並び国家の威光と学識の威厳を体現する「知の殿堂」であり、国家の枢要な機関として都市を飾る公共施設の一つになる。そのとき、国家が必要とする専門的知識を研究教育する場としての大学という専門学校主義が現れる。一方、学問研究と哲学による諸学の統一を掲げる近代大学の理念が登場する。

大学は実験室や研究室、博物館や美術館など前例のないタイプと規模の空間を必要とし、同時に諸学問の統一という新たなテーマに直面する。このときベルリン大学やストラスブール大学で見るように、ベルサイユ宮殿を一つの典型とするバロックの宮殿形式の大学が登場する[*10]（図17、18、19）。宮殿形式は急速に膨張しつつあった当時の大学にとって大きな可能性を秘めていた。第一に、それは庭園という形で、将来「開発」可能なオープンスペースを備えていた。第二に、それは前庭という形で大学空間を都市に開き、都市空間を大学に引き込むものであった。第三に、それが明確な軸性を備える巨大建物という中心をもっていた。その後の変容はこれらの基本的特徴によって規定されたのである。

■囲みと軸

宮殿形式の大学空間は二つの方向で変化を遂げる。一つは、大学の敷地の内部でまとまりを形成してゆくことである。庭園に施設が展開され、一つの中庭を囲むように建物が配置される。結果としてクワッドのように自律的なまとまりをつくりながら、中世の町割りのスケールから解放された大学のミクロコスモスが形成される（図18、19、22）。

今一つは、大学の外部、即ち都市の一部となるようにまとまりをつくっていくことである。先に見てきた通り、大学の空間には外に向かって開こうとする力がつねに働いていた。巨大な大学建築も完結するのではなく、劇場や博物館などとともに都市空間を構成する。オペラハウスなどと一緒にフリードリヒ・フォラムを形作ることになったベルリン大学や、都市広場と一体に計画されたストラスブールなどはその明快な例であろう（図19、20、21）。

そしてこの二つの変化は、主屋から前後に照射される軸に沿って展開する[*11]。軸は主屋から発しているため、全体は統一的に編成される。軸が前庭を越えて延びる先には都市のオープンスペースが広がり、庭園側には大学内部のまとまりが形成される。どんなに大学が膨張しようと、全体は一つの中心とそこから発する軸によってまとめられるのである（図22）。

■プロト・キャンパスとしての宮殿形式

キャンパスを大学の空間がその上で展開する一体の空間と認識できるようなオープンスペース、と定義するならば、宮殿形式の変容はキャンパスの前段階—プロト・キャンパスの形成にあたるであろう。庭園は一体的なオープンスペースとして捉えられ、分野別に独立した建物群を配置してゆくため、余すところなく使われ、あるいは使われうると見なされる[*12]。オープンスペースはクワッドのように建物との関係で規定されるのではなく、建物と無関係に存在する基盤と考えられるようになる。

宮殿形式の空間は、街路や広場など都市的要素を大学の空間の中に導入することになる。最初は前庭という形で引き込み、次第に街路や広場を内部に取り込んでゆく。都市はつねに多様な要素の偶発的変化に晒されながら形成される空間の一つのまとまりである。大学が都市空間に似てくるのも当然であつた（図23）。

ボローニャ大学の19世紀後半以降に形成された空間は、そうした変容の典型である。都市空間というにはほど遠いものの、街路を引き込んだ大学の空間が形成されつつあった（P.154）。ローマやマドリッドなどは、こうした方向をボザール的編成によって計画的に進めたものである（図24、25）。それらは明らかにキャンパスの形式に相当するが、軸の支配とオープンスペースを媒介としたまとまりの形成、都市空間との緊密な関係という点で、宮殿形式の基盤にも立っている[*13]。

こうした過程に透けて見えることはスケールに応じたまとまりの形成、外部世界との一体化へ向かう動きである。オープンスペースのまとまりを形成することから始まり、都市的な要素を大学の中に導入し、ついには大学自身を都市的に編成し、内外を一体化し連続させるようになる。大学の中のオープンスペースが境界を越え外部世界と一体化され始めるのである。こうして宮殿形式は、オープンスペースの上に大学の空間が自由に展開するキャンパス概念に限りなく接近する。

3-D　キャンパス

先に定義したようなキャンパスという形式は、アメリカの大学が築いた独自の空間的伝統である。都市に生まれたヨーロッパのクワッドや宮殿形式では、オープンスペースは建物が建てられることによって規定されたといえるのに対し[*14]キャンパス・タイプでは逆で、もともとそれ自身として存在するオープンスペースを分節し、具体的な意味を確定するために建物は置かれたといえるだろう。キャンパスはラテン語でフィールドという意味であり、ヨーロッパの稠密な都市空間に対立するオープンスペースこそアメリカの大学の空間が生まれ、展開した基盤であることをよく示している[*15]（図26）。

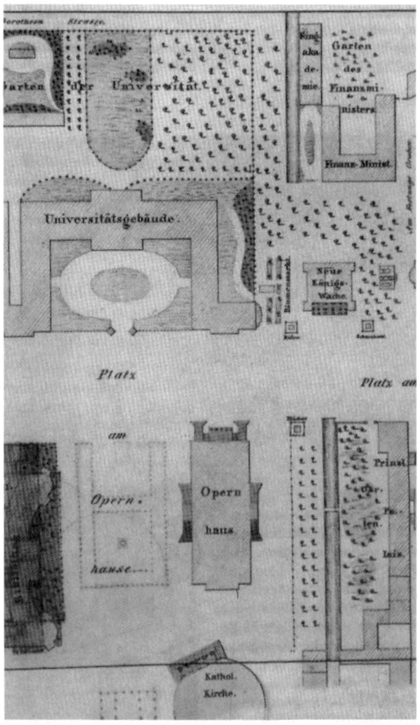

図20　ベルリン大学とフリードリヒ・フォラム

図21　フリードリヒ・フォラム

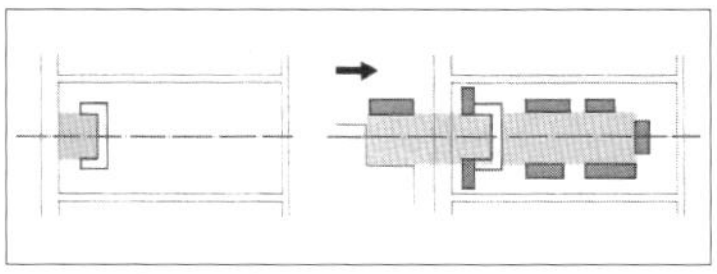
図22　宮殿形式、モデル図

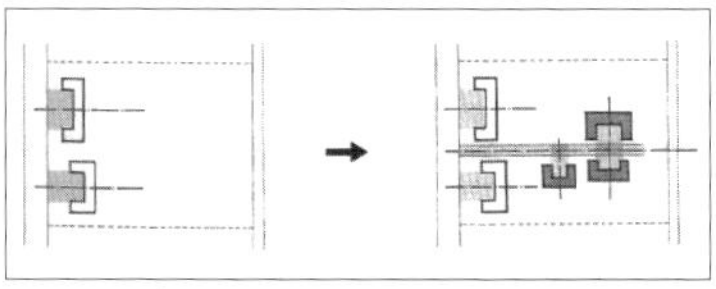
図23　プロト・キャンパス、モデル図

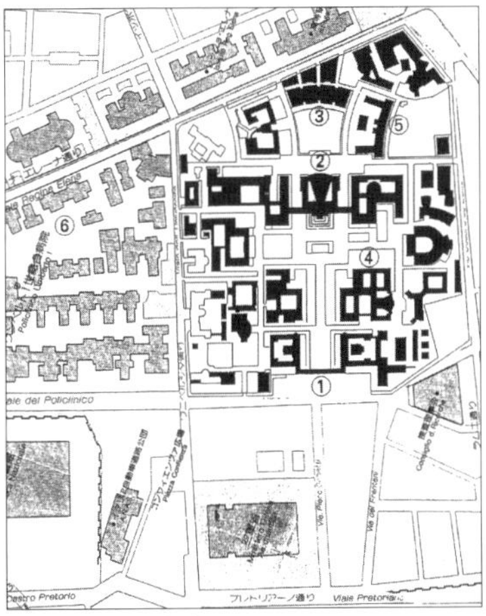
図24　ローマ大学

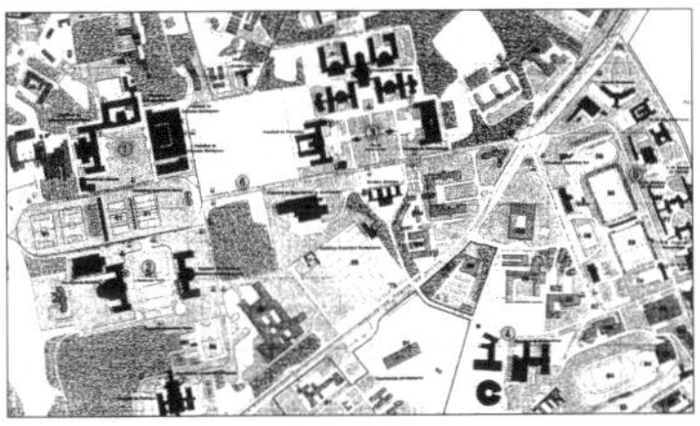
図25　マドリッド中央大学

図26　ワシントン州立大学

図27　プリンストン大学ナッソー・ホール

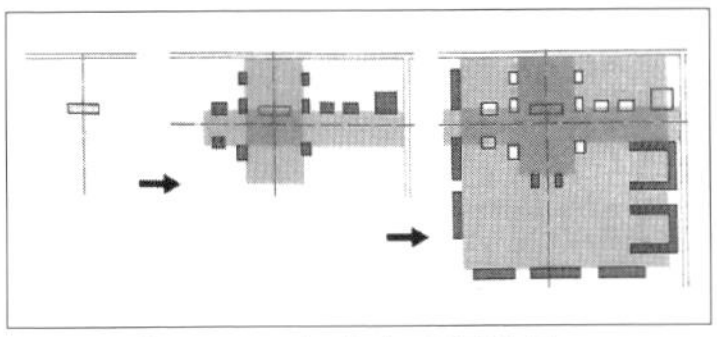
図28　ナッソー・タイプ、モデル図

■オープン・クワッドからアメリカン・ボザールへ

キャンパス・タイプはいくつかのバリエーションを生み出した。ここではアメリカにおけるキャンパス・タイプの一貫した展開の流れを示す四つの類型を取り上げ、その変容の過程に働く力を見てゆこう[*16]。ナッソータイプ、オープン・クワッド・タイプ、モール・タイプ、そしてアメリカン・ボザール・タイプの四つである。

プリンストン大学のナッソー・ホールは広大なオープンスペースの中に独立して建つ単純なレンガの箱であり、大学のまとまりを簡潔な建物によって実現する。後の多くの計画にも影響を与えた一つの型といえよう。そこでは中央のホールから発する直交軸に沿ってまとまりが展開される時期と、ホールを中心に大きなオープンスペースの囲みが形成される時期が交代で現れた(図27)。宮殿形式と同様、大学の空間が広がる基盤としてのオープンスペースと、その中央に据えられた建物が照射する軸性が空間の変容を導いた。オープンスペースを囲むことによるまとまりの形成と軸に沿ったその展開は劇的であった(図28)。大学が成長するとき、まとまりをつくる力と開く力が、囲みと軸を巧みに使い分けながら作用する様を、それは見事に示している。

ハーバードに典型が見られるオープン・クワッドは、ケンブリッジの3翼式クワッドの形式が開かれ、一つのオープンスペースを囲む独立建物に分解されたものである(図9、29)。大学全体はこのクワッドのオープンスペースが次々と連結され成長してゆく。ヤード・システムといわれるものである。ここには囲みによってまとまりをつくろうとする力と、オープンスペースの一体的、連続的な広がりを促し、周辺に向かつてそれを開放していこうとする力が明らかである。(図30、P.160)。

オープン・クワッドは変化に対し柔軟であった。クワッドを構成する個々の建物がどのように変化しようと、それらが共通のオープンスペースを囲む限り強いまとまりを形成できた。そのため各々の建物にはそれがつくられた時代を刻み、時間の蓄積が可能となった。変化に対し柔軟な持続的な環境の形成といえよう。建物単位に分解可能な北欧系クワッドにも見られる特徴である。

オープン・クワッドに、緩く町ないし自然に向かう軸性を与え、それに沿ってオープンスペースが展開していったものがモール・タイプである(図31)。後にアメリカの大学キャンパスの計画に多大な影響を与えたヴァージニア大学もこのモール・タイプが建築的に整序されたものともいえる(P.162)。

これら三つの型をいわば集大成するものとしてアメリカン・ボザール[*17]のキャンパスが登場する(図32)。この型は基本的にオープン・クワッドとモール・タイプの囲みを単位とし、それらを軸によって体系化してゆくものであった。変化に柔軟なオープン・クワッドと軸の体系を組み合わせ、どのような規模の成長にも対応しえたのである。それまで課せられていたスケールの桎梏から大学空間の編成方法を解放したといえよう(図33)。

ここに形成される囲みと軸の体系は、まとまりそして開くという点で都市空間における広場と街路の体系に近いといえるだろう。軸は外部へ向かって延び、キャンパス全体が外の世界へ関係づけられる。外部と対立するような内部が開かれるというより、大学の都市的な構造が外部世界と連続し一体化する。かつてプロト・キャンパスで始まった都市的秩序の導入が、アメリカン・ボザールで一つの完了を迎えた。

3-E　モダン・システム

第二次大戦後、大学は未曾有の拡大を遂げる。施設の膨張は際限なく続くように思われ、膨張可能性と可変性が重要な課題となる。ここではモダン・システムを取り上げ、その変容を見る。それは成長性、可変性を重視したもののシステムを組み上げようとしたもので、この時期の計画論一般の動きを反映していた。

■もののシステムとオープンスペース

モダン・システムは、即物的な意味に限定された共用部分に物理的に変更容易なシステムを与えたものといえよう。ベルリン自由大学のように都市構造を単純なシステム・モデルに還元するものもあれば（P.166）、エセックス大学のようにクワッドと動線を立体的に展開するもの（図34）、あるいはカラブレ大学やイースト・アングリア大学で見るような、リニアな骨格を延ばしてゆくものなど多様であるが（図35）、いずれも動線、エネルギー系、構造系などある目的に特化された空間やものの整合性、合理性を優先させるシステムによって変化を導こうとしている。その変化は同型の要素を際限なく繰り返すもので、結果として形成される空間も単調かつ持続性を感じきせない無時間的、非完結的なものとなっている。

しかし、こうした空間を形成する過程にあっても、オープンスペースを媒介に様々のまとまりがつくられる。ベルリン自由大学では基本単位をいくつかまとめた大きな中庭がつくられ、機械的な変化の中にも中心を囲むまとまりをつくろうとする力の作用が感じられる（図36、P.166）。エセックス大学では谷筋の地形が張る力を巧みに利用し全体のまとまりを形成しようとする工夫が見られる。カラブレ大学においても線型の通路にぶら下がるように中心性のあるクラスター状のまとまりが随所に形成される（図37）。

イリノイ州立大学のウォークウェイには巨大大学におけるまとまりの重要性を見ることができる。しかしそれはサーキュレーションのみに特化したものであり、最近、シカゴの厳しい気候と防犯上の理由で全面的に撤去された。大学空間の実際の多様性と活動性を限られた意味に還元してしまうものに即したシステムの貧困さが、大学空間の原理の前で大きな変容につながったのである（図38）。

イースト・アングリア大学の変容は際立っている。ラスダン、フォスター、マザーという３人の創造的な関与を通し、リニアな成長のシステムとそこに作用したまとまりをつくろうとするバランスのよい力を感じとることができる。この時期のデザインの中では、変化を蓄積し持続的な展開を遂げた数少ない変容の例である（P.168）。

モダン・システムの変容においても、そのバランスは別にしてオープンスペースの二つの力を見ることができた。ただこの型は外部世界との有効なまとまりを形成する回路を欠いていた。それはピラネージが思い描いたユー

図29　ハーバード大学、1726年

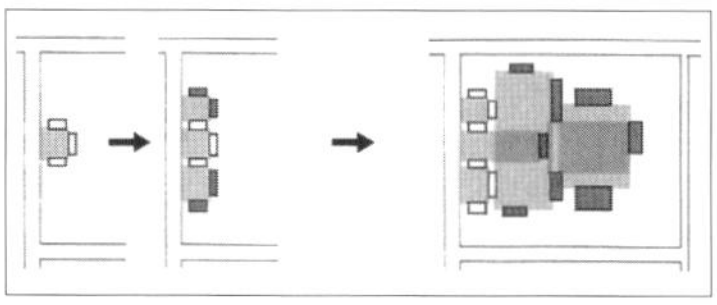
図30　オープン・クワッド、モデル図

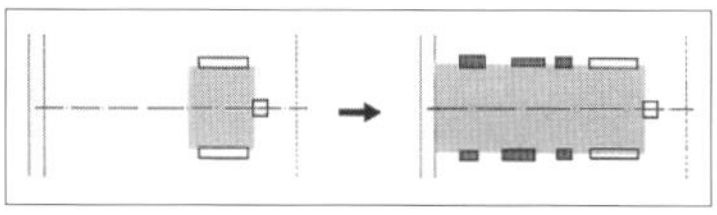
図31　モール・タイプ、モデル図

図32　テキサス大学、P.クレの計画案

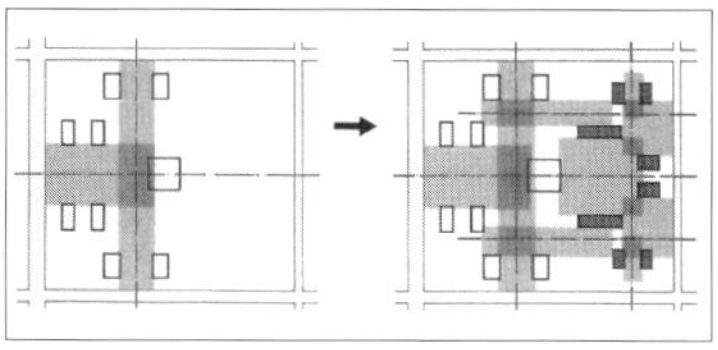
図33　アメリカン・ボザール・タイプ、モデル図

図34　エセックス大学

図35　カラブレ大学

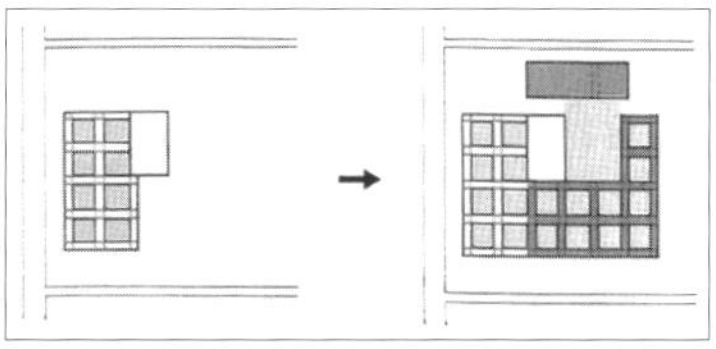
図36　モダン・システム、モデル図（ベルリン自由大学）

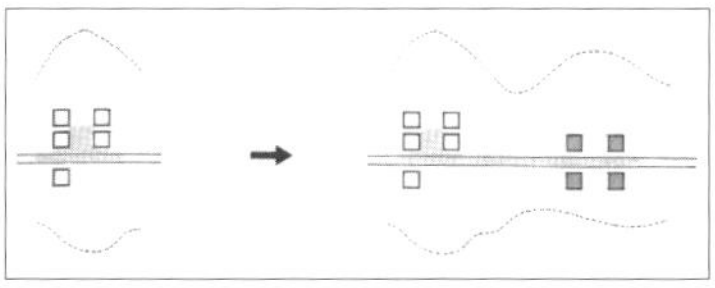
図37　モダン・システム、モデル図（カラブレ大学）

図38　イリノイ州立大学シカゴ校、1969年建設当時のルーフプラザ

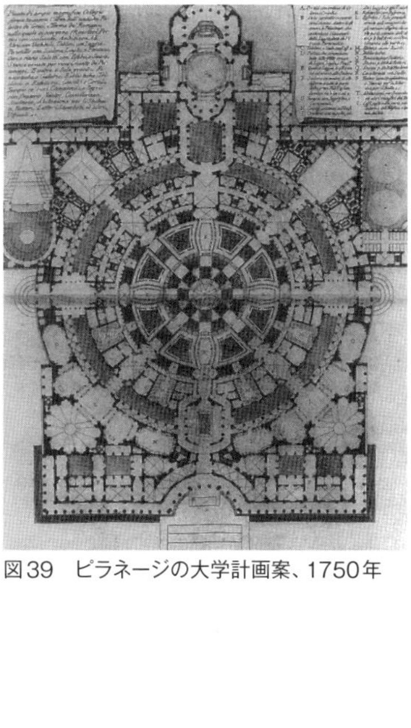
図39　ピラネージの大学計画案、1750年

トピア的な大学計画に似て（図39）、孤立する大学の内部論理に徹底した結果である。もののシステムとしてはともかく、オープンスペースを生み出すシステムとしてはうまく回転しなかったのである。

■原初型への回帰

最後に原初型に回帰しようとする比較的最近の傾向を見ておこう。一つは大学を中世の頃と同様、都市のただ中に展開しようとする傾向である。ルーバン・ラ・ヌーブ大学はその典型で、都市を計画的につくるという作意性があるものの、ヨーロッパ的な大学の原像を追求したものといえよう（図40）。最近のフランスにおける一連の大学計画でも共通の傾向が見られる（P.170、P.172）。ウルビノにおけるジャンカルロ＝デ・カルロの計画は舞台は中世都市に移り計画内容も改修が主体となるが、同様に大学を都市に開こうとする力を見ることができる（図7）。

伝統的なキャンパス・プランニングを再認識しようとする今一つの方向は、アメリカによく見られる。60、70年代の平板なモダニズムによる計画でキャンパスが断片化されたのに対し、それ以前の空間的伝統を再興しようとする動きである。伝統に対する創造的な解釈と提案を含むものもある。大学におけるオープンスペースの再認識がもたらしたものといえよう。

オープンスペースの力を認識し、ヤード・システムと呼ばれる方法にまとめあげたのがハーバード大学である。テキサス大学でもライス大学でも、ボザール派による豊かなオープンスペースを生み出す空間的伝統を継承しようとしている（図32、41）。コーネル大学では広大なキャンパスを有していながらなお、オープンスペースを保全する必要があればどのような施設でも地下化してしまう（図42）。

どの例でも建物そのものより、それらの間にあるオープンスペースにより多くの価値を見出している。オープンスペースが可能とする開放性、複合性と可変性を受け入れながら全体をまとめる力は他に見出しがたいからであり、大学にとってあらゆる努力を払っても継承すべき空間の核心と考えているように見える。

4　大学の空間とその形成原理

■変化を導くオープンスペースの力

大学の空間とは個々の研究室や実験室でも図書館でも、まして鬱蒼とした樹林をもつ広大な敷地でもない。そうした直接的な必要物、与えられた環境が総体としてつくり上げるオープンスペースそのものといってよいだろう。大学の空間が遂げてきた変容にはつねにオープンスペースに由来する力が漲っていた。大学の空間は基本的にオープンスペースから生まれ、それを媒介に導き出されたといえる。その最もわかりやすい例をクワドラングルと宮殿形式に見た。両者は空間編成の型という点では全く異なっていたが、その変化を導く力という点においては完全に一致した。共にオープンスペースを軸として、オープンスペースを一貫したものとして形成するように変容を遂げてきた。

そうした過程には二つの基本的な力がつねに働いていた。オープンスペースのまとまりをつくろうとする力とそのまとまりを開放しようとする力である。大学の空間の五つの類型が変化する過程に見られた多様な空間形成に、こうした原理的な二つの力の発現を見ることができた。その過程で浮かび上がったことは、空間形成の最も基本的なものとしての囲みの形成である。街路を挟み、街路に沿って展開した原初の空間から、大学空間の基本的な単位であり続けているクワドラングルは無論のこと、宮殿形式の変容にも一貫して囲みの形成が見られることは先に述べた通りである。アメリカのキャンパスの系譜はオープン・クワッドのスケールに応じたバリアントをつくる歴史であったともいえる。囲みの形成はオープンスペースのまとまりをつくるものとして根源的な形成であつた。

一方、まとまりを開いてゆく力は多様な空間形成を示した。その典型は閉鎖的な囲みをつくる建物の断片化であり、まとまりを貫通する軸の形成あるいは軸に沿ったまとまりの展開という形をとった。こうした開こうとする力による形成は、囲みの場合と同様、原初の空間から現在まで連綿と続いてきたのである。

大学の空間では、オープンスペースに主導され、開かれたまとまりを幾重にも形成してゆく都市的な空間が織りあげられていく。アメリカン・ボザールの壮大なキャンパスは、こうした方向が行き着いた一つの極限であった。それはオープンな囲みを軸の体系によって統合し、内部に向かっても外部に向かってもまとまりそして開かれた擬似的な都市空間をつくりだしたのである。

■大学における空間形成の原理

変化を通して持続する力は、大学の空間を生成し更新し続ける大学の空間の原理にほかならない。冒頭でも述べたように、変化、即ち形がなるそのまさに瞬間にたち現れるものこそ形の動因であり、原理といえるであろう。

それは大学の基本的な活動性に根差し、大学に備わる多様性、多元性が必要としたものでもあった。大学の活動を無数の振動の集合体にたとえて見るならば、大学の空間は振動が多様多重に関係し合う場であろう。そこでは独立に振動する活動がまとまりをつくっては分散され、新たなまとまりを求めるといったことを長短のタイムスパンで繰り返す。まとまりがつくられなければ意味をなさず、開放されなければ力が補給されず、振動は止まるであろう。まとまりをつくることとそれを開放することは、大学の空間を貫き通る基軸なのである。

■外部世界と大学の空間

社会の中で大学が必要とされるとしたら、一つには大学が社会の一部を形成しつつそれを対象化して眺める立脚点になりうる可能性があるからだろう。そのとき、大学は外部世界とある種の緊張関係を結ぶ。それを可能とする空間は閉ざされ同時に開かれているはずである。大学の中の振動が内外を問わず多様多重に他の振動と交差し、より大きな波を起こしうるような空間である。

大学はそうした外部世界と関係を励起する空間をつねに生み出す有効な回路をもちあわせることが重要である。17世紀、ヨーロッパの大学は「空虚な気まぐれにたずさわる修道院」（ライプニッツ）などと激しい言辞でもって弾劾された[*18]。空間形成としてもわずかの例外を除いて見るべきものはなかった。逆に12世紀ルネサン

図40　ルーバン・ラ・ヌーブ大学

図41　ライス大学、メインクワッド

図42　コーネル大学、地下図書館

スの偉大な時代、誕生したばかりの大学には空間の形成へ向けて力が渦巻いていた。近代大学の登場も宮殿形式の形成と軌を一にする。そして巨大科学を生むことになるアメリカの巨大大学は、アメリカン・ボザール・キャンパスの形成なしには考えられない。いずれも大学の空間がまとまりをつくり、同時に外部世界と積極的に関係し合う原理がうまく働いていた時期である。かつて閉鎖系としてのモダン・システムが問題にされ、今また、田園に孤立する大学に対する再検討が広範に始まろうとしている。大学の空間が大きく動くとき、大学は変わり始める。

注

＊1　C.カー、茅誠二訳「大学の効用」、1966年

＊2　A.ブルーム、菅野盾樹訳「アメリカン・マインドの終焉」1988年

＊3　E.ボイヤー、喜多村和之他訳「アメリカの大学・カレッジ」1988年

＊4　H.G.ガダマー他、赤刎弘也訳「大学の理念」1933年、P.174に引用

＊5　修道院という説とマナーハウス（中世貴族の邸館）という説。片や禁欲的な集団による共同生活の場であり、片や一人の主人とその家族、配下（すべて俗人）のための豪奢な邸館である。

Konrad Rückbrod, Universität und Kollegium, Baugeschichte und Bautyp, 1977, P.114およびRobert Willis etc., The Architectural History of the University of Cambridge, Vol Ⅲ, 1886(Reprint 1998), P.266～など。

＊6　近代大学の礎を築いたベルリン大学は当時の皇太子宮殿を学舎に転用したものであった。ボン大学はまさに王宮を使った。このほかヨーロッパの主要都市の多くにこの型の大学が存在する。

＊7　現住のプティポンおよびポンサンミッシェルの間の街区周辺。＊5、Rückbrodの文献参照。

＊8　今道友信「西洋哲学史」1987年、P.149

＊9　15世紀のボードリアン図書館、スクールズクワッド（1624）以降の一連の計画。シェルドニアンシアター（1669）、クラレンドンビル（1713）、ラドクリフカメラ（1794）など。

＊10　宮殿形式については前出＊5、Rückbrod, Denis Lenglart etc., Universités Écoles Supérierures, 1992等を参照。

＊11　ベルリン工科大学は敷地形状の制約からこの例には当たらない。

＊12　ブリストン大学でもフロントキャンパス、バックキャンパスという名称が使われたが、キャンパスが大学全域を指すようになるところが決定的に異なる。ヨーロッパにおいては前庭（クール・ドヌール）と庭園（ジャルダン）の共通項として大学全域を示すような言葉は現れなかった。

＊13　震災後から大戦前にかけての東京帝国大学に起こった変化も、ここで見た宮殿形式の変容の過程と軌を一にする。

＊14　イギリスのカレッジに見るメドウ、バックス、パークなどと呼ばれる広大なオープンスペースはその他のオープンスペース—キッチンガーデンやクワッドそのものと異なる位置づけがされている。オープンスペースを前庭と庭園に分ける宮殿形式も同様。

＊15　キャンパスという言葉はプリンストン大学関係者が使い始め、他大学では別の表現を使うことがある。たとえばハーバード大学では今日でもキャンパスの代わりにヤードという。大学設立当時あたりに広がっていたカウヤード(牛の放牧地）に由来する。

＊16　分類はP.Turner, Campus, An American Planning Tradition, 1984を参考とした。

＊17　アメリカン・ボザール派とは、パリのエコール・デ・ボザールで教育を受けた19世紀末のアメリカの一群の建築家たちのことで、ローマ的な古典主義様式の作風が特徴。ルート、マッキム・ミード・ホワイトやクーリッジ、ギルバート、クレなどが知られている。

＊18　前出＊5、Rückbrod, P.154に引用。

計画概念としてのオープンスペース 1996年

●大学空間の基本的特性

本郷キャンパスの再開発に当たり、東京大学は計画の基本的な考え方を「要綱」という形で示した。ここで挙げた本郷キャンパス再開発構想は、その「要綱」を受け、より具体的な計画理念と方法をまとめたものである。

改めてこの再開発の目標を問うなら、施設の更新をしつつ歴史的な環境を継承する、と言うことに尽きるだろう。では、継承され、再生されるべきものとは何か。個々の建物や歴史的遺物、緑地などの単なる集合ではなく、それらが総体として織りなす環境としてのキャンパスである。具体的にはオープンスペースの体系であり、そこに蓄積され織り込まれた歴史そのものと言ってよい。大学の空間には新しい個々の建設を通して受け継いでゆくべき空間の特質がある。

一方、東京大学は自らを世界的な学術拠点として位置づけようとしている。本郷キャンパスは、その中心的な役割を担い続けるよう期待されている。そうした役割を全うするためには、大学の空間が研究や教育活動などの動きに対応するフレキシビリティを備えるだけでなく、活動の変化自体を誘発してゆくような場であることが必要であろう。

従って、新たに更新されてゆく空間は全体として次のような基本的な特性を備えていなければならないと考える。まとめるなら、柔軟性と持続性そして多義性の3つである。柔軟性はキャンパス全体がそのまとまりを損なわずに部分の自在な変化を許容できることである。それが失われれば部分の自由な活動という大学の基本が制約される。部分の自律的な変化と全体のまとまりを両立させる柔軟性は大学の空間にとって不可欠である。

持続性とは時間をかけ変化を蓄積しつつ空間のまとまりが形成されることである。大学の活動、特に教育には持続的な環境が必要である。それは固定的な安定ではなく、大学の空間が激しく変化し、動き続ける中で維持されるようなものである。それは最新の施設設備を整えることに劣らず大学にとって必須の条件となろう。

空間の多義性も同様である。多様な知的活動を促し、その変化を誘発してゆくためには、空間の自律的な諸部分が既成の関係を越えて結び付き、結び付いては分散するような多義的な空間を必要とする。

●オープンスペースのネットワーク

再開発構想はこうした特性を備えた環境を形成し、導き出すためのものとしてまとめられた。構想では本郷キャンパスの歴史的環境は単なる保存対象ではなく、再開発のための不可欠の基盤となる。それは広場や街路、緑地などを統合する巨大なオープンスペースのネットワークと見なせるだろう。これを整備し、さらに個々の建築にもアトリウムやコロネード、屋上テラスなど公共空間を組み込み、建築の内外を問わず開かれたオープンスペース—公共空間が連携して作り上げるネットワークを考える。外部空間や建築に含まれる種々の公共的な空間など確定的な活動、既知の機能に対応しない空間的なまとまりをキャンパスの様々のレベルで仕掛けてゆく。

そのためには建築の型が必要となる。公共空間を核に個々の建築をまとめる。オープンスペースが個別の建物に組み込まれ、仕掛けられていれば、計画が進むに従い、点や線でしかなかったオープンスペースがやがて面となり立体となってついにはキャンパスを越え、大きなネットワークに育ってゆくだろう。

歴史的環境は既にキャンパスの随所で枝葉を伸ばしたオープンスペースの樹木である。オープンスペースを内包した建築の型はオープンスペースの種子であり、それが播かれたキャンパスでは、いたる所で新しい芽生えが見られるはずだ。

オープンスペース—公共空間のネットワークを形成するしくみが回転し始めると、先に挙げた3つの基本的な特性に合致する空間が成長してゆくだろう。活発な大学であればあるほど、特定の活動に対応する度合いが高ければ高いほど激しい変化を繰り返す。オープンスペースのネットワークが導くキャンパスは、何よりもそうした変化に柔軟に対応し、全体のまとまりを維持してゆく。オープンスペースは特定の活動に対応しておらず、また、変化する個々の空間もオープンスペースを核とした比較的小さなまとまりの中にまず位置づけられるからだ。

変化に柔軟であることはまた持続

的でもある。オープンスペースのネットワークは部分の自由な展開によって形成され、変化を蓄積しながら成長してゆく。環境は永続的にそのときどきの歴史を刻んでゆくだろう。現在のキャンパスの骨格を作った内田構想自体、明治期以来のオープンスペースのまとまりを分解し、軸構成によって再統合する体系であった。現在のキャンパスを継承することは、継承という行為自体を継承することになる。

オープンスペースのネットワークがあらゆるレベルで開かれたものであれば、大学の中で展開する個別の活動、あるいは外部の活動との間の多様、多元的な結び付きを促すだろう。様々な形で組み込まれたオープンスペースが、次々と多くのチャンネルで繋げられてゆくからである。その端末が外部に開かれていれば広がりは大学の境界を越えてゆく。かつて大学は開かれ、普遍的なものであった。全ての力はそのことから生じていたとも言える。

●再開発から再生へ

継承とは、新旧の対立を越えた日々の再生である。大学における新たな建設は持続してきたものを改めて確認し、発見する、という静かな営為でもある。大学の空間の変容には、一貫して原理的な力の作用を見ることができた。本郷キャンパスが大学空間の歴史の一端に位置づけられるとしたら、現実の条件の中でそうした力を解き放つ方法を問うことが、このキャンパスのための構想として可能な唯一の選択であるまいか。オープンスペースを軸とした我々の構想は、日々の再生を通して、何よりそうした力の介添えとして働く計画なのである。

東京大学の「不思議な空間」　1998年

東京大学は多くのキャンパスを持っている。なかでも本郷キャンパスは主要な学部が集結する東京大学の活動の中心として、明治10年（1877）の発足以来120年にわたる東大の歴史を刻んできた。明治期の建物こそわずかになったが、それでも本郷通り沿いの門扉や塀はその頃のもので、楠の樹列とともにいまもすばらしい景観を見せてくれる。とりわけカレッジゴシックスタイルと呼ばれる建築スタイルで統一された多くの建築群と深い緑陰を宿す木々が一体となり、美しく統一的なキャンパスをつくり上げている。19世紀起源の近代大学のキャンパスのなかで、一貫した全体計画のもとで実現された例としては日本に存在する唯一のものと言ってよく、世界的にみても貴重である。

この講義は多様な表情を持つ本郷キャンパスを「不思議な空間」という視点から捉え、東京大学の120年の歴史を支えてきた空間とはどのようなものであったか、大学空間の近代化とは何であったかを考えてみたい。また、最後に、本郷キャンパスの将来構想についても触れてみたい。

1　「不思議な空間」とは何か

キャンパスの話となると、広い芝生の広場や美しい並木道、ツタの絡まる図書館や講堂などが話題になる。しかし、大学にはそうした目に止まりやすい表の顔だけではなく、混乱した裏の顔、あまり美しいとは言えない内向きの顔、あるいははっきりした表情をもたない顔などさまざまな顔がある。ここで言う「不思議な空間」とは、合目的的に理解できない、合理的にそのありようを説明しにくい空間の総称と考える。それは表の背後にあるような空間、表でありながら表の目的からはずれた面をもつ空間、または直接何かの役に立っているようにも見えないが営々と継承され、伝えられ、あるいは重要な役割を果たしているように見えながらそれに相応しい形を与えられていない空間などである。

大学の空間をこうした「不思議な空間」から見直すのには理由がある。大学空間の全体像に迫ることができるからである。大学は目に付きやすい美しく計画的に整備された空間ばかりではなりたたない。欧米の古い大学のようにキャンパスが長い時間をかけ成長し、あるいは持続してゆけるのは、必ずしも美しいわけでも計画的でもないが、さまざまな空間の揺れ動きを吸収するような空間的な一種の「過剰」がそこには含まれているからである。ここで言う「不思議な空間」は、そのような「過剰」な場に集められ、現れてくる。不思議が生成することにより、逆に表がそれによって支えられると言えるかもしれない。合理的、合目的的に理解しやすい「表」からではなく、「不思議な空間」と呼ぶものから見直すことによって、大学空間の全体像が見えてくる。

2　大学空間の三つのタイプ

本論に入る前に、大学の空間がその長い歴史のなかでどのように展開してきたかみておく。というのも「不思議な空間」は、近代大学という今日の大学の基本となる理念と空間の形成過程と密接な関係にあるからである。

大学の空間形式としては、歴史上、三つの代表的な形式が現れた。一つは大学の建物が都市空間と融合した原初の空間、二つめは四角い中庭を囲むように建物が配置される中世のクワドラングル、そして三つめはフランスのバロック宮殿を原形とする近世の宮殿形式である。このほかにアメリカで誕生し発展した「アメリカンキャンパス」があるが、ここでは省略する。

大学は12世紀にヨーロッパの都市で生まれた。当時ヨーロッパでは、12世紀ルネッサンスと呼ばれる文化の一大隆盛期を迎えていた。学問においても、それまで修道院の中で行われていたスコラ哲学に飽き足りなかった学者が町に出て自説を説くようになる。パリやボローニャといった町ではキリスト教神学やローマ法学の学都としての伝統が残っており、多くの優れた学者が現れるとともに、その名声に惹かれた学徒がヨーロッパ中から集まってきた。外国人も少なくなかった教師や学生は、生きてゆくためのさまざまの権利（高い家賃を拒否したり、裁判を自分たちで行う権利など）を守るため組合（ウニヴェルシタス、コレギウム・ドクトルム）をつくった。大学とは教師や学生のつくったこのような組合のことであった。

修道院から外に出ていった学者が向かったのは人通りが多く、聴衆や学生を集めやすい広場や橋のたもとであった。たとえばパリ大学はセーヌ

図1　ウルビノ大学
通りに面して大学建物が並んでいるが、一見するとどれが校舎かわからない。講義の前になると学生や教師が集まってきて、終わると再びどっと出てきて町中に散ってゆく

図2　ボローニャ大学
大学の校舎といっても外から見るかぎり町中に張り巡らされたアーケード沿いの普通の都市建築である。左手が大学本部のある建物

図3　ケンブリッジ大学セントジョーンズカレッジ

川にかかるプティ・ポンの左岸橋詰で、ボローニャ大学はボローニャの中心にあるマッジョーレ広場近くで生まれたと言われる。しかし、ほどなく講義は雨露をしのげる建物の中で行われるようになる。大学の講義は町中の貸部屋や教師の家、教会などで行われた。大学の活動が都市の中に散在する建物の中で行われる、都市と融合した大学の原初の空間である。

現在もイタリアの古い町に行くとこうした草創期の大学の空間を感じることができる。図1はウルビノ大学、図2はボローニャ大学である。いずれも都市と一体化し、都市の中に生きている大学の原初の姿を彷彿とさせる。

大学の空間が次に劇的な変化を見せるのは学寮（コレギウム）が登場した13世紀から14世紀にかけてであった。学寮はもともと篤志家の寄付による貧困学生のための寄宿舎であったが、そこで大学の教育や行事が行われるようになり、次第に大学専用の建物となってゆく。ことにイギリスのオックスフォード大学やケンブリッジ大学の学寮では、クワドラングルと呼ばれる四角い中庭を建物が囲む形式が発展を遂げ、多くのすばらしいカレッジの建築群を生み出した（図3）。

原初の大学が都市の中に散在し、都市と融合していたのに対し、クワドラングルは都市に対して閉鎖的であった。クワドラングルでは食堂、図書館、宿舎などが中庭を囲み、中庭に向かって開いていた。学寮では少数の年少子弟を預かって古典的な教養を授け、生活面でも厳しく指導する訓育を施した。まとまりのよい比較的小規模な共同体をなす学寮にとって、クワドラングルは実にふさわしい空間形式であった。

一方、大学の外では近代科学がめざましい発展を遂げ、18世紀頃までに次々と設立された各国の科学アカデミーが科学研究の拠点になっていた。大学においても中世来の神学を墨守する大学や訓育主体の大学に代わり、近代科学、すなわち学問を研究し、研究と教育の一体化を目指す近代大学が生まれた。図4は初めて近代大学の理念を実現したと言われているベルリン大学（フンボルト大学、1810年設立）である。ベルリン大学の建物は18世紀の宮殿を大学に改装したもので、正面側でフリードリッヒフォラムというベルリン随一の広場を囲む一方、建物の背後に樹木の生い茂った庭園がある。こうした構成はベルサイユ宮殿などフランス近世の宮殿の形式に則っていることから、宮殿形式と呼ぶことができる。先に述べた大学の原初の空間やクアドラングルと比較すると、全体規模がはるかに大きいこと、都市へ開放されていること、建物と庭園や前庭など大学の空間全体が一体となっていることが特徴である。

ベルリン大学以後、宮殿形式はヨーロッパやアメリカの大学で急速に広まっていく。その過程で宮殿形式は大学の空間としてより使いやすい形に変形される。ハーバード大学医学部はアメリカにおけるその一例である（図5）。ベルリン大学と比べると、全体が多数の独立した建物の集合からなっている点が異なる。しかし、建物が都市に開かれた前庭を囲み、背後に空地（庭園）を確保していること、全体を貫通する強い軸線が感じられることなどを見ても、宮殿形式を基本としていることは明らかである。東京大学の本郷キャンパスもこのような変形された宮殿形式に基づいて発展してきたことが明らかにされている（拙著「東京大学本郷キャンパスの形成と変容に関する研究」1997年）。

3　本郷キャンパスに見る「不思議な空間」

現在の本郷キャンパスの骨格は、明治期のキャンパスが関東大震災（1923年）によってほぼ壊滅した後、故内田祥三教授（建築学科、第14代総長）がわずか1、2カ月で描き上げた基本構想に基づいて整備されてきた。復興計画が立てられた大正末は、帝国大学が一体的組織をもつ近代的な大学として再編された時期でもあった。東京大学は「帝都」に置かれた「国家の大学」として、キャンパスもそれにふさわしいものが求められた。震災復興の建設は驚くべきスピードで進められ、わずか16、7年ほどの間に今日見るキャンパスの骨格がほぼできあがってしまった。

大講堂（安田講堂、1925年）や総合図書館（1928年）など堂々たる構えの建築や、銅像や噴水で飾られた前庭、銀杏や欅の巨木が連なる並木道など「目に付きやすい」表の空間は、基本的にこの時代の建設によって形作られた。カレッジゴシックで統一された建築群が構内街路に沿って整然と並び、街路の突き当たり奥には必ず前庭を備えたモニュメンタルな建物が置かれる。パリなど近世ヨーロッパの首都にも似た統一感、奥行き感のある都市的空間が作り出されている（図6）。

なかでも正門から大講堂に至る道筋と左右奥の工学部1号館（1935年）と図書館、それらを結ぶ銀杏並木の周辺は、構内でも最も早く、最も密度高く整備された場所である。それぞれの建物も小宮殿と言うにふさわしく堂々たる構えである（図7）。明治期の正門（1912年）や本郷通り沿いの塀（1904年頃）は大講堂とセットで「国家の大学」としての顔となっている（図8）。キャンパスの至る所で目に入る銀杏や欅の並木道は、いわゆるブールバール―並木のある都市の大通り―の趣である。いずれも明治後期から大正にかけ整備された。本郷通り沿いの楠の樹列も壮観である。

こうした表の空間の背後には、表から想像できないような裏的な空間が集積されている。たとえば内田構想による建物にはたいてい光庭と言われる建物内の中庭がとられている。図9は工学部4号館（1930年）の中庭であるが、必要に応じて簡便な建屋や設備機器の増設が行われ、混乱した姿をさらしている。整然とした表と比べるなら大変な落差である。こういうものはそれがなければ研究に支障が出るかもしれないという点で、重要なものである。計画的に決定された表の空間とそこで行われる大学のいわば公的な活動である研究教育が、それと対照的に混乱し、無計画に増設されていったものによって支えられる不思議である。

背後から見ると、正面からは見えない姿が見えてくることは単体の建物だけに限らない。農学部の裏の甫場から見ると雑草（？）が生い茂った野原の向こうに最近建った研究棟が見える。正門の側から見る整然とした、しかし幾分暗い印象のキャンパスと比べると驚くほど違う（図10）。

完成しなかった建物の裏側にはさ

図4　ベルリン大学（フンボルト大学）
フリードリッヒ広場から見た正面。背後に庭園がある

図5　ハーバード大学医学部

図6　昭和初期の銀杏並木と大講堂
並木道の奥には必ず堂々たる建物が置かれ、アイストップになっている

図7　総合図書館前広場（1928年）
内田祥三が計画したキャンパス内の前庭広場のなかでは、最も落ち着ける場所である。書物が並んでいるように見える図書館正面のデザインも秀逸である

図8　正門（1912年）
東洋的な意匠を巧みに組み合わせている

図9　工学部4号館中庭（1930年）

図10　農学部北側甫場から見た眺め

図11　医学部本館の裏（1937年）
医学部本館は内田祥三の作品のなかにあって、最も密度高くまとめられている。戦争で建設が中断し、未完で終わった

まざまな増築がなされる。医学部の本館（2号館、1937年）は全体のゆったりとした構えと細やかな細部が絶妙なバランスを見せる正面をもつ。しかし背後に回ると、突然断ち切られた壁が現れ、周辺プレハブの増築が建ち並ぶ（図11）。完成に時間のかかる大計画にもこうしたほころびが必ずついて回る。附属病院（1928年）は長大なファサード（正面）がついに完成することなく、現在、全く新しい基本計画に沿って改築が進められている。

キャンパスの周辺部には見捨てられたような空間がある。病院の池之端側の崖沿い、ボイラー室・洗濯室（1928年）などの補完施設が建ち並ぶ周辺はまともにメインテナンスが行われている感じがしない（図12）。楠の樹列が美しい本郷通り沿いの景観と比較すると同じ大学とは思えない。まるで時間が止まっているかのようだ。

同様に、学生や教職員が普段の食事や日用品の買い物、スポーツなどのために使う施設はキャンパスの周辺や緑の中、建物の地下などに押し込められている。御殿下のグラウンドの北側壁面にあけられたアーチ門は、かつては地下に降りる入口で、入って行くと床屋があった（図13）。法文2号館（1929年）や農学部3号館（1941年）などの地下には購買部や食堂が、バスロータリーに面した第二食堂（通称二食）には本屋や食堂、地下プールなどが入っている。これらの建物は比較的閑散としたキャンパスの中にあってもいつも学生、教職員で賑わっている。三四郎池（心字池）周辺の樹間には、弓道場（1935年）や七徳堂（武道場、1938年）などの運動施設が建っている（図14）。山上会館あたりの少し小高くなったマウンドから見晴らすと、附属病院の長大な建物を背景に、野球やサッカーに興じる学生たちの姿が目に入る（図15）。こうしたグラウンドののびやかな風景にも、地下食堂の混雑にも、研究に没頭するばかりでない生身の人間の姿が見えてきてほっとする。

キャンパスには豊かな自然もある。三四郎池の畔は学生でごったがえす銀杏並木のにぎやかさが嘘のように、いつもひっそりとしている（図16）。キャンパスの他のところがひどく立て込んでいることを考えると一見無駄にも見えるが、これをつぶして建物を建てようなどという人はいない。キャンパス南端にある懐徳館庭園もそうした貴重な空間の一つである。懐徳館の座敷に座って静かな庭園を眺めていると、構内にいることを忘れてしまう（図17）。

構内では数多くの大木も見られる。なかでも工学部1号館前の大銀杏は驚くほどの存在感である。大きさも樹形も見事なもので、1本の植物が大学の空間と歴史の一部となり、大学の中にしっかりと根を張っている。

現在の大学の活動と直接かかわらない多様な歴史の蓄積、濃厚な時間の重層が見られることも不思議である。先にも述べた通り、現在のキャンパスは、スクラッチタイル（線状の筋入りタイル）と呼ばれる濃淡のある薄茶のタイルで仕上げられたゴシック系スタイルの建築群が基調をなしているが、一方それとは異なる時代、異なるデザインでつくられた建築や空間が明確に、あるいはかすかな痕跡として幾重にも重ねられている。

まず、震災復興以前の遺構が挙げられる。現在にかかわってくるのはやはり本郷キャンパスが加賀藩上屋敷であった江戸期以降のものである。現在も大学の門として活用されている赤門（1827年）や先に挙げた三四郎池を囲む育徳園庭園などが代表的とされているが（図16）、歴史的な風景として御殿下グラウンドから三四郎池、医学部の本館などの方向をパノラマで見たときの眺めを挙げておきたい。新しい建物が建ってはいるが、今でも緩い起伏に連なる緑と広いグラウンドが広がり、藩邸の馬場として使われていた頃の風景を彷彿とさせる（図18）。明治期に関わる遺構は意外と少ない。先述した正門や本郷通り沿いの塀の他に、赤門の脇や病院裏にはレンガ造の明治期の倉庫や車庫が残っている。工学部1号館前の広場には直径30センチくらいの玉石が並べられた明治期の道路縁石が残っている。これは震災の頃まであった壮大な正門広場の痕跡でもある（図19）。弱々しくなってしまったが、明治という近代日本の礎が築かれた時間が、今もキャンパスの中にひっそりと息づいている。

理学部の化学館（1916年）は大正年代のものだが、学部ごとに建物のスタイルがバラバラであった明治期の名残となっている（図20）。ゴシック系のスタイルが圧倒的に多い構内にあって数少ない古典主義的なスタイルを伝えている。

統一的なデザインのキャンパスにあってもさまざまなデザイン上の遊びが見られる（図21）。龍岡門（1926年）はダイナミックな造形がユニークである（図22）。先に見た大講堂や総合図書館などもスタイルや素材の統一による単調さを破っている。弓道場や七徳堂も同様で、緑地に相応しいということか、和風のスタイルを採り入れている。

戦後の建設によっても時間の厚みが加えられている。工学部の一角では、戦前からの建物の間に割り込むように高層の近代的な研究棟がいくつも建っている。近接して建てられた建物同士でありながら、およそ無関係である。二食ロータリーのあたりから大講堂の方を見た景色も、相互に無関係なデザインが集積された不思議な光景と言える（図23）。

最後に「遺跡」を挙げておこう。キャンパス北端にある野球場のスコアボードは外野席の上の茂みの中で朽ち果てている（図24）。弥生門を入って右側には大実験室があるが、その意匠を凝らした搬入路も同様な運命にある。遺跡的なものの最たるものは旧前田邸の基礎と庭園に入る門である（図25）。いずれもキャンパスに流れた時間を静かに物語っている。

4　本郷キャンパスの歴史に現れた「不思議な空間」

こうした「不思議な空間」がどのように成立してきたか、本郷キャンパスの歴史を簡単に振り返ってみることにしよう。明治時代の本郷キャンパスでは、正門背後には広大な前庭広場があって、それを囲むように小規模な宮殿のような建物が建ち並んでいた。表向きの構えを重視した「国家の大学」としてのデザインを見ることができる（図26）。

一方、小宮殿の裏に回ると景観は一変した。たとえば、現在の弥生門あたりから西へ上っていく道の両側や三四郎池の周辺には、昭和10年代までに次々と建てられた実験室や動物舎、解剖室や標本室、その他事務室、

図12　病院地区池之端側の崖地

図13　御殿下グラウンド地下入口跡（1929年、1989年改築）

図14　七徳堂（1938年）

図15　御殿下グラウンドと附属病院の眺め

図16　三四郎池

図17　懐徳館庭園
旧前田公爵（旧加賀藩主）邸の日本庭園。前田邸自体は戦災で焼失

図18　御殿下グラウンドから七徳堂方向の眺め

図19　工学部1号館前広場の玉石
列品館がまだ建っていなかった明治期には、正門と1号館（当時の工科大学本館）をまっすぐ結んでいた

学生控所などの建屋がところ狭しと並んでいた（図27、28）。建物のスタイル、構造も一貫していなかったが、そこで活動する人間のスタイルも多様であった。学生服がいると思えば雪駄に袴姿も混じるという具合であった。表の整然とした構えとは対照的に、裏に回ると西欧的な形と日本的な慣習が混同し、多様と無計画の壮大な「不思議」が生まれていた（図29、30）。

この明治時代のキャンパスは震災でほぼ壊滅してしまう。復興計画を立てた内田祥三は、明治期の巨大な前庭広場と単純な街路網からなるキャンパスを再編し、カレッジゴシックスタイルの建築群と複数の前庭広場が十字に交差する並木道で結びつけられ、一体となった一つの巨大な宮殿を建設しようとした（図31）。先に触れたように、内田構想が考えられていた時期は、東京大学が近代的な一体的運営組織をもつ大学に再編されようとしていた時期に当たる。空間の骨格も建物のデザインも、軸を強調した構えの古典的記念性を追求したものである。古典的記念性は「国家の大学」に相応しく、国家の威信や崇高性、永遠性などを表現するには最適であったと言える。明治時代のキャンパスがどちらかと言うと自然に成長していったのに対し、内田構想が一貫した計画のもとに一挙にキャンパスを建設するものであったことも、統一的なデザインを徹底するうえで都合がよかった。内田祥三による建物には一定の型があった。延床3000坪、内部には必ず光庭をとり、外観は薄茶のスクラッチタイル張りで、左右対称の古典的構成にゴシック的な細部が与えられていた（図32）。内田は一貫した計画に乗りにくい実験施設、利便施設をこうした建物の光庭や地下、あるいは構内の周辺部に押し込めることにより、明治期の建設では無計画に投げ出されてきた裏的な空間、「不思議な空間」を一貫した全体計画の中に採り込んだ（図9）。現在見る緑豊かな統一的なキャンパスはこうしてできあがった。

もっとも内田構想でも「不思議な空間」がすべて消えてしまったわけではない。明治以来の一部の施設の展開する区域と緑のある自然的な風景である。昭和30年代まで、明治の建物は少なからず残っていた（図33）。内田が計画した建物でも、背後に回ると本来表からは見えないはずの光庭が露出した未完成建物も少なくなかった（図34）。

戦後も昭和30年代以降になると高度成長期の大建設時代を迎える。残された「不思議な空間」、一貫した内田スタイルのなかで「異質な」明治の建物が残った地区は高層建築物群にとって代わられてゆく。内田構想によって国家の顔として整備された「表」ではなく、歴史的な「裏」が最初に取り壊され、利用された。それは必要に応じて建て増しを行うという意味で、明治以来の「裏」の空間そのものである。工学部や医学部、理学部などで次々に出現した近代建築群は、内田の建物の内部に隠しきれなくなった「不思議」が、巨大な構築物として姿を現し始めたものと言える。

しかし、こうした開発も昭和50年頃を境に次第にむずかしくなる。建物を建設するための空地がなくなってしまった。そこで、高度成長期には敷地とみなされず見逃されていた「敷地」を見つけだしては多様な建て方を模索する。地下や屋上、道路、緑地や歴史的遺構といった空間を建設のために利用した（図35）。こうして平成初めくらいまで数少ない敷地を求めてさまざまな建て方を行ってきたが、そのとき高度成長期には見られなかった新しい傾向が現れた。既存の環境を壊して建設を行うのではなく、新しい建設を通して歴史的な環境を継承していくということである。屋上の増築も地下の食堂も、既存の環境から新しい意味を読みとり新しい全体性をつくる、大げさに言えば、現代の視点で全体を新たに再編することによって、歴史的な環境を継承しようとするものであった。

現在、本郷キャンパスはほとんどの空間が開発され、計画し尽くされ、不思議が少なくなってきたと感じるが、一方、いまも江戸期以来の自然的環境、明治時代の建設遺構、骨格をつくった内田カレッジゴシックの建築群、高度成長時代の大規模な建設、その後の多様な計画が重なり合いながらばらばらになることなく、一つの環境をつくり上げている。

5 「不思議な空間」の役割と大学の近代化

これまで見てきた「不思議な空間」は、それが現れた時代や場所によって幾つかの役割を担っていた。第一に、不思議な空間は、そのときどきに必要とされた教育研究用施設が次々と建てられ、集積されていった場である。夥しい数の施設が無計画に建て増しされていった本館裏手や中庭の空間であり、結果として膨大な裏の空間が形成された。

こうした不思議は近代大学という「制度」に由来する不思議と言える。東大もその一つであった近代大学では、研究が目的化し、専門分野の分化とそれらに伴う組織の複雑化、巨大化の結果、施設の絶えざる更新・拡大が不可欠となった。近代大学の制度が必要とした施設なり空間を展開する過程でこの不思議が成長したと言える。

第二に、不思議な空間は学生や教職員のための生活利便施設や運動施設、あるいは庭園などを展開する場となった。学生控所や食堂、購買部、各種の運動施設などが裏手の空地や緑地、構内の周辺部や建物の地下などに展開した。三四郎池周辺の庭園も、ちょっとした緑地もともに気分転換のための談笑や散策に恰好の場となった。こうした不思議は大学の活動を実際に支える「人間」に由来すると言える。多くの学生や教師にとっては、大学でもふつうの人間としての生活が少なからずある。彼らはともに食事をとり、運動で汗を流す。あるいは緑陰を散策することもあるだろう。本郷キャンパスは「国家の大学」としての表の顔の背後に、生活のにおい、人間のにおいのする内向きの空間、人間としての生存を受け止めるような空間を展開した。

第三に、不思議な空間は本郷キャンパスという土地の歴史、東大そのものの歴史を刻み、継承してきたということである。多くの場合、歴史はそれが大学の活動に関わる歴史であっても大学の今の活動には直接役立たない。まして大学以前の歴史はなおさらである。そうした現在の大学の活動にとってあまり役に立つとは思えない歴史がキャンパスという場所に重層され、現れる不思議である。

これはキャンパスという「場所」に

図20　理学部化学館（1916年）
明るい橙色のレンガと白く塗られた木製の建具、緑青をふいた屋根の組み合わせが美しい

図21　御殿下グラウンド運動施設に入る入口（1929年）
柱頭や窓枠などに震災で失われた工科大学の建物部品が使われている

図22　龍岡門（1926年）

図23　理学部の建築群
大正期の化学館や昭和初期当時の最新スタイルであった理学部１号館、戦後の近代的な建物や最新の巨大な研究棟が重なり合って見える

図24　野球場スコアボードの「遺跡」(1937年)

図25　旧前田邸庭園入口
総合研究博物館裏手にある

図26　明治期のキャンパス（須藤憲三撮影）
正面は工科大学、右は法科の研究棟。それぞれ正面性を重視した宮殿様の建物である

由来する不思議と言える。歴史を刻むことは、その時々の変化を残し、表すということである。先に述べたように、本郷キャンパスは古典的な記念性をもった構成とデザインが特徴である。古典的記念性とは本来、永劫不変なものを目指す。変化の連続的な痕跡としての歴史は、古典的記念性に彩られた「国家の大学」の空間にはふさわしくない。それは表の空間から排除されるべきはずのものであった。本郷キャンパスにあっては、歴史が重層することは「不思議」の形成につながった。

「不思議な空間」が出現した背景には、近代大学の誕生と変容、すなわち大学の近代化がもたらしたさまざまな問題があった。一つは一体性の喪失である。19世紀まで、大学は比較的小規模な共同体からなり、その空間も、適度な大きさと形式を備えた一体的な空間であった。大学の近代化は専門分化と組織の巨大化、複雑化をもたらし、空間も一体感を失い、諸部分に分解し始めた。東大でもかつては研究室ごとに一つの建物を構えていた時期がある。大学はさまざまな分野の人たちが一つの共同体をなしていることに意味がある。空間の一体性が失われることはこれまでのような大学のあり方に変貌を迫る。それが新しい大学像の登場につながるならよいが、一方で大学の危機を招く可能性もある。

二つめには人間が生活する基本的な条件の軽視が挙げられる。近代大学は空間的にも教育研究施設の建設を優先させた。原初の大学のように都市に融合した大学ではそれでもよかった。学生も教師も都市の中で暮らしていたからである。しかし巨大化し、広大な敷地に展開した近代大学では、たとえそれが都市にあったとしても生活施設や運動施設、庭園などを欠けば不便きわまりない。大学を支える人間が暮らしにくければ、大学本来の活動に影響が出てくるのは当然である。

そして最後に挙げられるのは空間の持続性に対する危機である。大学が次世代の教育と学習の場であるとしたら、安定した環境が不可欠である。安定と言っても一切の変化を拒否するのではなく、新しい活動を許しながら徐々に変容を遂げてゆくような統合的な環境のことである。しかし、近代大学の形成期にはその空間は絶えざる施設の拡大と更新に晒され、変化してやまない空間に流れ去る危機に立たされていた。

19世紀後半から20世紀前半にかけての１世紀は、近代大学が形成され、変容を遂げた時期であり、近代大学にふさわしい理想の空間が模索された。先に見た三つの「不思議」は、大学の近代化がもたらした三つの問題に対する模索の過程で現れてきた。それは国家の力を背景とした巨大で複雑、とどまることなく変化してゆく近代大学と、大学の誕生以来綿々と続く大学の基本条件、すなわち、知的な共同体という大学の根源的な性格の狭間に現れ出てきたものと言える。

最初に見た「制度」に由来する「不思議」は、必要に応じ施設を自由に拡大・更新する一方、整然とした表の空間、一体的、統合的なキャンパスの空間をつくり上げることを可能にした。混沌たる裏という「不思議」は表の背後に押し込められたため、「国家の大学」としての顔、堂々たる前庭広場や並木道などで構成された整然たる表の空間が形成されていった。それは広大なキャンパスがバラバラに分解するのを防ぎ、全体を一体的な環境として統合する空間的な骨格となった。

「人間」に由来する「不思議」、すなわち、内向きの空間が形成されてゆくことは、人間としての大学構成員の諸欲求に応えるものであり、また、そうした日常の生活を通したコミュニケーションを深めることによって大学の成員同士の一体性を形成するうえで役立った。「同じ釜の飯を食った仲」という表現があるように、学生も教師も講義室や研究室など大学のいわば公式の空間では得難い親密なコミュニケーションを図ることができる。

「場所」に由来する「不思議」、すなわちキャンパスの中に歴史が重ねられることは、持続的な環境を形成するための基礎となった。キャンパスにはさまざまな歴史的遺構や自然的な空間が散在する。本郷キャンパスを統合する空間的な骨格も、明治期の構内配置を再編、拡張した歴史的なものである。持続的な環境は、教育や学習環境ばかりでなく先端的な研究環境としても必要である。

冒頭で述べた宮殿形式は、こうした「不思議な空間」を生み出しながら大学の近代化に伴う諸課題に対応した。宮殿は都市につながる壮麗な表の構えをつくり、背後に庭園という「自然」、一種の過剰な空間を含んでいた。そして建物と敷地を合わせた全体は強い一体性をもち、外部の都市空間に結びつけられていた。宮殿形式は、近代大学、より正確には「国家の近代大学」が、必要とした新しい研究や教育のための施設、生活の利便施設や運動施設、庭園などを背後の空地に次々と展開してゆきながら、「国家の大学」としての体面をつくり、同時に大学という知的共同体のための一体性のある環境を形成することができた。近代大学は宮殿形式を基礎に「不思議な空間」を随伴させながら、知的な共同体のための空間を実現してきたと言える。

東京大学も、その120年の歴史を通し、絶えず「不思議な空間」を生み出し、同時にそれらに支えられ、機能し続けてきたことは先に見た通りである。無計画的で混沌とした空間が、明治日本が生んだ「国家の近代大学」という合理的、合目的的な制度のための空間を支えていたのである。

6　東京大学本郷キャンパスの将来と「不思議な空間」

21世紀の東京大学は不思議な空間を生み出してゆけるであろうか？現在、大学をとりまく状況はドラスティックに変化しようとしている。一方で大学に課せられた基本的な使命はますます大きくなってゆく。「不思議な空間」はそれ自体計画されるようなものではない。さりとて大学草創期の頃のように、必要に応じて空地をふんだんに使いながら建物を建て、結果として「不思議な空間」が生成してくるということももはやありえない。本郷キャンパスは55ヘクタールあるが、すでにほとんど開発され尽くした。東大に限ったことではないが、建築・設備も老朽・狭隘化が激しい。

東京大学は来世紀の大学全体の活動を支えるキャンパスのありかたとして三極構造という全体構想をつくり、その実現に向かっている。「不思議な空間」という観点から見ると、本郷、

図27　工学部裏手の俯瞰（震災後の撮影）
工科大学本館の東側の傾斜地（現在の工学部2、3、4号館と高圧実験所あたり）に附属屋が立て込んだ様子がわかる

図28　工学部裏手（大正末期から昭和初期撮影）　多様な形式の建物が雑然と並ぶ

図29　明治期の御殿下グラウンド（小川一真撮影）　旧加賀藩の馬場であったが、帝国大学になり運動場となった。背後に会議所の和風建築が見える。江戸期の風景の中で、袴に草履姿の学生がテニスに興じている。明治の頃の不思議な光景である

図30　震災直前の構内全体配置（1917年）
建物が高密に集まっている区域が、裏や内向きの施設が集積された空間である

図31　内田祥三の本郷キャンパス全体構想（油彩、1931年以前）　故岸田日出刀建築学科教授の作か。50haにも達するキャンパスを一体的な空間としてつくり上げようとするものであった。キャンパス全域にわたって一貫した形式と規模の建築群が並び、広場と並木道からなる明快な骨格を備えている。実際、この計画案とあまり違わない形で実現された

図32　工学部1号館光庭　竣工当時は光庭にもプレハブなどの増築が一切なかった

図33　工学部熱機関実験室群（小寺武久撮影）　高度成長期までは明治時代につくられた「裏」がかなり残っていた。昭和30年代撮影

図34　総合図書館裏　現在は建築がなされ見えないが、昭和30年代までは光庭が露出し、雑草が生い茂っていた

図35　文学部3号館（1987年、大谷幸夫設計）の足元　キャンパスを南北に貫通する構内道路上に建てられた。足元は法文アーケードと同一のアーチでくり抜かれている

駒場、それに新しい柏キャンパスを加えた３キャンパスの役割分担を図り、大学全体のキャンパスフォーメーションの中で壮大な不思議を生成させようとしている。各々のキャンパスにおいてもそれぞれの役割と条件に適った不思議をつくってゆけるような将来構想が求められている。本郷キャンパスが東京大学の中心として活動を続けるとしたら、「不思議な空間」もおそらくこれまで見たような形ではありえないであろう。

本郷では、膨大な数の人間が日々活動を繰り広げている。既存の歴史的な環境も存在する。新たに計画される建物は、それぞれ内容も規模もあらかじめ定まっているわけでもないし、建設時期も未定で、場合によっては建設計画自体も変わりうる。キャンパス全体の将来構想がありうるとしたら、１枚の完成予想図ではなく、どのようなスケールのどのような内容の計画にも適用可能な、空間に関する規約のようなものとして示されるであろう。そのような規約とは、既存の歴史的な環境を生かし、具体的な建設が一つ一つ進むにつれキャンパス全体の環境も豊かになるような空間的な仕掛けである。「不思議な空間」もそうした仕掛けがうまく働いた結果として生じるものであろう。

私たちはそのような仕掛けとして公共空間に着目し、公共空間を連続的に生み出していくようなシステムを構想した。公共空間とは、都市の広場や街路のように、誰でもそこに入り、居ることのできる場、人やものが流れ、情報が行き交う場である。私たちは建物も含め既存の環境を捉え直し、広い意味での広場とそれを結びつける道をつくってゆくことを考えている。

確かに本郷キャンパスには前庭広場や並木道といった都市的空間が数多く存在する。しかし、その多くは自由に人が入り、集い、憩えるような場所と言うより、どう見えるかという体面を重視したつくりである。それらをここで言うような公共空間として捉え直し、人、もの、情報などが集まり、交錯する空間として、広場や道、緑の空間の体系として再編する。モニュメンタルな建物を眺めるための前庭は人の憩える広場に、車や人を流すだけの並木道は緑のプロムナードへと変えてゆく。その要となるのが私たちが緑地軸と呼ぶキャンパス全体を南北に貫通する緑道である。これは内田構想にはあったものの完全には実現されていなかった道を、新たに整備し直してつくることができる（図36、37）。

建物の中に内部化された広場や道をつくることも重要である。これまで裏の施設を展開してきた光庭は屋内の広場と見立てて整備し、外部の公共空間とつなげる。そうすることで、新しい計画が行われるたびに公共空間が成長し、建物の内部からキャンパス全体、さらにはキャンパスの外の世界にまで連続する公共空間のネットワークが構築できるだろう（図38、44）。

最近の本郷キャンパスで建設され、あるいは計画されたもののなかから幾つか紹介する。図39は最近完成した工学部1号館増築改修（工学部建築計画室（以下計画室）東大施設部設計、1996年）である。広場に面した正面側は改修保存し、北側に新館を増築した。古い光庭に建てた新しい空間をデザインルームと共通の実験

室とし、それを中心にすべての空間が配されている。建築学科にとってデザインルームは学生生活の拠点であり、また卒業式など重要な催事を行う広場のような空間である。外部とつながる部分も重要である。旧館の背後に新館を増築したが、外から旧館が透けて見えるようにしてある。

内田祥三が震災前に構内で最初に建てた工学部2号館および3号館を改築する構想（計画室、1997年）も立てている。2、3号館はともに大講堂のすぐわきにあり、1号館と同様、正面側は改修保存し、背後に高層建築を増築する。大きな中庭は屋内化しホールにすれば、講堂の他にこれまでなかった巨大な集いの空間が出現する（図40）。

外部空間の整備も進めている。正門から続く銀杏並木や法文アーケードは床敷を石張りとし、照明も整備した。赤門と龍岡門を入ったところにある構内案内板（1997年）も全く新しいデザインに変えた（図41）。本格的な広場の整備はこれからであるが、工学部1号館前の広場（1997年）にも少し手を入れた。現状は広場と言うより建物を眺めるための前庭という性格が強いが、一部植栽を整理し、人間が入り、憩える空間として整えようとしている（図42）。食堂のような誰でも使う施設も重要な公共空間である。最近改修された中央食堂（以上 計画室、東大施設部設計、1994年、P.58）は、地下にあり硬い仕上げのせいで騒がしい空間であったが、落ちついた雰囲気の中で食事ができるように内装を全面的に改めた。

公共空間のネットワークが大学の中に張り巡らされていれば、人間同士の予期し得ない接触が生まれ、多様な形態の情報が交錯する機会が増えるであろう。学問諸分野の融合や離散、新しい分野の開拓が非常な勢いで進んでいる現在、異分野の膨大な数の人間が高密度に集中する大学において、いかに多くの人間が交われるか、いかに多くの情報が交流できるかということがますます重要になる。

公共空間のネットワークはキャンパスに流れる多様な時間も刻んでゆくであろう。個々の建物は必要に応じ変容を遂げてゆかざるを得ないが、公共空間は長期間にわたり持続し、キャンパスの一体性を保つ。変化の各々がその時代ごとの記録であるとしても、公共空間という持続する場で関係づけられて初めてキャンパスの歴史という一つの流れを形成する（図43）。

かつて「不思議な空間」は、東京大学が近代的な「国家の大学」、「国家の近代大学」として形を整えてゆく過程で生成してきた。「国家の大学」は表の空間をなによりも重視した。表の空間は裏的な活動や日常生活が現われ、あるいは建物が短期間のうちに変化してゆくことを嫌う。すべて、崇高で永遠であるべき「国家の大学」としての表にあってはならないものだからである。

しかしこれからは、表裏の区別は無効になり、これまでのような形の「不思議」は生成しないであろう。大学にとって、人間と情報が多様に集まり、交錯すること、歴史を受け継ぎ、新しい活動の記憶が刻まれてゆくことは大学の基本的な活動を活性化するために不可欠である。それを可能とする空間は、裏表を共存させ、部分の変化を許し、全体としては安定し、持続的に変容してゆく空間である。

図36　新医学部本部と文科系総合研究棟に挟まれた広場の構想案（1995年）

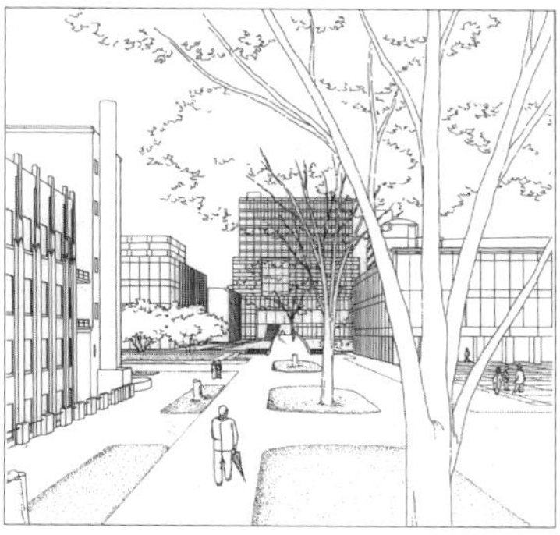

図37　緑地軸
言問通りに橋を架け、キャンパス北端の弥生地区まで公共空間のネットワークが伸びる

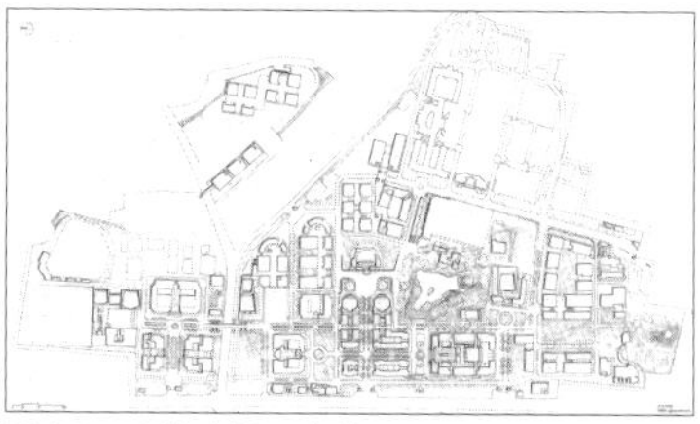

図38　公共空間の全体配置
広場や並木道など屋外の公共空間と建物内部の公共的な空間が一体となりネットワークをつくる

図39　工学部1号館増築改修・建築学科のデザインルーム
デザインは旧館のオリジナルの姿を尊重し、新たに手を加える部分は最小限にとどめている。タイルの壁は旧館の外壁がそのまま内部の壁になった

今後も「不思議な空間」があるとすれば、公共空間のネットワークがこうしたすべての働きを極度に進め、ある種の動的な平衡状態に達した結果として現れてくるものだろう。本郷キャンパスの個々の建物は必ずしも第一級の文化財ばかりではないが、全体の環境は希にみるものである。歴史的環境を生かし、一つ一つの計画を通して公共空間のネットワークを広げてゆくことにより、本郷キャンパスに新しい「不思議」をつくれれば幸いである（図44）。

＊本文中で使用した写真、図版で特に明記のないものは、岸田撮影か大学所蔵のもの。

＊＊図版は再録にあたり、初出のものから一部省略した。

図40　工学部2、3号館構想（1997年）・中庭ホール　現２号館の光庭に屋根を架け、屋内の広場とする。人々が集える空間を屋内にもつくろうというもので、1000人近く収容できる多用途なスペースでもある

図41　案内板（1997年）
重々しい雰囲気の構内にあって、ガラスと金属を使い、軽く透明感あるデザインとした。龍岡門と赤門付近に設置されている

図42　工学部1号館前の広場改修（1997年）
構内では人が入れる緑地は限られている。仮説建物を撤去したあとにクローバーの種を播いた

図43　震災後のキャンパス中心部分
大講堂時計台から正門の方を見る。明治期の建物は壊れ、一つ一つ新しいものへ変わってゆく。しかし、並木道や広場など、公共空間はしっかりと残り、持続する

図44　キャンパスの変容
必要な大規模施設は周辺部で整備し、中心部に展開する歴史的な環境は改修し活用してゆくことにより、新旧が一体化された持続的な環境が形成されてゆくと期待している

「荒涼たる原野」に重ねられた時間　2005年

大学は学問の府などといわれるので、研究の場所かというと、わかりきったことを新入生に教えないといけないので、そうでもなく、学校かというと、結果の見えない先端的研究に没頭する人、資料収集を延々と続けている人もいる。どうもいろいろなことをしている場所であることはわかるが、「何々をする場所である」ということになると、必ずそれに収まらないことがたくさんでてくる。

本郷キャンパスについていえる確かなことは、東京大学が自ら信じた役割と必要な活動を遂行するため、100年以上の時間をかけ、物理的な環境条件を整えてきた場所である、ということであろう。そして今も、これからも同じことを続けてゆくに違いない。

今も構内では過去の様々な営為の跡を見出すことができるが、未来へ向けて建設も続いている。キャンパスの現在の姿を見つめ、この場所に刻まれた記憶を辿りながら、大名屋敷跡に残った「荒涼たる原野」を、東京大学がどのようにしてキャンパスという場に整えてきたか、考えてみたい。

●時間が重層する環境の姿

本郷キャンパスは様々なもので彩られている。歴史的な建造物もあれば最新の研究施設もある。銅像で飾られた広場や巨木の連なる並木道に、豊かな緑も広がっている。そんなキャンパスの中で何よりわれわれの印象に強く残るのは、それらすべてが響きあい、織り上げられ、一体となってつくる環境の姿である。

ここにはいろいろな時代の痕跡が重ねられている。ある時代の建設は、その時代の営為を形に留め、まとまりある時間の形象として刻まれる。それが維持され、受け継がれ、さらに新たな時間の刻印が加えられてゆく。キャンパスではそのような痕跡が幾重にも重層していることを実感できる。

中でも、関東大震災後に進められた建設の跡は、圧倒的な姿をもって現れる。建築は一貫した構成とスタイルをもち、広場や並木道、緑など環境をつくり上げる諸要素と一体化され、統一的なキャンパスをつくり上げている。

しかし、キャンパスにはそれ以前に遡る記憶もはっきりと刻まれている。江戸時代の痕跡さえ、地形や緑、そして風景として構内のそこここに見ることができる。建物としてはわずかな形跡しか残していないが、明治の痕跡は、その後のキャンパス計画に大きな影響を与え、外部空間の構成や建物のスタイルなど様々な形で受け継がれ、震災前後に刻まれた大正の痕跡も数は少なくも強烈な輝きを今も放っている。

本郷キャンパスでは、こうした過去の痕跡が現在のキャンパスをつくるものとして生き生きと現れてくる。過去の営為がばらばらに集積するのではなく、現在に一体化されるこうしたキャンパスは、何に支えられているのだろうか。過去の痕跡がどのように蓄積されると、過去は現在につながり、現在のものとして生きてくるのだろう。

震災後に時計台の上から撮影された１枚の写真がある（図４）。焼け落ちた八角講堂や取り壊された校舎の跡地が見える。だが、正門から大講堂に向かう銀杏並木、それに交差する並木や工科大学の前庭は何もなかったかのように変わらぬ姿でそこにある。

個別の建設行為を越え、キャンパスを一つの場所として持続させるものとして、広場や並木道など、建物によって占められていない空地、つまり一般にオープンスペースといわれる空間が重要な役割を果たしているのではないか。

建物は「何かである」ことによって意味が生じる。それは「何か」が変化すれば変わらざるをえない。壊れると記憶以外何も残らない。一方、オープンスペースは「何でもない」ことによって意味を生み出す。周囲で生起する変化を受け入れながら、それ自体としてめったに変わることも、壊れることもない。緑は成長し、建物が変わっても、オープンスペースは多様な時間、多様な形としてそれらを蓄積してゆく。本郷キャンパスではオープンスペースが一体となり、時間を湛える豊かな環境の姿が生まれている。

図1　コンドルの東京大学構想（明治17年発表）
遠くに見えるのは寛永寺の塔か（『東京大学本郷キャンパスの百年』より）

●ジョサイア・コンドルと内田祥三

本郷キャンパスの成り立ちを知る上で重要な二人の人物がいる。ジョサイア・コンドルと内田祥三である。造家学科（現建築学科）の外国人教師であったコンドルは、明治12年頃東京大学計画を立案している（図1）。本郷通りに向かって開かれ、三方を建物で囲まれた大きな前庭をつくり、背後にも同じくらい大きい庭を配置した。建物はヴィクトリアンゴシックという、当時、イギリスで普及していたスタイルで統一されていた。注目すべきは大きな前庭をとり、オープンスペースと建築群が一体となった姿としてキャンパスを描いたことである。

その後、本郷キャンパスで次々と校舎が建設され、正門背後には三方を建築群で囲まれた壮大な前庭がつくられた。日本初の大学の偉容を示すにふさわしいデザインであったが、その背景にコンドルの計画があったことは疑いようがない（図2）。

しかし各分科大学（学部）の最初の校舎ができあがった明治20年代以降、キャンパスは転機を迎える。開発が急ピッチで進んだ結果、大正末の震災直前には、正門背後の前庭以外ほとんど空地が残っていなかった。

この間、キャンパス計画はコンドルなど造家学科関係者の手から離れ、各分科大学のばらばらな求めに応じ、手近なところで次々と建て増しが行われた。もはや一貫した視点からキャンパスの姿が問われることはなかった。オープンスペースは建設の結果の残余でしかなく、気がついたときには、立錐の余地もない壮絶なキャンパスができあがっていた（図3）。

そして、ついに唯一残った前庭にも建物がつくられようとしたそのとき、東京は激震に揺らぐ。折から強い南風が吹いていたため、医科大学から出火した火は建て込んでいたキャンパスに瞬く間に燃え広がり、大学創設以来、半世紀にわたり営々と築いてきた明治のキャンパスは1日にして灰燼に帰した。

震災復興計画は建築学科の内田祥三に託された。内田は、各科の校舎が一つの前庭を囲むキャンパス草創期の姿と、並木によって建物を結ぶ浜尾新（第3、8代総長）らによる構内整備の方法を総合した。明治の巨大な前庭をいくつかの広場に分解し、それらを並木道で結ぶことによってキャンパス全体を統合するオープンスペースのネットワークが生まれる。明快な構想によってキャンパスの骨格をつくろうとした信念はゆるぎないものであった。

建物と外部環境の整備を一体的に進めるため、内田は学内の抵抗を押し切って建築費の一部を外構整備に当て、広場や道路、インフラや緑地を整備した。門や塀もつくり替え、緑と建物が一体となったキャンパスをつくり上げた。それは震災で壊滅した明治キャンパスの瓦礫の中から、内田によって蘇った伝統、オープンスペースによってキャンパスを統合するコンドル以来の空間的伝統の上に構想されたものであると同時に、コンドルの東京大学計画以来およそ半世紀を経て現れた、キャンパス全体の姿を描き切った二つめの構想でもあった（P.24、図1）。

大量の建設を迅速に進めるため、建築の構成、規模も共通化し、スタイルも明治のゴシック的伝統を継承し統一、材料や監理も合理化した。内田は耐震設計と都市防災の研究を行い、地震と火事に強いキャンパスづくりも心掛けた。広場や並木は類焼を防ぐなど防災上有効であり、横にしても壊れないといわれるほど頑強な耐震構造がつくられた。こうして内田は大正13年から昭和13年までの営繕課長在任15年の間に、本郷キャンパスだけでおよそ19万㎡の建築を、一気にやり遂げた（図5）。

●再現された大正末と建築家たちの営み

第二次世界大戦は、迎賓館であった懐徳館が焼失したのを除き、幸い

図2　明治30年代のキャンパス
正門あたりに櫓を組み撮影か。右から旧図書館、法文校舎（ジョサイア・コンドル）、理科大学（後に法文校舎）、工科大学本館（辰野金吾）。正門突き当たりに大講堂が建った。植栽を仕切る玉石の列は一部、現在も残っている（撮影：小川一真、明治33年）

本郷キャンパスにほとんど被害をもたらさなかった。キャンパスが大きく様相を変えるのは、学科の新増設が相継いだ昭和30、40年代の高度成長期である。キャンパスの周辺で南面並行配置の高層板状建築が数多くつくられ、大面積を効率よく建てることが優先された。

この頃の建物にはデザインの一貫性はあったが、それまでのキャンパスの空間的伝統とは無関係であった。キャンパス全体の姿を考える暇もなく建設が進められ、構内のそこここに異質な領域が生まれた。

これは明治20年代以降、震災まで続いた建詰まりのプロセスと状況が酷似している。空地を見つけるか、老朽建屋を潰して空地をつくり建設する。そのプロセスが回らなくなった瞬間、建詰まりの状況に陥ることもまた同じであった。

内田はすでに引退していた。コンドルの計画から45年ほどで建て詰まったように、内田の構想からやはり45年ほどで同様な状況に陥った。キャンパスは個々の建設の集積の結果現れるものであり、一貫した環境の姿として構想し、見通す眼はもはや大学には残っていなかった。

そうした状況から、建築家のアクロバティックな作業が始まる。昭和50年代以降も施設の必要性は衰えなかったが、建設用地がないので、地下や道路、広場や屋上、緑地等に増築するほか手立てがない。丹下健三や大谷幸夫など著明な建築家が困難な条件の下で知恵を絞り、密度高い作品群がつくられてゆく。全体としてキャンパスの新たな姿が描かれたわけではないが、その多くにキャンパスの環境が語るものに耳を傾け、応答してゆく姿勢が見られたことは現在につながる重要な変化であった。

●「学問」という場と本郷キャンパスの伝統

東京大学は西欧の学問や科学技術を取り入れ、近代国家をつくるために生まれた。社会が必要とする諸分野の人材を養成することも重要な役割であった。

学問や科学技術は研究し、開発しなければならず、また、それはたえず継続されなければならない。研究施設が膨張し、建て詰まる状況に陥る過程には、「学問」の場として研究を展開しなければならないという背景があった。

大学の草創期と震災後の復興期には、まずキャンパスの基本骨格をつくり、あるいは回復することが必要であった。しかし、基盤ができ活動が軌道に乗ってくると、キャンパスの開発は加速度的に進み、やがて危機的な状況に陥ることを繰り返した。明治から大正末にかけての変容と、戦後の高度成長期の変容がそうした状況をよく示している。

本郷キャンパスにはもともと専門学部しかなかった。いってみれば「学問」の場であり、ひいては「社会」を映す場である。そうした場がつねに更新を求め、変貌を遂げようとすることは、キャンパスが限られている以上、避けがたい宿命であったといえる。

欧米の歴史ある大学キャンパスを見ると、科学、即ち学問の研究・教育を組織的に行い始めた19世紀後半以降、本郷キャンパスと同様な経過を辿る例が多い。しかしキャンパスの拡張に限りがあった本郷と異なり、「学問」の展開に対応するため十分な

図3　関東大震災前の本郷キャンパス（大正12年、東京帝国大学構内平面図を加工）
1877年の大学創設以降、半世紀かけ明治のキャンパスが成熟した。正門背後のおよそ100×200mの巨大な前庭を囲み各科の校舎が建ち並ぶ一方、他は最小限の構内道路と庭園、運動場以外、建物が立錐の余地なく集積している

図4　時計台から見た構内（大正14年）
手前は法科大学の通称八角講堂の焼け跡、右手奥に工科大学本館が見える（総合研究博物館蔵）

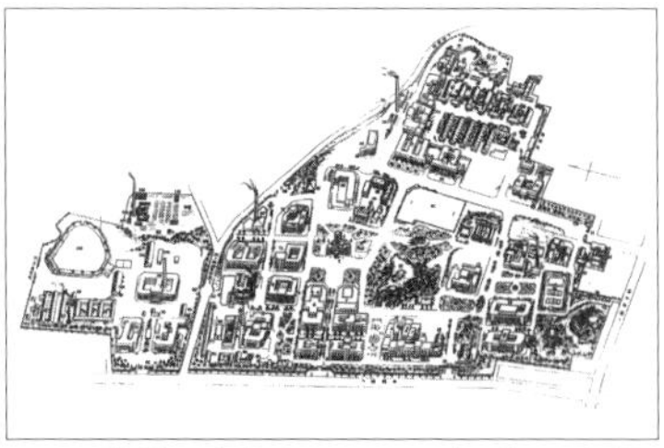

図5　戦前の本郷キャンパス（昭和14年頃、東京帝国大学構内建物鳥瞰図）
内田祥三の震災復興計画に従って、整然としたキャンパスの骨格ができあがる。明治の大前庭に代わり、いくつもの中規模の広場が並木道によって結ばれ、建物は延3000坪、各棟地上3階で光庭をもつ形式に統一される。旧前田邸の敷地と弥生地区を新たに取得し、その後、浅野地区も加えキャンパスは今日の大きさに拡大した。戦争が激化し、この段階をもって震災復興の建設は終わる

図6　コンドル像と明治の「玉石」

拡張を進めると同時に、歴史的中心部は極力、保全しようとする。少なくともキャンパスの核心においては、その姿を維持し、持続させる、という強い意志が感じられる。

もともと大学には二つの基本的な特質があったといわれている。一つは、世界中のあらゆる地域から人を惹きつけること、今一つは、そうした様々な出自の人たちからなるまとまりある人の集団がつくられることの2点である。各々、ストゥディウム・ゲネラーレ（学校）とウニベルシタース（組合）という制度と組織に関わる大学の二つの起源に由来する。

おそらく欧米の古い大学では、こうした始源に関わる記憶が今もどこかに流れていて、様々な地域から人が参集し、まとまりある集団をなす場であると実感できるような場をつくり、維持しようと努力している。

「キャンパス」という言葉は何もない「原っぱ」を意味するラテン語である。大学に関係する言葉としては、プリンストン大学で校舎の前後に広がる空地を意味する言葉として18世紀末に使われ始めた。今や大学の空間を意味する言葉として全世界で通用しているが、なぜ、かくも万人に受け入れられたのだろう。

大学に何もない「原っぱ」があれば様々な人が参集できる。そこに歴史的環境が継承されていれば、現在だけでなくかつてその場に集まっていた人たちとも結びつけられ、その延長として未来の予感も抱ける。様々な人たちが集結し、時空を越えたまとまりを実感できる場が「キャンパス」には実現できる。

翻って、コンドルも内田も一貫したオープンスペースを骨格として緑や建物などが一体となったキャンパスを描いた。そこには過去の記憶も未来への予感も刻み込むことができる。「参集し、集団をなしている」ことが実感できるような環境を実現する方法を、キャンパスの空間的「伝統」としてわれわれに遺してくれた。

現在進められているキャンパスの再生は、コンドルや内田のようにオープンスペースを重視する。異なる点は、キャンパスを一つの完成図として描き切ることより、オープンスペースを軸として時間をかけ生成する姿が構想されていることであろう。これからは建物のありようも多様になる。個々の建設を通しオープンスペースが次第に成長し、ネットワークの枝葉を広げてゆくような仕掛けができるなら、重層する時間を統合し、空間的にも開かれた持続するキャンパスの姿が生まれるのではないだろうか。

本郷キャンパスの130年——「伝統」と「革新」　2005年

●〈キャンパス〉の奪還へ向けて

今日、多くの国立大学で老朽化した施設や狭隘状態を解消するための整備が進められている。東京大学においてもこの15年ほどの間、多くの施設整備が行われてきた。実際、本郷キャンパスの状況は深刻であった。学外の人からは想像もできないようなひどい、というより危険ですらあるような教育研究環境も少なくなかった（図1）。

だが、それ以前からキャンパスではより深い問題が進行していた。本郷キャンパスは震災後、当時の建築学科教授内田祥三の構想によってその骨格が整備され、緑豊かな自然と建築群が一体となった美しく統一的なキャンパスが生まれた。しかし、戦後の高度成長期の大膨張、大建設の時代を経てキャンパスの建て詰まりが一挙に進み、そこここに異質な場が生まれ、環境の断片化が進んでいった。キャンパスをトータルに捉え、過去、現在、未来という時間を越えその姿を考え、見通す「力」が萎えてしまっていたのである。大学のあるべき姿を問い、キャンパスを長期的、総合的な視点から思い描く力が失せてしまっていた（P.24、図1）。

こうした問題の背後には大学自体の問題、そして社会の中での大学の役割についての混乱があることは明らかである。戦後、世界中の大学で組織の巨大化、複雑化が進み、大学というコミュニティが断片化してゆく危機が叫ばれた。トロウのいうところの大学マス教育、ユニバーサル教育の到来がもたらした状況である。ばらばらの専門家・学生集団の巨大な集合体となった大学では、知的コミュニティの伝統は弱まり、組織が大きくなった分仕事の分担が徹底し、あらゆる面で総合的、横断的な思考が働かなくなってきた。

日本では、社会が高等教育に多くを望まないという状況も生まれていた。必要な教育・研究は社会の中でもできる、あるいはその方が効率がいいという考えが広まったからである。大学は二十歳前後の若者を社会に出る前に入れておくモラトリアムの場であって、都市の過密が問題になると、まっさきに追い出されるような状況を生み、他方で大学キャンパスはその「貧乏物語」が嘆かれるまでの窮状に陥ってしまう。

しかし、昨今の状況を見ればわかるように、高等教育を軽視し大学の窮状を演出した社会も、その利子を払うことになる。大学は入学試験だけやって優秀な学生を選抜してくれるだけでいいと考える企業人もいたようだが、よくて「教養も専門知識も志もすべて半端」、しかし試験をやるとそこそこ点数だけはとれるような卒業生を大量に引き受けることになったからである。

大学そのものの変容はその物的基盤であるキャンパスのあり方にも当然、反映する。東大においても、教育研究活動やそのための組織が断片化していったのと同様、それぞれの部局や組織の要望に個別に対応し施設整備を行うことはあっても、それらを一つのキャンパスという形にまとめるあげるしくみは機能しなくなっていた。建て詰まったキャンパスはその原因でもあり結果でもあったのだ。

他の多くの大学と同様、東大においてもキャンパス移転が模索された時期があった。結果として本郷キャンパスを捨てる移転は行われなかったが、大学の置かれた危機的な状況を打破しようという模索であったことに間違いない。

現在、大学への社会からの支援は増えている。科学技術が国の浮沈を左右する、日本のよってたつところは人しかないという認識が戻ったからである。本郷におけるキャンパス整備もその一環である。東京大学が果たすべき役割を再確認し、大学の歴史を重ねてきた本郷という場で未来につながる時空に開かれたキャンパス、一体的な環境としての持続的なキャンパスを奪還するための取組みが続いている。

●キャンパスの〈スーパープラン〉と本郷キャンパスの再生

だが、本郷キャンパスの問題は本郷だけでもはや解決できないことは明らかであった。大学全体として未開拓の新しい領域を切り開くためには新キャンパスの建設が不可欠であった。またそうすることによって初めて本郷の再生を進めることができる。大学の活動が広がるキャンパス群全体を一貫した視点から再編する〈スーパープラン〉が本郷そして大学全体にとって必要であった。

〈スーパープラン〉は1991年から検討が始まり、1992年6月には評議会決定された。「東京大学キャンパス計

図1　本郷キャンパス空撮

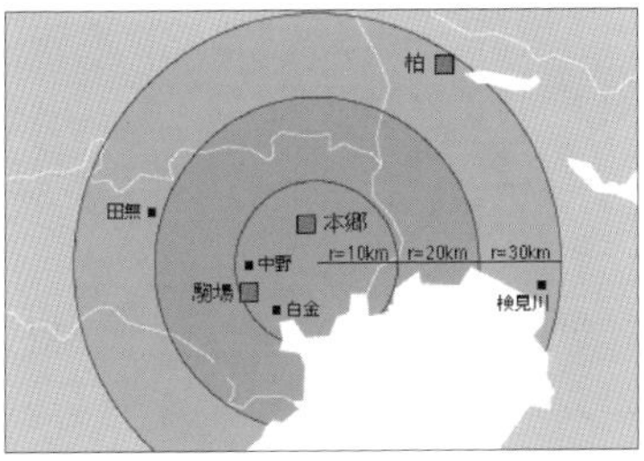

図2　三極構造

画の概要」と呼ばれるものがそれで、東大のキャンパスを三つの主要キャンパスからなる「三極構造」として再編しようというものであった。メインキャンパスの本郷を中心として、既存の駒場キャンパス、それに千葉県柏の新しいキャンパスを加えた3キャンパスが役割分担しつつ連携し、一体となり活動を進める（図2）。

本郷キャンパスは引き続き大学の中心として既存のディシプリンを基礎に、その深化・展開を図り、駒場は「開かれた大学」という理念のもと、総合文化と多分野の研究所が集結し、領域横断的な「社会との交流」拠点となる。柏の新キャンパスは新しい分野を切り開くフロンティアである。全体として既存キャンパスの再編・再生と新キャンパス建設を一体的な理念のもとで進めようとするものであった。

「三極」の中にあって、本郷キャンパスの再生構想の検討はとりわけ複雑かつ困難な作業となった。建て詰まったキャンパスに大小の学部がひしめき合い、身動きがとれないまま老朽や狭隘の度合いは日ごとに進んでいったからである。

こうした絶望的な状況を打開するきっかけは、香山壽夫による工学部再開発計画（1986年）であった。そこで初めてキャンパスの歴史的環境の評価と保全を行いながら必要な施設整備を進める具体的方法が提案された。最初に種地を見つけ建設を行い、次に更新予定の建物を利用している部局に移転してもらいそれを改築する。以後、同様にして順次、整備を進めるサイクル、いわゆる玉突き方式のサイクルが廻り始める。工学部の計画は現実性が高く、1991年、構想第一弾の研究練(工学部14号館、1995年、工学部建築計画室・香山壽夫）に予算がつけられた。工学部の一建物であったが、キャンパス全体の再生に向かって東大は動き出したのである。

〈スーパープラン〉と平行し検討が始められた本郷キャンパスの再生計画は、「本郷地区キャンパス再開発・利用計画要綱」という形で1993年6月には評議会決定まで行き着く。関係部局の数の多さからすると全く異例の早さで意志の統一ができたことに本郷におけるキャンパスの問題がいかに深刻であったかがよく表れている。

「要綱」で最も重要な点は、キャンパスの一体性、統一性の実現、全学的協力、非固定的な土地利用という三原則を確認し、部局ごとに土地の専用化がなされていた長年の慣行に終止符が打たれたことである。これによって弾力的な土地利用と部局の再配置など、全学的見地からキャンパス全体の再編が可能となった。キャンパスの原住民を自認する一部の部局では強硬な反対もあったが、当時の吉川弘之総長の強力なリーダーシップのもと、最終的には少数の意見を通し全体が衰微するという愚を避ける見識が働いた。

こうしてキャンパス全体を一体的な場として再生し歴史的環境を生かしながら必要な増床と機能の高度化、共同利用施設の充実などを図る構想がまとめられた。そのための具体的方法として、歴史的環境の骨格を形成する建物の外壁や空地の保存指定を行うとともにキャンパス全体を貫通する緑地軸を設定、歴史的あるいは緑地などの区域とそれ以外で異なる開発密度を指定した。また開発後の全容積にも限界を設け、遠い将来の更新に可能性を残したのである（図3）。

時間的な問題を考慮したことも「要綱」の特徴であった。実施の手順も検討し、玉突き方式の建替えによって大学の活動を停止することなく施設更新を行えるよう考えた。また、「長期計画」が現実に合わなくなり硬直化しやすいことに鑑み、構想の実施にあたっては新たにつくられたキャンパス計画室で高度な判断ができるようにするとともに、実施計画そのものも「整備計画概要」と呼ばれる段階計画として策定、整備の進行、状況の変化などを踏まえ、原則5年ごとに見直すしくみをつくった。実際これまで二度改訂され、現在は昨年度の策定された第三次バージョンとなっている。

「要綱」は13年経った今も、本郷キャンパス整備のゆるぎない根幹となっている。大学キャンパスのあるべき姿を基本に立ち返って考え、歴史的キャンパスを未来につながる持続的環境として再生する道筋を示した役割は大きい。この「要綱」によって歴史的環境を保全しながら必要な成長を可能とする持続的なキャンパスづくりのしくみが回転し始めたのである。

柏の新キャンパス建設によって本郷キャンパスの開発圧力を減じられたことも大きい。現在の構想は、内田祥三による震災復興計画以来、70年振りに本郷キャンパスを一体的な環境として再生するものであった。再編集結と再編分散という違いはあるが、基本は一体的、統合的な大学のための場を生成することにおいて違いはなかったのである。

●疾走の15年

1991年、工学部地区の再生計画に着手して以降、この15年はまさに疾走の時代であつた。現在まで、全体でおよそ22万㎡の建設が行われたが、震災復興期16～7年で内田祥三が建てた全建物面積がおよそ25万㎡といわれているので、本郷だけで見るとそれに匹敵あるいは上回るペースである。全体として積み残しが相当あるものの、理系部局では大規模施設の整備が進み、文系部局でも改修や新営が行われ、増床が図られてきた。

ただ建設ラッシュで研究施設ばかり増えたのではなく、食堂や購買、金融や広報関係の施設も整備され、

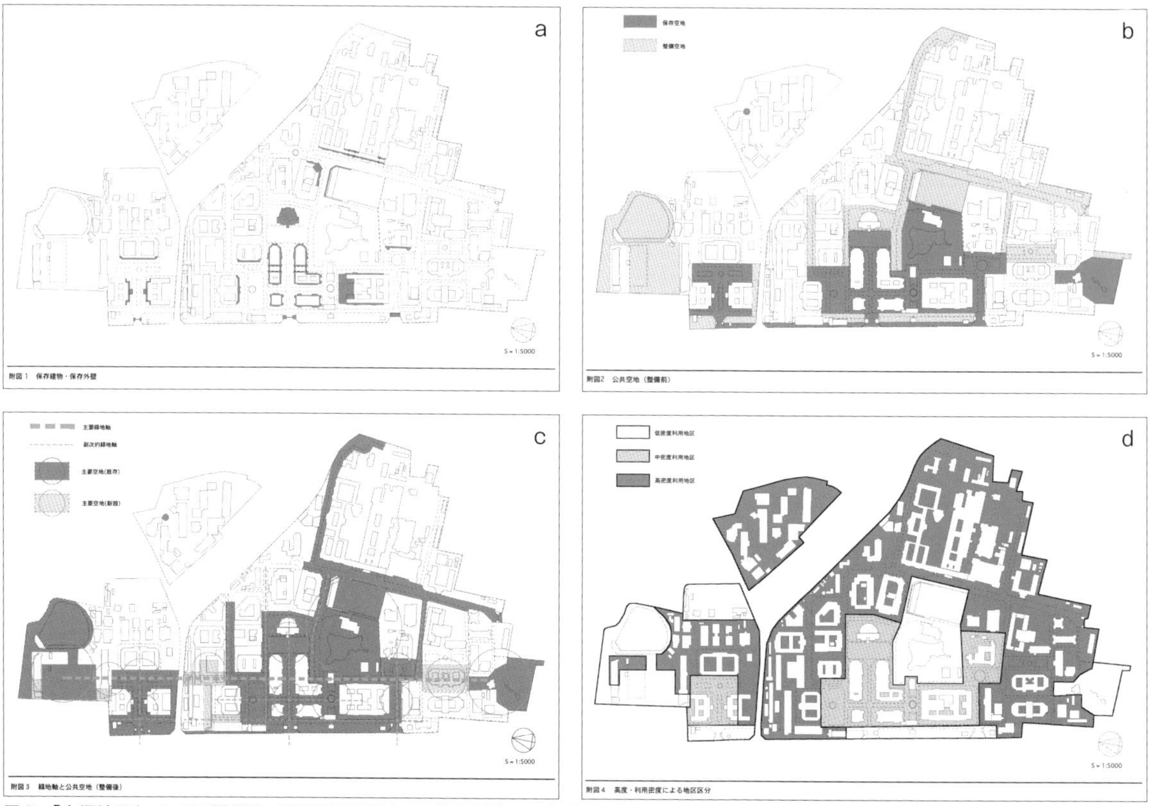

図3 「本郷地区キャンパス再開発・利用計画要綱」 a：保存外壁　b：保存空地　c：緑地軸　d：高度・利用密度

図4　経済学部旧館改修

図5　薬学部新館

図6　工学部新2号館

キャンパスの生活環境、公共空間の改善が進んだ。屋外環境も一部、整備されたところがある。なにより、多くの大学構成員にキャンパスは大学共有の財産であって、そのトータリティに価値があること、環境の重要性とそれを支えるための努力が必要であることが理解されてきた。重要な変化といえるだろう。

「要綱」は歴史的環境を継承しつつ新たな建設を進め、持続的なキャンパスをつくろうとするものであったが、今日までに実現した計画でもそのための様々な取組みがなされている。

柔らかい色彩の経済学部新館(2001年、香山壽夫)では、立体的な表情が細やかな影を落とし、緑が深い周囲の環境によく溶け込んでいる。同じ香山による旧館改修（2003年）もまた歴史的環境を精緻に読みとくとともに、既存建物からも可能性を見出し適確に応答している。同年代建物の安易な構造補強が続く構内にあって、密度高い細部とスケールや素材を使い分けたデザインが巧みであり、およそ旧状からは想像できないような新しい命を吹き込まれた。工学部1号館改修・増築（1996年、工学部建築計画室・香山壽夫）とともに改修工事の一つの範例を示している（図4）。

厳しい条件の中で工夫が光るのは薬学部の新館（2006年、キャンパス計画室・久米設計）である。ヘビーな研究室が積層し、とかく閉鎖的になりやすい高層研究棟に明るく軽やかな表情をうまくつくりだしている。近くに聳える高層研究棟がコンクリートの壁で囲まれた要塞のような構えを見せるのと好対照である（図5）。

本郷通り沿いの緑地には香山、槇文彦らの作品が建っている。槇の建物に隣接して安藤忠雄設計による研究棟の工事が始まった。建物の過半を地下に埋め地上の環境を極力保全しようというものである。

工学部新2号館（2005年、工学部建築計画室・岸田省吾）では大胆な構成によって、新旧の建物を立体的に重ね、空間的、機能的に一体化している。旧館は学内最古の校舎の一つで、大講堂広場に面する景観を長年にわたって形作ってきた。新しい増築棟は地上で連続するキャンパス中心部の歴史的環境を断ち切らないよう、その上空に浮かべられている。一つの歴史的建造物の改修増築というだけでなく、構内どこであっても歴史的建造物に大規模な改修・増築が要請されるときの一つの回答となりうるよう構想された（図6）。

オープンスペースの整備も行われたところがある。正門から講堂まで続く銀杏並木は舗道や植栽、照明などが整備され、図書館前広場とともに構内でも最も静かで快適な場所の一つに生まれ変わった。大講堂南側ではゴミ捨て場となっていた植込みを整理し、学生が憩える緑の空き地をつくった。ほかにも、屋外照明や建物や銅像、樹列のライトアップが試みられている（図7、図8）。

■オープンスペースの激減

一方、現状を見ると課題も浮き彫りになってきた。最大の問題は、広場や緑地などキャンパス内のオープンスペースが激減したことである。これまでにない過密な状態が現出しつつある。再生構想では、統一的、一体的なキャンパスをつくることを目標に、建物の増設・更新に見合った新たなオープンスペースを設け、ネットワークとして成長させることを前提としていた。「要綱」であれほど環境を重視し空地の計画まで行い、先の「整備計画概要」改訂でも安全・安心、快適、公正という基本目標を掲げ、オープンスペースの整備を最重要課題にあげているにもかかわらずである。

なぜこうなったのか。オープンスペースは建物と同じくらい重要なもので、かつそれは積極的につくるという意識がなければ永久にできないという認識がないからだ。建物の老朽狭隘解消は、オープンスペースの整備より優先されるという発想が間違いだ。建物「貧乏」から抜け出すことを考えているうちに志もいやしくなったというのでは日本最古の大学が泣く。建設予算をとりあえず考朽狭隘解消といった理由でつけてもらっているからか、たとえオープンスペース整備の障害になったとしても、今ある建物を壊すなどできない相談だということになる。

国策も影響している。緊急避難的に耐震改修を優先する全国一律の方針が、大学の現場では多様な発想を許さない縛りになっている。10年も続くようなら緊急整備とはいえない。オープンスペースを拡大するなどキャンパスの環境整備も「緊急」整備課題に入れる必要がある。

冒頭で述べた全体を見通す力が萎えたというのはこうしたことである。建物規模の総体は15年前と比べ4割弱も増えているから、今やキャンパスは環境として見ると悪化の一途というほかない。キャンパスは災害時の地域避難場所に指定されているが、避難してきた人の居場所はおろか、学生や教職員が避難できる場所も限られてきた。時間が経ちその段階がくれば整備できるという人もいるが、その時間が問題なのである。このままゆくと一つ一つの建物はどんなに頑強で立派であっても、一歩外にでるとちょっと憩える場所も、いざというとき、避難できる空地もない壮絶なキャンパスが生まれるだろう。建物の老朽狭隘解消が進むにつれて、逆にキャンパスの環境は老朽狭隘化が進むという状況を直視し、積極的にオープンスペースをつくるという意欲と見識が問われている。そのぎりぎりのところに今、本郷キャンパスはいる。

前に紹介した工学部新2号館や大講堂南側広場、建設予定の経済学部新図書館計画などでは、このような風潮に少しでも抗おうしている。新2号館では建物内に半屋外の公共的広場や街路を内包させ、構内のオープンスペースに接続、わずかとはいえオープンスペースのネットワークを成長させることができた。経済学部図書館は当初、学内に残る小さな庭を潰して建設される予定であったが、潰される庭以上の緑の広場を同時に整備する代案を考えたところ、実施される見通しとなった。広場に面し大正初めのレンガ造建築が残っているので、改修して食堂などにすれば多くの人が憩い、楽しんでもらえるようになるのではと期待している（P.18、P.54）。

内田祥三は確固たる意志をもって建物工事予算の何割かを環境整備に充当した。現在の状況を打開するには制度上の工夫も必要であろう。東大では今、新たに整備される面積の2割を全学共用面積とするいわゆるスペースオーバーヘッドが行われて

図7　銀杏並木

図8　大講堂南側広場

いる。現状では室内面積で計算されるが、いっそ建築面積を減らし、その分空地を整備すれば、オーバーヘッドの計算で有利に換算するような制度も検討すべきだろう。

■多様の中の統一

様々なデザインの建物が建ち上がるにつれ、相互の連帯、統合性に齟齬が生じている。本郷キャンパスのような大規模な環境の再生は一挙には進まない。その過程で多くの人が関わってくるが、そのプロセスのコントロール次第でキャンパスの景観は多様の中の統一になるか、異質なものの集積になるか、大きな違いとなって現れるだろう。

もし後者の傾向があるとしたら、前述したようなオープンスペースの整備が進まないことも一因である。一貫したオープンスペースが明確な形、たとえば緑道や緑の広場が連帯し一体化したオープンスペースの骨格が強化されていれば、景観にもっと強いまとまりが生まれるであろう。

しかし根本はその都度最適な多様と統一の姿を議論し、具体化できる体制を維持することである。多様はそれをつなぐ統一があって初めて生まれる。そうした生きた多様と統一を生じさせるような保証としてつくられたのがキャンパス計画室であったが、実際には建物のデザインレビューが十分なされていない場合もある。メンバーの一人として力不足を痛感している。

本郷キャンパス、そして東京大学は巨大である。いろいろな立場の人が力を合わせていかなければうまくいかない。デザインのプロセス全体にわたるコントロールのしくみを強化し、さらに強力なリーダーシップが求められるだろう。それもトップの理解と支援があって初めて可能になる。

■「ノイズ」への応答

構想では想定していない一種の「ノイズ」が、その円滑な実施に影響を及ぼし始めている。取り壊されるはずの建物が改修され、あるいはプレハブ代わりに使われ、キャンパスの環境整備ができなくなる。耐震改修を優先する国策の影響や、退去するはずの当該部局の居残り、あるいは整備が進まない部局への手当てというパターンがほとんどである。寄付建物が割り込み、土地の利用も早い者勝ちというケースも生じている。土地の手当てもないままに寄付が付き、予定のあった場所を使ってしまう。

しかし、問題は単純ではない。これらは「ノイズ」とも、受け止めるべき現実の発現ともいえるからである。キャンパスの再生には都市のそれに似て、必ずいろいろな「ブレ」や「ノイズ」が入り込むものとするなら、状況に応じ最適解を求めることの方が活気あるキャンパスを生み出すことにつながる可能性がある。キャンパスの再生は現実と応答しながら進むプロセスであって、完成形へと一直線に向かう運動ではないからだ。

ただし、構想の根幹を変質させるようなケースを見分けることは重要である。

それをはずすとカオスの力が横溢する環境が生まれるか、でなければ構想自体を捨てるべき時期がきたということであろう。原則的な方針があっても、個別的、具体的な事業についてつねに柔軟に判断し、最適解を導けるような「しくみ」とそのための「準備」が必要である。再生構想の基本である「要綱」には「しくみ」は用意されていた。残るはそれを有効に機能させ、必要な「準備」を怠らないことであろう。

■「大学の経営」

15年の時間の中で、構想で想定していなかった新しい課題が生まれた。「経営」という視点である。アカデミックプランを推進するとともに大学に期待される役割を果たしてゆくことを目標に、施設の企画・構想から建設や維持・保全さらに運用に至るまで最適化を図ることが不可欠になる。ファシリティマネジメントとかキャンパスマネジメント、プロパティマネジメントとか呼ばれるものである。人的資源と並んで施設は大学の重要な「経営資源」であり、限られたそれらを生かし、いかに効率的に成果をあげるか、これからの大学のトップマネジメントの重要な仕事の一つとなろう。

キャンパスに建つ建物面積は「要綱」で想定した容積の限界に近づいている。今後は欧米の歴史ある諸大学と同じように、現有の建物やオープンスペースの環境を維持・保全することに重点が移ってゆく。長期の「修繕計画」にも着手した。

一方、人的、物的な「経営資源」に恵まれた東大だからこそ実現できる、意味ある無駄、一種のリダンダンシーがあるのではなかろうか。効率化というバイアスはそれ自体、知の自由な発露と展開を制約し、失敗を許容することによって維持される大学の活力を阻害しかねない側面がある。「経営」という課題はやがて大学の活力をどう維持してゆくかという難問に直面するだろう。リダンダンシーは組織、運営だけでなくキャンパスという大学の空間的基盤にも必要である。最初にあげたオープンスペースの激減も、ただキャンパスの一体性や美しい景観だけの問題からいったわけではない。「何かである」ことによって意味を生み出す建物や設備は「何か」の要がなくなるとしばしば寿命に近づく。一方、それ自体「何でもない」ことによって意味を生み出すオープンスペースは時間を越え持続する。豊かなオープンスペースは先人の膨大な営為の記憶を蓄積し、時空に開かれた環境を生み出すおおいなる無駄なのだ（図9）。

●本郷キャンパスに未来はあるか

■大学の変わることのない役割と空間の「力」

現在、大学に対する社会の期待は大きい。「科学技術創造立国」を支える拠点の一つが大学であり、「競争的環境の中で個性輝く大学」こそ今世紀のあるべきその姿だという。東京大学も様々な形で社会の付託に応えてゆかねばならないことはいうまでもない。だが、こうした期待も、そして望まれる役割も、おそらく時とともに変わってゆく、と見た方がよいだろう。

むしろ、大学には変わることのない役割があることを忘れてはならない。大学には世界中から多くの人々が集い、出会いと教えがあり、学びが生まれる。大学の800年にわたる歴史を通し、洋の東西を問わず繰り広げられてきた変わることのない根源的な活動の形である。

「人材」をつくるという以前に、学びや教えが人間を育み、成長させるための礎であるとしたら、それは広く世界や社会について知り、考えることから始まる。そして多くの人との出会い、多様な思考との交わりを通し「幅広い視野」を養い、「総合的な思考力」や「判断力」が磨かれてゆくだろう。研究もまた、同様に様々な思考の衝突や融合を通し促進される。そのためにはキャンパスにもまた、多様な活動が明滅する場を見通せる視界の広がりが必要である。見通しがきき、多様な活動がまとまりのある一つの場を共有していることが実感できるような環境の姿が求められる。

実際、ヨーロッパの中世都市に生まれた大学には、その後800年にわたって一貫して変わることのない空間の「力」が働いてきた。オープンスペース、即ち空の、自由な、開かれた空地が軸となり骨格となり生み出す「力」であり、多様な活動が一つの場を共有していることを実感させるような空間の「力」である。ヨーロッパでは大学街の道や広場、あるいはクワドラングルと呼ばれる方形の中庭として現れ、アメリカでは連続的に広がる広大な緑地となって現れた。キャンパス— campus —という言葉、即ち「原っぱ」という意味のラテン語は大学の校地を指すものとしてプリンストン大学の学生が使い始め世界中に広がり定着したが、それはこの言葉がオープンスペースの「力」が生み出すまとまり、という大学のゆるぎない空間的伝統につながっていたからである（図10）。

本郷キャンパスは「原っぱ」ならぬ「焼け野原」から始まった。旧加賀藩江戸上屋敷が焼失した荒涼たる焼け跡の上に、東大は営々と130年にわたってキャンパスの姿を整えてき

図9　図書館前広場

図10　ワシントン大学

た。その間、少なくとも二つの重要な建設の時代があった。一つは東大創設直後、ジョサイア・コンドルの構想に従って、全学部が集結するキャンパスが建設された時期である。各学部の本館建築が一つの大きな広場を三方から囲むことによって、まとまりある一体的な場が生み出された。二つめは関東大震災で壊滅したキャンパスの復興期である。構想をまとめ建設まで行った内田祥三は、広場と並木道を組み合わせ緑豊かなオープンスペースのネットワークがつくる見事なキャンパスをつくり上げた。東大が学部からなる総合大学に生まれ変わる一瞬を捉え、新しい大学像にふさわしい統一的なキャンパスを実現したのである。それはまた、大学の変わることのない役割を見据え、コンドル以来の空間的伝統をオープンスペースのネットワークとして展開する「革新の力」に変換し、800年にわたる大学の空間的伝統を創造的に継承することにほかならなかった（P.126、図1）。

■「伝統」の中の「革新」

現在のキャンパス再生は、3団地に分かれ総計55haに及ぶ本郷キャンパスを統合してゆくとともに、東京大学の営為を幾重にも積層する歴史的環境を未来につながる持続的な環境へと組み替えてゆこうとするものである。その再生構想に「革新」の「力」があるとしたら、内田によって築かれた膨大な空間的遺産を基礎に、一つ一つの建物の更新を進めながらオープンスペースも成長させる「しくみ」を整えようとした点にある。それは中心部だけ計画され後は自然な成長に任せたコンドルのキャンパスにも、全体が一挙につくられた内田のキャンパスにも見られない「時間」を取り込んだプロセスの計画である。そしてこの「革新」も、内田のそれと同様に本郷キャンパスの130年にわたる空間的な伝統、中世から連綿と続く大学の空間的伝統の中に未来を開く可能性を見出すことから始まった（P.24）。

時間／Time　2006年

1

カントは空間と時間を感覚的な直感の形式と捉えた。それは人間が世界を認識する形式であって、近代的な世界観の基礎となった。以来、空間、時間とも無限に続く均質なもの、計量可能な量的なものと捉えられ、われわれが馴染んでいる立体格子や単純な幾何学の面や立体によってつくられる建築はそうした空間を直裁に映すものとなった。

建築に現れ経験される時間は、つねに何らかの変化に関わる現象であった。ギーディオンは近代建築を視点の移動・運動といった空間における変化する様相から論じたが、時間の概念は時計で計測可能なカント的な抽象的時間であり、運動もそうした時間の中で観察されるものであった。

これまで環境や建築でいわれてきた諸課題の多くは、こうした空間と時間に関係する。その中で物が展開するカント的な空間は、至るところに意味の厚みを欠いた膨大な「没場所」（E.レルフ、1999）を出現させ、あるいは計測可能で無際限の時間概念は、社会の必要に応じ編成され、それに従って生きざるをえない人間に不安や抑圧を生み出した。空間も時間も対象化された客観的存在として認識されるようになり、「それ化された世界」（M.ブーバー、1923）の出現が、人間の安住できる「故郷」を消し去った。「無限の空間の永遠の沈黙が私をおびえさせる」（B.パスカル）、そんな世界が現れたのである。

こうした状況に対し、人間が生きている実感をもちうる空間や時間のありようが問われてきた。知覚され、意味が与えられ、経験される世界にこそ価値があり、「空間」や「時間」に代わって「場所」や「機会」（A.ファン・アイク）が説かれ、あるいは「建築することとは、ゲニウス・ロキ（場所の霊）を視覚化すること」（C.ノルベルグ=シュルツ、1980）と理解される。しかし問題は単純ではない。われわれが生きている世界は、対象化され計測可能な普遍的な空間・時間を利用しながら成り立っていることも事実である。現代の人間は、世界中で共有される空間・時間の体系と、それぞれの場所・機会で生成する世界という二重性、あるいはその二重性の間を生きている。前世紀を通し「空間」は客体化された世界に接続される最もわかりやすく、ゆるぎない概念となった。可視的でないだけいまだ曖昧さを残す「時間」から建築を考えることは意識や身体というその始源に関わり、状況を開いてゆくきっかけとなるかもしれない。

2

一般に、時間は現在、即ちある幅を持った「いま」「ここ」に現れ、過去と未来へ方向づけられているとされる（木村敏、1982）。唯一、議論の出発点になりうるのは現在という時間しかないという考えである。時間は現在、つまり人間の「いま」「ここ」の意識が生み出すものであり、現在このときに、人間は過去を保ちつつ未来を予感する（大森荘蔵『時は流れず』1996）。客観的な「時間」概念も、生きられた「時」の感覚もこの方向性を持った意識に由来するとしてよい。

しばしば建築は空間の中の存在として論じられるが、時間性を帯びたこうした意識の中にそれは立ち上がることは明らかであろう。建築はまず時間をかけたプロセスの中で知覚され、認識される経験である（J.デューイ、1934）。そこを動き回り、場所ごとの記憶を積み重ね、あるいは住み込まれてゆく中で建築というものが経験される。

それは広義の運動が意識にもたらすものであり、大きく見ると二つの様相をとる。一つは、知覚し経験しているその場のなんらかの形象をきっかけとして生まれる連想や想起によって、現在の意識が過去や未来へと展開するような知覚がもたらす経験。これは空間の中に時間のパラディグマッティクな深さ、広がりを読み込むことであり、現在という空間に垂直的に立ち上がる時間といえるだろう。身体的運動に対して知覚的運動（大森荘蔵、1990）というべき思考のダイナミズムがもたらす経験である。

今一つは、身体の運動がもたらす経験であり、直接的には空間の継起的な展開によって現れるシンタグマッティクな時間、水平的に広がる時間経験といえる。継起するそれぞれの場の経験には、そこに至るまでの様々な場の記憶が多様な濃淡を伴いながら随伴しており、その上でまだ見ぬ場や情景への予感や期待がいだかれることになる。「現在」が持続的なものとされるゆえんであり、しばしばシークェンシャルな空間体験の醍醐味と理解されるものでもある。

実際の建築でこうした二つの意識ないし経験、身体運動のもたらす持続的な蓄積を伴った意識がその都度の知覚的な運動の広がりと錯綜し、時に一体的に組み上げられ、まとまった強度のある経験にもたらされたとき、われわれはそこに時間のデザインと呼べるものが立ち上がるのを見るだろう。建築は、その中を動き回り、場所ごとの記憶を積み重ね、あるいは住み込まれてゆく中で経験される。それは安定した像を結ぶこともあるかもしれないが、様々に揺れ動きながらその都度、新しい驚きをもたらすこともある。デザインという行為も同様な経験を想起しながら構想が組み立てられてゆくプロセスにほかならない。

3

いくつかの事例をあげてみよう。身体的運動による時間経験の最良の例は、日本庭園の回遊する道行き、ル・コルビュジエの「建築的プロムナード」、ヴェネチアの街路の散策を愛したC.スカルパの作品などに見ることができる。そこでは先に見たような多様な意識の流れが、次々と展開する異質な空間や場所、眺望といった眼前の場の経験の中に重なり、音楽の多重なメロディーやリズムにも似て、持続的で豊穣な経験を織り上げてゆく。

単一の場や空間であっても一定の時間をかけ理解が進み、次第に全貌が見えてくるような例も身体的運動のもたらす経験だろう。ヨーロッパのゴシックの会堂においては、内陣に向かって進むにつれ、列柱の打つリズムと空間が垂直に上昇してゆくような浮遊感が空間の中に統合され、身体を満たす。空間の本質的な存在形式を追求したL.カーンの作品でも、彼が空間の基本と捉えた「ルーム」の感覚が視線を旋回させるような動きを通し獲得されてゆくことが明らかにされている（ユン・ドンシク、2006）。

4

知覚の運動がもたらす時間経験の典型的なものに風化と摩滅がある。風化には自然の力が刻まれ、摩滅には使い込まれてゆく現実が映されている。モノとしてある建築にとって避けられない変化であるが、ともに時間の直裁な痕跡となる。人間は生存に適した安定した環境をつくろうとしながら、同時に変化する自然の様相を求めてきた。自然は季節や気候、時刻の変化を通し環境の変化と恒常性を示す。時に、雨水が滴るパターンはコントロールされ、腐食による素材の質感や色彩の変化が利用される。風化と摩滅をデザインとして積極的に取り込み、建築が実現する有限の場所は自然に感応するものとなる。日本の草庵茶室はそうしたデザインの極致であって、永遠不変の形を求めたエジプトのピラミッドやほとんど風化しないセラミックのイスラム建築と対極をなす。これらはすべてを土に変えてゆくような過酷な自然のもたらす圧倒的な力に対抗しようとしている。

過去の記憶と未来に関わる計画には、時間経験の多様な様相を示される。前述のように、考えられる実在の時間は現在—「いま」「ここ」—しかなく、過去や未来は記憶や想起を通し現在に映されるだけである。様々な過去が記憶の中でつねに厚みを変え積層され、現在はその突端にある。現在は持続の先端であり、記憶の中の過去はたえず変容し、再編され、再結合される。未来は現在にあって予測しえない可能性に開かれたもので予感されるようなものとなる（H.ベルグソン,1896）。記憶の中の過去も、予感される未来も、現在という時間に組み込まれて初めて形を成し、意味を生み出す。建築では空間という本来無時間的な形象の中に時間の生成を導くという課題に応えなければならない。実際、記憶は人間をとりまく環境全体のデザインと享受において重要な役割を果たす。記憶とその捉え直しがなければ現実の理解や世界観、さらには未来の計画も描きようがない。記憶によって建築や環境の変化と連続して意味を与えることができる。

ロマンティシズムの18世紀に流行した廃墟は、記憶の中の過去が変容したものであり、遠く離れた時空間を理想化するという点で、19世紀の社会主義者たちが未来に理想社会を計画したことと変わるところはない。共に現実を一挙に越え出るための一種の跳躍であったが、実際、現在は過去とつながり未来に開かれてはいても、それは潜在的な関係であって、現在の連続の中で思考することなく過去や未来の虚構に賭けるしかない困難があった。

未来を描くという点で日本のメタボリズムも特異であった。都市が急激に変貌しつつあった当時、建築も成長・変化するものと捉え、建物を不変の基幹部分と新陳代謝される部品とに分け、そのままの姿がデザインとなった。しかし未来とは現在における未来性であって、いろいろな可能性に開かれている。メタボリズムは到来しない未来を描き、過去に考えた未来を示すということに終ってしまう。

対照的であったのは同時期の磯崎新である。建築をつねに変化し流動するプロセスにあると捉える点でメタボリズムに近いと考えられたが、成長は単なる手がかりにすぎず、創発的な空間形式と「切断」という観念的な手法を用い、流れゆくプロセスにある建築の姿を表現した。未来に開かれた現在を捉え、表現したという点で、時間を手がかりにしたデザインの最も早い例となった。

類型や型とよばれるものは、具体的な形として残った社会や集団に蓄えられた記憶である。それは建築の全体あるいは一部に相当する空間や形象が長い時間をかけ一定の形式に収斂していったもので、現実の多様な条件の中で揉まれ、彫琢された図式として抽出される。イタリアの中世都市の建築に見る類型（ティポロジア）は、コミュニティを含めた旧市街地再生のための有効な手がかりとされるとともに、以後の都市研究における方法的な基礎となる。アルド・ロッシが多用した単純な幾何学も類型に近い。それは単純であるが故に理解されやすく、幾世紀にもわたって転用されながら都市の中で生き続ける構成物であったからだ。

A.パラーディオ愛用の平面形式（R.ウィットカウアー、1949）は、4世紀を経てライトやコルビュジエ、カーンといった建築家によって再解釈された。近代の建築家たちはその形式を徹底的に換骨奪胎し、そこに潜在する可能性を引きだした。時間を凝集したような形象を捉え直し、解体し、現在の視点から再編することは、過去の痕跡を創造的に継承し、現在の意味を明確に刻むという点でデザインの本来的な姿を示している。

5

環境の広がりの中でも、こうした時間の継承は行われる。現に存在する建築はどれも過去につくられたもので、潜在的にはすべてが過去の痕跡となっている。痕跡は様々な想起を導き出すきっかけとなる。時間の多様な痕跡が重なり、そこに一体感ある場ができているならば、多数の時間の間を行き来できるような連続性を感じることも、未来の予感をその延長上に描くことも可能になる。環境が過去と連続し、同時に現在の営みの形を刻みつつ全体として安定しているならば、われわれはそこに持続を見る。

日本でも、こうした持続的環境の重要性が認識され、居住環境の再生などにおいて豊かな時間経験をもたらす事例が増えている。しかし東京のような大都市における現実は、変転極まりない環境の姿のはてしない再生産であろう。現代の都市は無数の他者が向き合う場であり、そこには時間の統合性も連続感も乏しい様々に断片化された場所や機会が集積される。情報の流れ、人や物の移動に関わるテクノロジーの発展も空間や時間の捉え方、感じ方を激変させている。時間を共有し、空間的なまとまりを示す都市が消えゆくと同時に、もともと別世界であったような時空が突然結びつけられるような事態も珍しくない。もはや安定した環境に持続を見ることはかつてほど容易ではなく、時間の経験も空間の経験も際限のない差別化、断片化によって逆に平板で単調なものとなり、どこかアンリアルな感覚を漂わせている。

6

かつて建築も都市もその成長の姿が問われた。今日、都市の縮小がいわれる時代にあって、建築、あるいは環境における持続の姿とそれを可能とする方法が問われている。時間なる概念が問題にならなかったとき、人は持続を無意識のうちに生きていた。持続は、量としての時間が誕生したときに現れ、時間の断片化、アンリアルな感覚の肥大化とともに成長したといえる。場所が意味を持ち始めたのは非場所の出現と平行していたのに似ている。時間から建築を考えることは、身体的な経験、知覚的な経験、つまり意識のレヴェルから建築が現れる様を捉え直すことであり、あるいは時間の中で繰り返し現れてくる時間を超えた〈力〉を感じ、理解することである。それは結果として多くの「没場所」—客観化され、対象化され、持続にも意味にも乏しい非場所を生み出すことになる「空間」という思考形式を問い直すことになる。「意識」は「客体」の世界とともに生成した「主体」の根拠とされ、未来に開かれた可能性を孕む持続として現れるからである。そしてなお、「時間」という視点が意味を失うときを考えなければならないとしたら、建築から「空間」が消えるときなのかもしれない。

■文献
・S.ギーディオン『空間・時間・建築』1941、太田実訳、丸善、1969
・H.ベルクソン『物質と記憶』1894、田島節夫訳、白水社、1999
・木村敏『時間と自己』中公新書、1982

時間の中の「かたち」・時間の中の「デザイン」　2009年

●建築のデザインと時間

建築は空間の中の形や色、素材を通し人間に働きかける。建築のデザインは、「かたち」によって現実を理解し、現実に働きかけてゆく中で展開する（「1 形態思考」参照）。「かたち」は「空間」の中に描かれ、多くの人に共有され、客観的な世界を構成する。建築で経験され、そのデザインでも用いられる「かたち」は様々である。幾何学的な形態は物の表面に感じる「質感」とともに部屋や建築の部分、外観を秩序づける。建築の部分どうしを関係づけ、全体の構築を秩序づけるのは形式である。

デザインで扱われる「かたち」を捉えるには、建築がどう経験され、現れるか理解しなければならない。「かたち」の多くは客観化され、共有されたものであって、たとえば「丸い」部屋、「三角の」屋根といわれ、おおよそであれイメージがわかない、意味がわからない人はほとんどいない。しかし、「丸い」部屋や「三角の」屋根を実際に見て、経験してどんな印象をもつか、どう感じられるかは、すぐにはわからない。同じ建物でも、一瞥したときと、時間をかけ見て回ったとき、さらにはそこに住み、あるいは幾度となく訪れ抱く印象ではひどく異なってくるだろう。

デザインでは、「モノ」や「空間」の姿を表す「かたち」を使って考え練り上げはするが、同時に、それが現実の時間をかけた経験を通しどう意識され、どう理解されるか、意識に現れる「かたち」を捉えてはじめて建築の生きた姿に近づける。建築とはまず、意識の中に立ちあがってくる、ということを理解しなければならない。

●運動と建築の経験

人間の意識は時間の感覚を生み出す。実在する時間とは、現在―「今」、「ここ」―しかなく、現在において人間は過去の記憶を保持しつつ未来について考える。普通にイメージされる過去から未来に向かって続く単線的で客観的な時間概念も、心躍るような経験、記憶に強く刻まれる濃密な「時」の感覚もこの意識に由来する。

重要な点は、意識の中ではたえず知覚や思考、経験が様々な記憶として積層されてゆき、現在は、そうした持続的な流れの突端としてあり、意識されることであり、記憶はたえず変容し、再編され、現在の意識に去来し、未来は現在に潜在的に開かれているとされることである[*1]。

建築もまた、こうした過去と未来がつながった持続する意識と無関係ではない。建築は時間をかけたプロセスの中で知覚され、認識される[*2]。その姿を見ながら、あるいは期待しながら建築にアプローチし、その中を動き回り、様々に継起する場所が現れ、多様な場の知覚と想起や期待に意識をふくらませながら記憶が重ねられてゆく。持続する意識としての現在はたえず変容し、期待され、予感される未来もまた変容し続けるという複雑でダイナミックな経験をわれわれは重ねているのである。

こうした建築の経験は、ふたつの様相をもつ「運動」によって特徴づけられている。知覚・思考の運動と身体の運動のふたつである。両者がつねに併存し、一体的に、あるいは入れ替わりながら「現在」の意識をつくる。「建築」の経験も、実際のデザインも同様の意識のもとで進められると見てよい。

知覚の運動、思考の運動[*3]は、知覚し経験しているその場のなんらかの「形象」をきっかけとして連想、想起が広がってゆくことをいう。それは、空間や物体の形態や色彩、質感などの特徴を知覚し、認識することと同時に、様々に連想や想起が展開する過程である。空間の中に様々なイメージが垂直的に立ち上がるパラディグマティックな時間経験である。

身体の運動によって、われわれは様々な場を体験し、継起する空間を実感する。この運動を通し継起の順序を記憶し、持続する印象を生み出してゆく。それぞれの場の経験には、そこに至るまでの記憶が多様な濃淡を伴い随伴し、これから現れる場の予感や期待もその延長に抱かれる。場の意識がリニアに継起してゆくことからシンタグマッティックな時間経験、水平的に広がる時間経験といえる。持続する意識の流れの中で初めて理解できる経験である。

おそらく、建築固有な経験はこうした身体感覚を伴う運動の中にある。空間的な距離の大小、上下、左右など方向性の変化や持続といった身体感覚は、それぞれの場の情景から、空気の湿り気や乾いた音の反響、身体を取り囲むモノの質感、そこに生起するコトから見えてくる場の性格、そして知覚・思考の運動が開く様々な想起まで含む多様な意識の移ろいにスケール感を与え、リズムを刻み、一連の経験として織り上げてゆく。

●知覚・思考の運動

知覚や思考の運動がもたらす時間のデザインには際限がない。思考が広がる範囲は人間の経験全体におよび、さらにそれを超え出るものであるからだ。ここでは広く共有されうる時間デザインを見ることにしよう。

風化や腐食、気候の変化や風景の移ろいには自然に流れる時間が刻まれ、摩滅には使い込まれてゆく現実が映されている。いずれもモノとしてある建築にとって避けられない変化であるが、ともに時間を経るうちに刻まれるその直裁な痕跡であり、具象的、直接的な時間現象といえる。雨水の滴りがパターン化されたヘルツォークの〈リコラ〉(図1)、銅板ベルトの質感や色彩の変化を使った〈シグナルボックス〉などはわかりやすい例である。

スカルパも自然による変化を用い巧みな時間のデザインを行った。〈ブリオン家墓所〉では時とともに肌が荒れ黒ずんできたコンクリートにつやのあるモザイクタイルのアクセントラインが入り、壁の向こう、はるか遠くにはベネトの変わることのない田園風景が広がり、変化と不変の狭間に流れる様々な時間の進行を可視化しえたといえよう。

草庵茶室は土や木、紙などでできた薄い皮膜で覆われ、環境の微細な変化をも捉える鋭敏な受容体に変化する。人は極小の空間の中で大きな自然の移ろいに包まれる感覚をもちながら、限られた一時の意味を噛みしめる。

その対極がピラミッドやイスラム建築であろう。永遠不変の形を求め、セラミックで全体を覆い尽くそうとする姿勢に、自然の過酷な力に抗おうとする人間の意思が表れている。ローマの〈パンテオン〉(図2) では、幾何学的形式とスケールに太陽の運行が投影され、神の時間とでもいうべき象徴的な経験がもたらされた。

ロマンティシズムの18世紀に流行した廃墟は記憶の中の過去が変容したもので、現実を一挙に越え出るための一種の跳躍であり、遠く離れた時空間を理想化した。同様に未来に廃墟を見た者に磯崎新がいる。磯崎は建築を変化し流動するプロセスにあると捉え、創発的な空間形式と「切断」という観念的な手法を用い、流れゆくプロセスにある建築の姿を形象化した (図3)。未来に開かれた現在を捉え表現しえた最も早い一人となった。

前世紀、建築デザインにおける時間に関わる最大のテーマは成長・変化であった。日本のメタボリズムは建築を不変の基幹部分と取替え可能な部品に分け、未来を先取りするデザインと考えた。が、未来とはその姿を決定しえないような現在における未来性である。メタボリズムは現在から未来の変化を枠づけ、過去に考えた未来を示すことになった。ルシアン・クロールによるスケルトン・インフィル (図4) も住民の手による変化と多様性をつくりだす、時間デザインとして優れた提案であったが、メタ

図1　ヘルツォーク&ド・ムーロン〈リコラ社倉庫〉1987

図2　〈パンテオン〉ローマ、128頃

図3　磯崎新〈旧大分県立大分図書館（現大分アートプラザ）〉1978

図4　ルシアン・クロール　ルーヴァン・カソリック大学学生寮〈エコール棟〉1975

図5　アルド・ロッシ〈セグラーテのモニュメント〉1965

図6　岸田省吾〈東京大学工学部2号館〉2006、撮影：木寺安彦

ボリズムに似て、その多様性も計画された枠の中での選択の問題であった。

寝殿や密教寺院など日本の伝統的な建築も、家具的な舗設によって成長・変化に対応するデザインを見せている。普段はただの「空洞」[*4]でしかない建築の内部に生活や儀礼という人間のアクティビティに応じ場が生成する。

ミースのユニヴァーサルスペースも舗設によって必要な変化に対応した。建築としてはモノが展開するニュートラルな場、無時間の「空間」でしかなかったが、舗設と一体となって初めて生きた場が生まれる寝殿や密教寺院と同様、実際は時間的様相に応ずるデザインであった。

建築の類型や型とよばれるものは、時間の彫琢が生み出した社会や集団に蓄えられた共有の記憶である。イタリアの中世都市に見る類型（ティポロジア）は、現実の多様な条件の中で長い間揉まれ、収斂していった空間形式である。旧市街地再生のための手がかりとされるとともに、以後の都市研究における方法的な基礎となった。アルド・ロッシが多用した幾何学（図5）も類型に近く、都市に刻まれた記憶を留める。単純で強度ある「かたち」は、ロッシによって都市の長く混沌とした歴史の中から抜き出され、時間のデザインとして捉え直された。クリストファー・アレクザンダーのいう「パターン」も、人間の日常的な行為が繰り返され生まれた空間の類型といえるだろう。

環境のデザインも同様な観点から見直すことも必要である。現に存在する建築はすべて「過去」につくられた「過去」の痕跡といえる。環境の中に様々な想起を導き出す多様な痕跡が重なり、かつそれが一体感ある場をつくるなら、われわれはそこに多数の時間の間を行き来できるような連続を感じられるだろう。歴史的町並みや市街、大学キャンパスの再生などでもこうした時間的連続性、即ち持続を意識した計画が進められている（図6）。

最後に、知覚と思考の運動が最も深く捉えられたデザインを見ることにしよう。A.パッラーディオ愛用の平面形式（図7）[*5]は、4世紀を経てライトやル・コルビュジエ、カーン（図8、9）といった建築家によって再解釈された。近代の建築家たちはその形式を徹底的に換骨奪胎し、そこに潜在する可能性を引きだした。時間を凝集したような形象を捉え直し、解体し、現在の視点から再編することは、過去の痕跡を創造的に継承し、現在の意味を明確に刻むという点でデザインの根源的な姿を示している。時を越えた応答であり、本来異質的なものが新しい関係にもたらされ、経験される。潜在的な時間をデザインする醍醐味といえよう。

●身体の運動

身体の運動によって生まれる意識と経験は、様々な異質的場の経験を重ねながら進むプロセス、人の動き回る過程を編成することによってデザインとなる。次々と展開する空間や場所、眺望といった眼前の場の経験の中に、様々に展開し、漂う意識や思考の流れが重ねられ、音楽の多重なメロディやリズムにも似て、持続的で豊穣な時間が織りあげられる。建築固有の経験とはそのように立ちあがるといってよい。

ル・コルビュジエ[*6]の〈サヴォア邸〉に見るような「建築的プロムナード」（「5 建築的散策」参照）、中心となる場の周囲に空間の強弱と広狭、明暗が渦巻くF.L.ライトの〈落水荘〉、ベネチアの街路の散策を愛したC.スカルパの〈カステルベッキオ美術館〉（図10）などがその典型である。コールハースの〈オランダ大使館〉（図11）でも訪れる者の視線を内外に激しく揺らしながら旋回・上昇するダイナミックな身体運動が仕込まれ、この種のデザインの最近の例となっている。

こうしたデザインは古くから知られていた。様々な場所の風景が散開し記憶がちりばめられた〈ヴィラ・アドリアーナ〉（図12）や〈桂離宮〉（図13、14）、露地を経て躙り口から極小の内部へと導かれる〈待庵〉のような草庵茶室（図15）なども同様なデザインといえるだろう。一方、モニュメンタルな建築ではそうした時間デザインの転倒した方法が利用されている。〈紫禁城〉ははるか遠方から眺められるにもかかわらず近づいてはじめてその大きさが実感できる。中に入っても壮大な空間が反復され、終わりがうかがいしれない。

単一の部屋、空間であっても、身体運動を通し次第に全貌が見えてくるような建築の経験が可能である。ゴシックの会堂（図16）においては、上方から注ぐ光の中を内陣に向かって進むにつれ、列柱の打つリズムと上昇してゆくような浮遊感が身体を満たし、様々な寓意に満ちたステンドグラスや彫刻群とともに、宗教的、あるいは超越的なものへと感覚がおしひろげられていく。建築の始まりとして「ルーム」の感覚を重視したルイス・カーンも、意図的に部屋の隅部に入口を置き、人が視線の旋回運動によって部屋を眺めるように導いた。一種の身体運動を通し「ルーム」の感覚を獲得できるよう工夫したのである[*7]。

●建築を「時空」から捉え直す

密度高く練り上げられた作品では、身体運動のもたらす意識と知覚・思考の運動のそれが相互浸透し、ひとつの経験として組みあげられている。場所ごとに展開される知覚や思考は、身体の運動、即ち身体感覚がもたらす意識や記憶によってまとまりある持続的な経験として理解される。デザインには、経験と意識のこうした流れを想起しつつ進められるプロセスが不可欠となる。それは持続の「かたち」を軸に現実を理解し、着想を形象化してゆく作業であり、「時間」と「空間」を統合する「時空」の中に建築を構想することに他ならない。

先に挙げた〈サヴォア邸〉にしろ、ライトの〈落水荘〉、あるいはスカルパの〈ブリオン家墓所〉などに知覚と思考の運動、身体の運動が編成され、織り込まれた優れた「時空」のデザインを見ることができる。

時間を通しデザインを考え直し、「かたち」を捉え直すことは、建築とそのデザインを、知覚、身体、意識といった人間の根底的な条件から捉え直すことを意味する。しかし、それでもなお、われわれが抱えている様々な課題に応えてゆけるといえるだろうか。最後に時間という視点がもつ可能性について考え、論をしめくくろうと思う。

振り返ってみると、ここ数世紀の

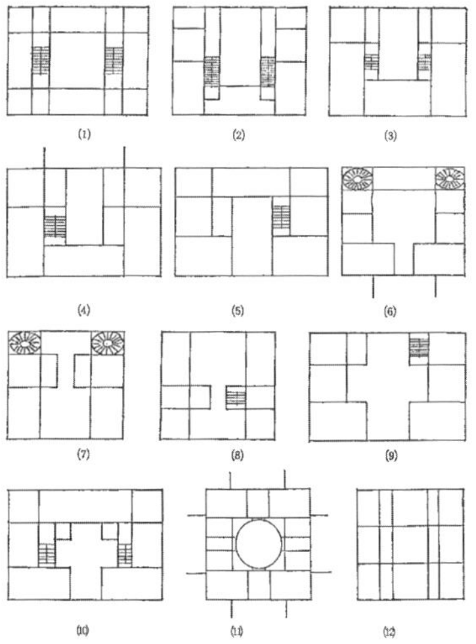

図7　ルドルフ・ウィットコウアー〈パラディアン・シェマ〉1949

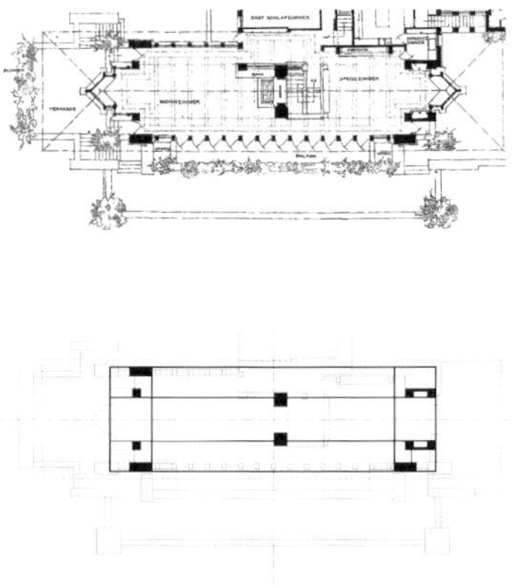

図8　〈ロビー邸〉平面図とシェマ、1909（分析図：岸田省吾、1975）

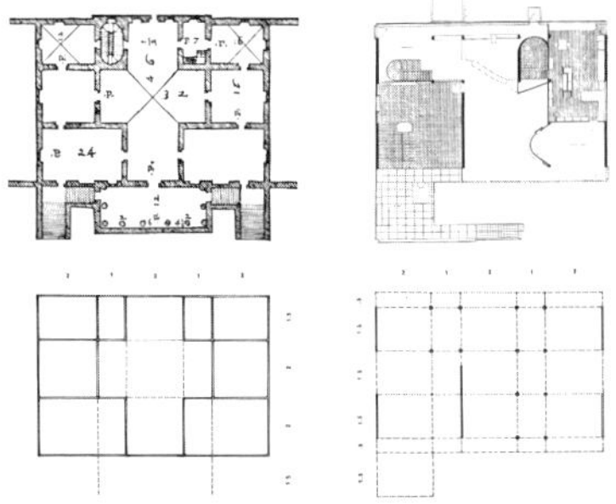

図9　〈ヴィラ・マルコンテンタ、ヴィラ・ガルシュ〉平面図とシェマ（分析図：コーリン・ロウ、1976）

図10　カルロ・スカルパ〈カステルベッキオ美術館〉1964

図11　レム・コールハース〈ベルリン・オランダ大使館〉2002

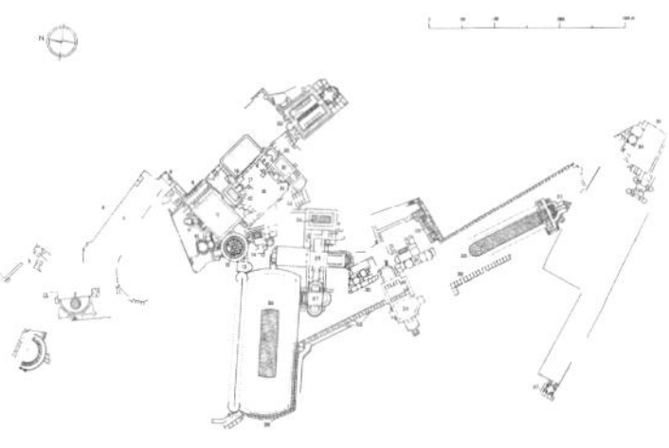

図12　〈ヴィラ・アドリアーナ〉ティヴォリ、134頃

図13　〈桂離宮〉全体配置図、17世紀

間、われわれは産業社会の現実に直面してきた。われわれは安住の地である「故郷」を追われ、膨大な数の他者が住む、際限なく広がる世界に放り出された。通信や交通手段の発達は遠く離れた場所で生起する出来事を時間差なく伝え、「時空—空間の短縮」[*8]が引き起こされた。身近なところからはるか地球の裏側まで、様々な出来事が際限なく、ものすごいスピードで生起し続けている。多くの人は世界は無限に連続する計測可能な「空間」と「時間」の上に成立していると想定するほか、混沌とし、よる辺のない世界に一定の秩序を与え、了解することができなかったのである。「無限の空間の永遠の沈黙が私をおびえさせる」(B.パスカル)、そんな世界を前に、人は恐怖を感じると同時にそれを必要としたのである。

建築では抽象的な幾何学に美が求められた。それは具体的な場所やそこに流れる時間を越えた「本質的なるもの」を表現する「かたち」と考えられ、等質で無限の「空間」を映すデザインとして理解された。「空間」は客体化されモノやコトが無際限に展開する世界を測り、認識するための基礎となり、「時間」はコトの配置を確定する普遍的な座標系となった。そんな「空間」と「時間」の中では、モノやコトは相互に何の脈絡もつくらず、至るところに意味の厚みを欠いた膨大な「没場所」[*9]を生み出した。前世紀に描かれた建築と都市像は、1世紀にわたって豊かな意味を育む環境をつくれなかったのである。

こうした状況に対し、人間が生きている実感をもちうる空間のありようが問われてきた。知覚され、意味が与えられ、経験される世界にこそ価値があり、「建築することとは、ゲニウス・ロキ（場所の霊）を視覚化すること」(C.シュルツ）といわれ、また、「空間」や「時間」に代わる言葉として「場所」や「機会」(A.ヴァン・アイク）が主張された。

しかし、われわれが生きている世界が、計測可能な普遍的な空間・時間を利用しながら成り立っていることも事実である。現代の人間は世界中で共有される空間、時間の体系と、それぞれの場所、機会で生成する世界という二重性、あるいはその二重性の間を生きている。

多くの他者と向き合い、場所と非場所、リアルとアンリアルが混在する狭間で生きてゆかなければならない現実の中でなおデザインを行うには、われわれには様々な過去が去来し、同時にすべてが決められていない潜在する未来に開かれているという感覚、現在の意識を信じることから始めるほかない。おそらく客体としての「空間」の中の「かたち」だけに目を奪われるのではなく、たえざる「運動」に身をおき、「時空」に広がる「かたち」を捉えて初めて希望が見えてくる。時間から考えることによって空間の中の「かたち」という客体の世界に接近したものを、再び人間の近くに呼び戻すことができる。

現在、世界では膨張と縮減が同時に進行している。地球上の60億の人間は、半世紀後には90億になると予想される一方、少なからぬ国で人口減少は深刻になりつつある。環境の有限性を理解し、誰もが生き生きとした生活を続けられるよう考えなければならない。建築のデザインでも「今、ここ」で美しければいいという発想も、現実を超越した理想に向けて突き進むという発想も不可能になった。われわれは与えられている環境を受け入れた上で必要に応じ組み替えてゆくような柔軟な発想が求められている。身の周りには「曖昧なもの」や「仮のもの」「古くさいもの」「すぐ消えてしまうもの」があふれている。時間の中に立ち上がる「かたち」、持続の中に生きる「かたち」を捉え、「時空」に広がるデザインを考えることによって、そうした「本質的でない」ように思える様々なモノやコトを受容し、保持し、さらには別のなにものかに変えてゆける。そうした強さをもって初めて、われわれは、激しく姿を変えてきたこの世界にふさわしい「建築」を考えてゆけるのではないか。

＊1　アンリ・ベルグソン著、田島節夫訳『物質と記憶』白水社、1999（原著1896）

＊2　ジョン・デューイ著、河村望訳『経験としての芸術』人間の科学社、2003（原著1934）

＊3　エルンスト・カッシーラ著、生松敬三他訳『シンボル形式の哲学』岩波書店、1989（原著1923）

＊4　藤井恵介『密教建築空間論』中央公論美術出版、1998

＊5　ルドルフ・ウィットコウアー著、中森義宗訳『ヒューマニズム建築の源流』彰国社、1971（原著1949）

＊6　ル・コルビジェ著、岸田省吾他訳『建築科の講義／ル・コルビジェ』丸善、2006

＊7　ユン・ドンシク『ルイス・カーンの建築作品に関する研究—軸構成と「ずれ」の手法』東京大学博士論文、2006

＊8　デヴィッド・ハーヴェイ著、吉原直樹監訳『ポストモダニティの条件』青木書店、1999（原著1989）

＊9　エドワード・レルフ著、高野岳彦他訳『場所の現象学』筑摩書房、1999

図14　〈桂離宮〉雁行する書院群と庭

図15　〈待庵〉露地（伝千利休）、16世紀末

図16　〈ブールジュ大聖堂〉13世紀

UMUTオープンラボ展レクチャー――時間の中の「かたち」・時間の中の「デザイン」

図1

図2

図3

図4

今日は、私がこれまで建築の設計を行ってきた中で感じていたことをお話したいと思います。私はここ15年ほど、建て詰まりがひどく過密状態であった東大本郷キャンパスの再生計画に参加してきましたが、その再生計画も多くが完成し、ようやく一つの節目を迎えようとしています。2007年に大学創設130周年を祝った本郷キャンパスには、東京大学の様々な歴史や記憶が幾重にも染み込んでおり、このような場所で計画に関わることができたのは貴重な経験でした。これからお話するテーマも、否応なく建築や環境のデザインにおける時間の役割に関することになります。

●建築における時間

はじめに建築やそのデザインにおける時間とはどういうものなのか、いくつかのわかりやすい例を見ながら考えたいと思います。これはマンハッタンのダウンタウンの遠景写真です（図1）。ここには今はない一対の超高層ビルが写っています。都市には無数の建物が建ち並び、人々の無数の記憶や思いが染み込んでいます。他は変わらないのにある建物だけが突然消滅するとどうなるか。ワールドトレードセンターのように確固として存在していたものが突然消えてしまったとしても、その場所にまつわる多くの記憶、そこから生まれる意味や連想などは依然として渦巻いています。「かつて存在したものの記憶や連想」は、私たちが生きる環境の中で無視しえないほど大きなものです。

建築は鉄やコンクリートといった物によって構築され、硬く、動かないものですが、それがうつろう自然と絡み合う中で、豊かな意味を生み出します。パンテオン（P.142、図2）の内部は天窓から光が差し込んできて、時間とともに内部の様相を劇的に変えていきます。堅固な建築の中に変化してゆく様相を見るとき、自然のゆっくり流れる時間が美しく視覚化されたといえるでしょう。

茶室（図2）の空間はパンテオンよりずっと小さいのですが、外に広がる世界を感じるための仕掛けがあります。構築物としての建築だけでなく、建築が世界と感応しながら生み出すものを楽しめるといえるでしょう。これも大きな意味で建築における時間的な経験といえます。

ヘルツォーク設計の製菓工場の外壁では、コンクリートの表面に雨水の筋が残るという仕掛けを施しています。普通、雨水は樋で集めて壁を汚さないようにしますが、天候の変化を逆手にとってデザインにしたわけです。同じ建築家が設計したバーゼルのシグナルボックス（図3）では、電磁波シールド用の捩った銅板リボンで建物を覆っています。見る角度によって表情が大きく変わり、また時間が経つにつれて錆びて色も変わってきます。天候や腐食など自然現象に感応する建築です。

カルロ・スカルパの建物は、歩き回ることで次第に変化する風景を楽しむ空間的な仕掛けといえます。ブリオン家霊廟（図4）では、エントランスや霊廟、草地や池などが連続的に配置され、歩むにつれ転換する風景に思いがけない驚きを感じます。完成当時はきれいだったコンクリートも、今となっては染みや汚れがつき、植物が繁茂し、自然の力の中で変容しています。

●変わるもの、変わらないもの

こうした変化や時間に関わる経験は、周囲の安定した環境や確固として存在する建築の存在感など、変化しない、安定したものがそこにあるということが前提になります。変化する様相は変化しないものがあって初めて現れ、それらが共存して初めて得られるということです。

いくつかの例を続けましょう。ミース・ファン・デル・ローエの設計したイリノイ工科大学内のクラウンホール（図5）は、最小限の要素で構成された巨大な一室空間です。ここでは使い方によって空間の仕切りは変わりますが、空間全体の見え方はあまり変わりません。変化の要因に対する関与を最小限にしながら、変わる様相よりも変わらない様相にデザインを集中し、それを醍醐味としたのです。

ルシアン・クロール設計による学生寮（P.143、図4）では、ストラクチャー／インフィルという、変化を積極的にデザインにする方法が提案されています。柱、床などの基本的な構造は建築家が設計し、窓や間仕切りなど二次的な要素は住人が選択できるのです。変化への欲求を巧みに生かしたデザインといえるでしょう。

アテネのパルテノン神殿のように、どんなに堅固な素材を使おうとも、建物はやがて風化し、壊され、崩れていきます。多くの人はこの廃墟になった建物を見て、変わることのない価値を見出します。イギリスのロールスロイスのデザイン（図6）を見ると、数千年の時を越え価値を保つデザインが存在することがわかります。技術の進歩を楽しむと同時に、不変の価値を共有しているのです。

ギザのピラミッド（図7）の表面はもともと平滑な石で仕上げられていましたが、風化し、あるいは剥ぎ取られたりして、今はほとんどが失われてしまいました。古代ギリシャ神殿と同様に、荒れ果てた今の状態からも、われわれは、古代エジプト人が望んだであろう永遠性を見出すことができます。

ピラミッドを用いた現代の見事なデザインが、ルーブルのガラスピラミッド（図8）です。ルーブルがエジプトのコレクションを多く所蔵し、エジプトと深い関係にあることを見事に形にしたデザインです。ピラミッドの形式とガラスやステンレス鋼材を用いた現代技術とを融合させ、周囲のバロック建築と鮮やかなコントラストを作り高め合っています。

アルド・ロッシ設計の記念碑（P.143、図5）では、単純な幾何学形を生の形で用いています。単純な形はわかりやすく、時代にかかわらず人々が様々な意味を読み取ってゆけると考え、還元的で単純な要素を使うことで逆に環境は豊かになるというわけです。私たちは時間とともに変わる要素と変わらない要素の両方を享受しながら生きているのです。

●見ること、動くこと

建築や都市を経験するときに二つの様相があります。一つは、ある場所で空間がもたらす感覚、連想や記憶などによって広がる意識を経験すること、もう一つは、動き回ることによ

図5

図6

図7

図8

図9

図10

図11

って変化する場を記憶しつつ空間を理解してゆくことです。単純化するなら、見ることと動くことといえるかもしれません。

フランスのブールジュ大聖堂では、戸口に立って見ると、色彩あふれる装飾や光で満たされた荘厳な空間が現れます。そこから内陣に向かって歩みだすと、柱やステンドガラス、リブヴォールトなど周囲の物が動きに合わせリズミカルに変化してゆきます。実際は、二つの様相は渾然一体となり、時間の中で生成する経験のダイナミックな性格をつくっているのです。

レム・コールハース設計のベルリンのオランダ大使館（P.145、図11）では、エントランスから建物の中を巡る一連の通路を上ってゆくと最上階までいけます。通路を上がる途中、様々な風景や空間の様相が現れ、訪れる人を楽しませてくれます。

ル・コルビュジエは、初期から身体性を設計に生かしていました。開けた草原の中に建つサヴォア邸（図9）では、敷地を通って建物の入口にいたるプロセスや、暗いピロティーからスロープで次第に明るく開けた屋上まで上がるプロセスなど、動くにつれ場が展開し楽しむことができます。

コルビュジエが、こうした「建築的プロムナード」を構想する上で影響を受けたものにハドリアヌス帝のヴィラ（P.145、図12）があります。そこでは皇帝の思い出に残る様々な場所や建築が再現され、歩き回ることによって空間がドラマティックに展開してゆきます。コルビュジエはこのヴィラの経験を通し、「プロムナード」の意義をはっきりと自覚したのではないでしょうか。

日本の桂離宮（図10）も、ハドリアヌス帝のヴィラと同様、様々な場所と景色が組み合わされ配置されています。書院は雁行型の配置をしており、角を巡るたびに異なった庭の風景が展開します。構成された空間を巡っていくことによって体感できる様相がここにあります。観月に興じ、舟に乗って道行きを楽しむ仕掛けもあります。八条宮家の人々は、建築と庭、自然の表情を楽しむ方法をよく理解し、創意を重ね、それを展開したのです。

千利休の残した茶室待庵は、桂で見たような経験を凝縮した極限といえるでしょう。座敷から角を曲がって躙口に至る、ほんの数メートルの路地（P.146、図15）を進んでゆく中で、心が次第に高揚してゆくといわれています。内部は客の身体を包み込むように柱梁が土で塗り固められ、一方、暗い室内に開けられた小さい明かり障子を通し、外の世界の気配が感じられるように意匠が凝らされているのです。

対照的な例として、北京の紫禁城があげられるでしょう（図11）。北京ではあらゆるもののスケールが大きく、紫禁城のような宮殿では、1本の軸を巡って同じような建物が何度となく現れます。いくら進んでも風景が全く変わらないような錯覚すら覚えます。10億を超える人口や様々な民族を統合するためには、国家の中心を占める建築には強烈な形式が求められるのです。これは昔も今も変わりません。中国の人々にとって建築とは、変わらない、永続する様相こそが重要なのです。

●東京大学本郷キャンパスとその再生

空から見る東京大学本郷キャンパスは、稠密な市街地の中に浮かぶ別世界のようです（図12）。このキャンパスは広々として余裕があるように見えますが、何度か大きな危機を経験しています。一つは大正12年の関東大震災で、もう一つは昭和30～40年代の高度成長期です。それまで比較的余裕があった本郷キャンパスも一気に過密状態に陥りました。

海外の歴史あるキャンパスを見ると、大学で最も大切な場所とは、立派な講堂でも図書館でもなく、建物が建っていない空地―オープンスペースではないかということです。例えばパリ大学ソルボンヌ校（図13）では、最も古いソルボンヌチャペルですら5世紀ほど前の建物であるのに対し、中央の中庭はソルボンヌ大学800年の歴史の中でほとんど位置も大きさも変わっていません。大学の中心に位置し、あらゆる出来事を見つめてきた場所といえます。

ケンブリッジ大学の多くのカレッジでは、クワドラングルと呼ばれる四角形の中庭（図14）が今なお学園生活の中心であり、数世紀にわたってその形が維持されてきました。アメリカでも、イギリスの大学以上に外部空間が重視されています。シアトルのワシントン大学では、広大な広場をなすオールドクワッド（図15）が、周囲の古い建物以上に多くの人々の記憶に残る場所となっています。

ケンブリッジやソルボンヌに共通しているのは、建物のつくられた時代はバラバラでも、オープンスペースは長い間にわたって受け継がれ、様々な時代の痕跡や記憶が刻まれているということです。

明治時代、創設期の東京大学では、イギリス人建築家のジョサイア・コンドルなどが設計したゴシックスタイルの建築が建ち並んでいました。そのほとんどが関東大震災によって失われましたが、道路や広場といったオープンスペースは今日まで変わることなく受け継がれてきたのです。

震災後、後に総長となった内田祥三が全体構想をまとめ、建築の形式や階数などが揃った統一的なキャンパスが完成します（P.24、図1）。内田は並木道と広場を組み合わせ、オープンスペースのネットワークをつくりました。ことにキャンパスを南北1キロにわたって貫く欅並木の道を構想したことは、驚くべき慧眼といえるでしょう。巨大なキャンパスを統合する背骨となっているからです。後に見るように、この緑道を整備し直し、いくつかの広場で植栽やベンチを整え、人が憩い楽しめる緑のオープンスペースをつくりました。キャンパスに重ねられた時間を身近に感じ取れるようになればと思います。

●オープンスペースのネットワーク

こうしたことを思いながら、本郷キャンパスでは、建物が建つたびにオープンスペースのネットワークが成長するようにできないか考えました。巨大なキャンパスの広場や道を一挙に整備することは難しいので、新しくつくる建物の中にオープンスペースを内包させ、時間をかけ成長し、育ってゆくキャンパスです。ここ15年、キャンパスでは大小様々、実に多くの建物が建設され、日夜、膨大な数の研究者や学生が活動を繰り広げています。とかくバラバラになりがちな巨大大学では、「一つの大学の中で学び、

図12

図13

図14

図15

図16

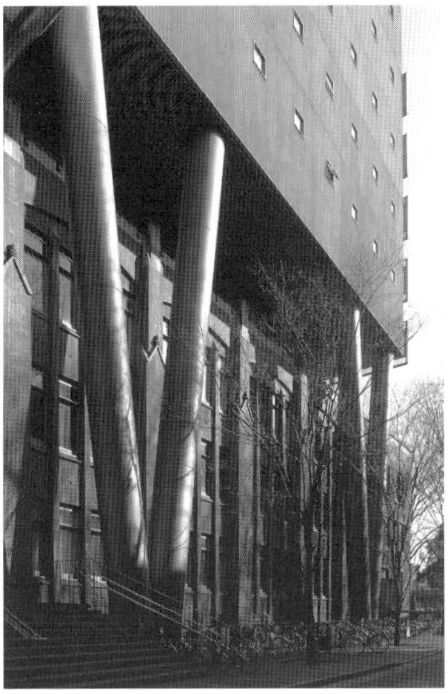

図17

図18

働いている」という意識が共有されることが、きわめて重要です。オープンスペースのネットワークは多くの記憶を刻みながら育つことによって、そうした一体感を実感させる空間的な装置となります。

いくつか例を見ていただきます。浅野キャンパスにある武田先端知ビルは最先端研究のための研究室―レンタルラボを集約した建物ですが（図16）、住宅街に面した部分は黒いルーバーで覆い表情を和らげる一方、最上階の国際会議場では工学部キャンパスが見えるように片面を全面ガラスとし、メインキャンパスとの一体感を実感できるようにしました。学内側では屋外の広場を垂直に立ち上げ室内化した「立体広場」を提案しています。建て込んだ浅野キャンパスで考えた苦肉の策でしたが、様々な分野の人が雑居するビルだからこそ、日常的な出会いを通し情報をやり取りする「広場」が必要と考えました。研究室はフレキシビリティを徹底し、建物の長寿命化を図りました。

工学部新二号館は、私が参加した計画の中で最も困難なものでした（図17）。本郷キャンパスの再生計画の目的は、歴史的環境の継承と最先端の教育研究施設の実現を両立させることです。震災前に建てられた二号館旧館を保存しつつ、構内最大の校舎として求められた膨大な床面積を実現することは容易ではありませんでした。もはや要求された増築を旧館上部に浮かべるしかないと考えたのも、そうした状況があったからです。低層部は透明感のあるデザインとし歴史的環境の連続性を断ち切らないように配慮しました。旧館の光庭を転用したフォラムは、建物内のオープンスペース・ネットワークとして初めて本格的に実現できたものです。建物が完成して考えるに、キャンパスに残る歴史的な環境と建築を生かすには、建物の上空を利用するこうした建築形式が結構、使えるのではないかということです。

改修は、既存建物をより快適に使うためにも行いました。地下にある中央食堂（P.58）は音が響く騒々しい場所でしたが、吸音を徹底し落ち着いて話もできるような場所になりました。塀やサインボードも、キャンパスの環境をつくる大切な要素です。古いものも利用し、新たにデザインし直しています。言問通り沿いの塀は赤とベージュのグラデーションのタイルで仕上げました。本郷通り側の赤レンガ塀と、東側の震災後につくられたベージュ色の塀をつなげようとしたのです。キャンパスに刻まれた様々な時代の痕跡を応答し、考えたデザインです。

オープンスペースの計画で最も重要なことは、キャンパスの「グリーンスパイン」―緑地軸を整備することです。キャンパスを南北に貫くこの緑道があれば、おそらくキャンパスがその一体感を失うことなど考えられません。大学創設130周年を迎えた2007年、緑地軸の舗装を整え、ベンチ等を置きました。以前から欅並木はライトアップされていて、夜の景観も意識した整備が進められています。これらに合わせ、工学部一号館前の広場（図18）では、灌木を整理して芝生を植えました。天気のよい日には寝転んだり、談笑したりする人でいっぱいです。

本郷キャンパス外でもいくつかの建物が完成しました。一つは私が携わった改修計画で最も古い建物、旧医学部本館（図19）の改修です。小石川植物園に移築されていたものを、総合研究博物館小石川分館として再生しました。改修では、擬洋風建築の特徴である和小屋を内部から見えるようにしました。「現状を前提にしてどうデザインしていくか」、今後の建築・都市の姿を考える上でも重要な課題と思います。

新キャンパスに建つ柏図書館（図20）では、原広司先生の「町と大学を区切らない」というマスタープランの考えを受け継いでいます。1枚の巨大な屋根で図書館全体を覆い、壁はガラス張りとして透明感のある建物にしました。2階にあるメインの閲覧室にはバルコニーテラスを設け、1階には商店街に見立てたメディア・プロムナードを通し、賑わいある風景をつくろうとしています。

最後に、本郷の新学生センターと山中寮内藤セミナーハウスに触れておきます。御殿下の百周年記念館（図21）は芦原義信先生が戦前の運動施設を改修・増築し近代的なジムに変えたものです。新学生センターはその一部を改築するもので、芦原先生が外部空間のデザインを重視したことにならい、モールを保全し、多くのテラスをつくるとともに、戦前の建物を極力残し、古い表情が新しい表情へと自然につながってゆくように考えました。時間の対比ではなく連続的な変化を生み出すようなデザインです。

山中寮内藤セミナーハウス（図22）は、富士山を望む豊かな自然環境の中で密度高いコミュニケーションの場を提供しようとする建物です。建物は林の中に三つの棟がつなげられたように展開し、その山小屋のような内部には、風と緑の光を感じながら議論できるような窓辺の席を随所に用意しました。本郷とはまた違ったゆったりとした、充実した時間を経験していただけるのではないかと思います。

キャンパスという環境は、様々な過去のいろいろな人たちの営為が膨大に重なってつくり上げられています。ここでは未来に対するいろいろな思いも描かれています。大学の建築をデザインするには、建物とオープンスペースが一体となりつくる環境、それも時空に開かれた環境を考え初めて可能になります。建築のデザインは機能、構造など様々な条件を総合し、一つの形としてまとめてゆくことですが、大学の計画に携わってみて、そうした理解では限られたことしかわからないと思うようになりました。本当に大事なことは自分の眼と身体の感覚を通し、はじめて見えてくる、そんな実感をもちえたことが収穫であったと思います。（2008年11月7日レクチャーより）

図19

図20

図21

図22

III

海外大学の事例

大学キャンパスの調査は、
欧米（フランス、ドイツ、イタリア、イギリス、オーストリア、
スイス、スペイン、ポルトガル、ベルギー、オランダ、フィンランド、
スウェーデン、チェコ、ギリシャ、トルコ、アメリカ）の16カ国と
アジア（中国、台湾、韓国、タイ、シンガポール）の5カ国、
80以上の大学に及ぶ。
ここでは『大学の空間』で取り上げた
キャンパスから代表的なものを選び再録した。
当時の調査を現時点から振り返って、
新たにコメントを付けている。
巻末の同スケールのキャンパス配置図を作った時、
東大の本郷キャンパスが小さく見え驚いた記憶がある。

都市に織り込まれた大学／ボローニャ大学

街路を彩るコロネード。休み時間には、学生で溢れる

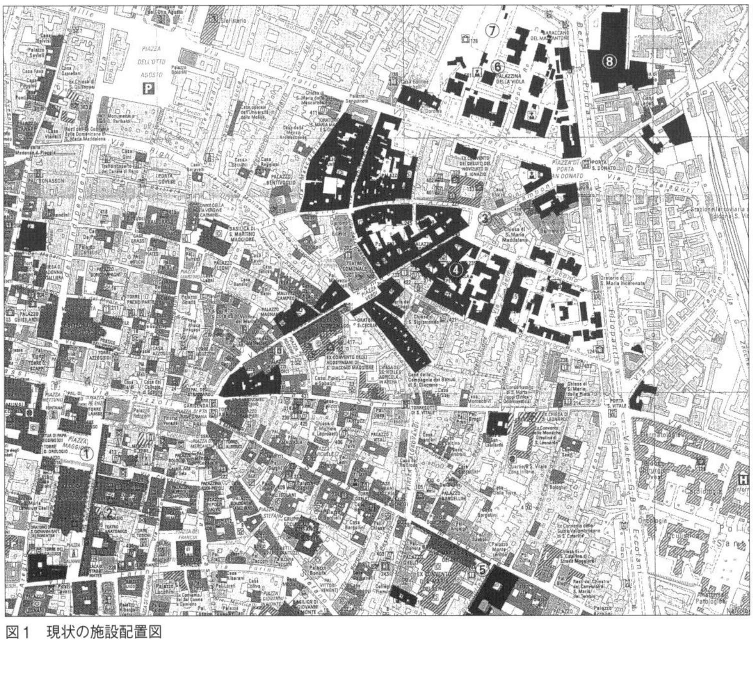

図1　現状の施設配置図

0　100　200　300 m

①マッジョーレ広場
②パラッツ　ォ・デル・アルキジナシオ
③サンボーニ通り
④パラッツォ・ポッジ
⑤パラッツォ・ヘルコラーニ
⑥パラッツィーナ・デラ・ビオラ
⑦キャンパス型大学
⑧新理工学部キャンパス

University of Bologna
ボローニャ大学
所在地：Bologna, Italy
創立年：11世紀
学生数：60,000人（1993年）
教職員数：1,600人（1993年）
学部構成：法、政治、経済・商、統計・人口、文・哲、医、数・物理・理、工業化、薬、工（建築）、農（林・動物）、獣医、他

パラッツォ・ポッジ内の旧図書館閲覧室

パラッツォ・ポッジの改修で設定された公共的な「モニュメンタルな軸」

図2　パラッツォ・ポッジの現状平面図

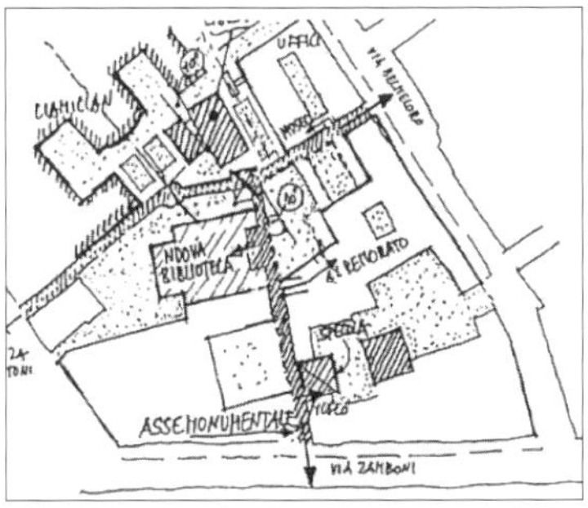

図3　パラッツォ・ポッジの改修計画における空間の骨格を示す概念図。中央を貫くのが「モニュメンタルな軸」

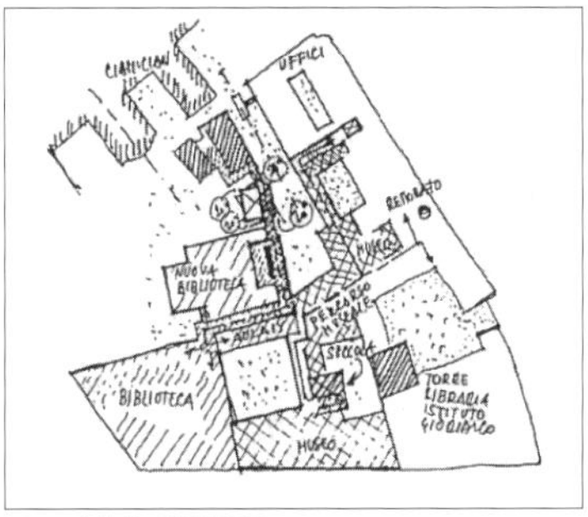

図4　改修前の施設配置

世界最古の大学として、またキャンパス計画に携わる者すべてが立ち返るべき大学空間の原点として、ボローニャ大学はパリ大学と並んで不動の位置を占めている。しかしながら中世以来、現代へと時間が経過する中でその空間は、他の多くの大学同様に時代の要請による様々な変化を受け入れながら今日に至っている。

今も街中に残るポルティチが象徴するように都市空間そのものが大学空間であった時代。市の中心であるマッジョーレ広場に近いアルキジンナジオ宮が建てられ、大学が独自の建物を所有するようになった時代。大学近代化の流れの中で学問領域の拡大や学生数の増加に伴い、郊外にアメリカ的なキャンパス空間を形成した時代。そして、1960年代に着手されたボローニャ市の都市再生計画の一環として大学施設の再編が位置づけられ、大学空間が再び都市と密接な関係をもつようになった時代。

遍歴学徒という言葉が示すように中世においては教師や学生は知的好奇心の赴くままに都市から都市へと軽快に移動した。学徒のこのような放浪癖はそのまま、学徒の集団である大学にも反映された。すなわち、大学自体が都市から都市へと軽快に移動したのである。そして、大学がある都市に腰を据えることで学都と称される大学都市が誕生した。同時にタウンとガウンという言葉が示すように、異邦人の集団である大学と地元住民はしばしば対立関係に陥ったりもした。対立の原因は下宿の家賃や書籍の値段の査定、大学の裁判権といった都市と大学との間でかわされる契約の内容から、個人レベルの喧嘩まで様々であった。そして、交渉が決裂すると大学は集団退去という強硬手段によって他の都市へと移動した。

このように都市と大学とは常に緊張関係にあったが、同時にその関係は相互依存的でもあった。不動産をもたなかった大学は都市に寄生していたし、都市もまた人材育成、経済効果、名声の点で大学に依存していた。ル・コルビュジエはアメリカの大学キャンパスを「緑の都市」と呼んだ。* それはキャンパスの成立によって都市と大学との相互依存関係が解消されたことを意味していた。そして、一時期この自足的空間を指向したボローニャ大学はかつての記憶を呼び覚まし、キャンパスを飛び出して再び都市との相互依存関係を築く道を選んだのである。

（岩城和哉）

＊Le Corbusier, "When the Cathedrals were white", 1964

歴史を重ねるクワドラングル／ケンブリッジ大学

St.ジョーンズ通りよりSt.ジョーンズ・カレッジのゲートを見る

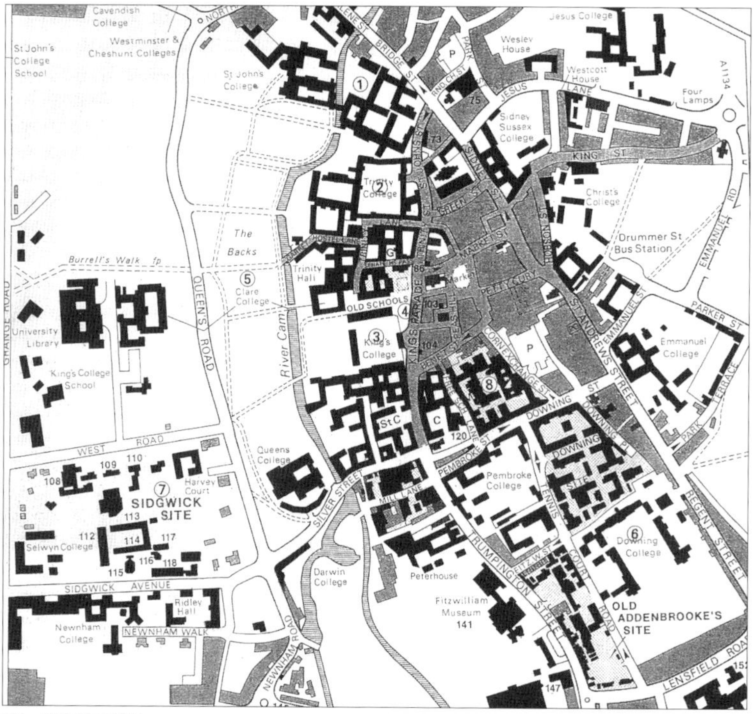

図1　1994年の地図

①St.ジョーンズ・カレッジ
②トリニティ・カレッジ
③キングス・カレッジ
④トランピントン通り
⑤バックス
⑥ダウニング・カレッジ
⑦シッグウィック・アベニュー・サイ
⑧ニュー・ミュージアム・サイト

University of Cambridge
ケンブリッジ大学
所在地：Cambridge, U.K.
創立年：13世紀初頭
学生数：14,000人（1992年）
教員数：1,260人（1992年）
学部構成：建築美術史、古典、神、英語、近代中世言語、音楽、東洋、政治経済、教育、歴史、哲、社会政治、工、地理地球、数、物理、考古人類、生物、臨床医、薬、獣医、科学史科学哲学、土地経済

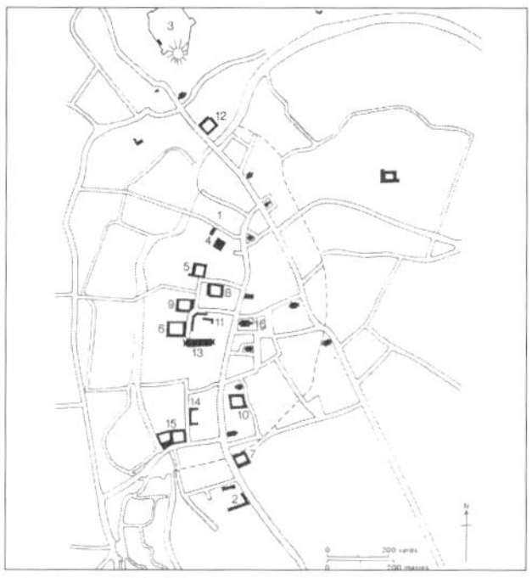

図2　15世紀頃。トランピントン通りとケム川の間にクワドラングルの形式をもったカレッジが発生している

トリニティ・カレッジのファースト・クワドラングル（グレートコート）

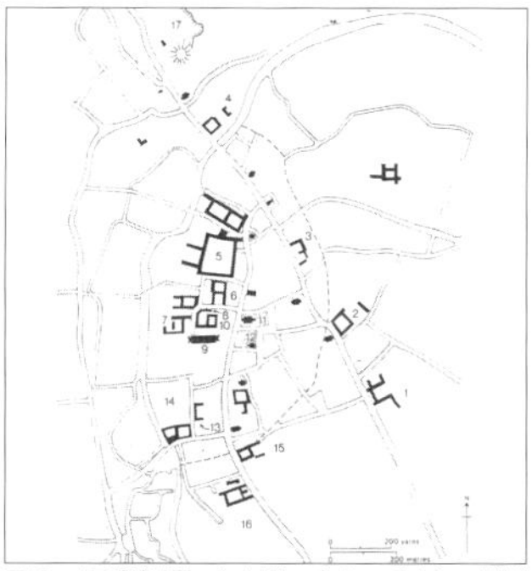

図3　17世紀頃。ケム川へ向かってカレッジが伸長し、トランピントン通りに面した土地を取得している

St.キャサリン・カレッジ。現存最古のクワドラングル

St.ジョーンズ・カレッジ。ファースト・クワドラングルのチャペル

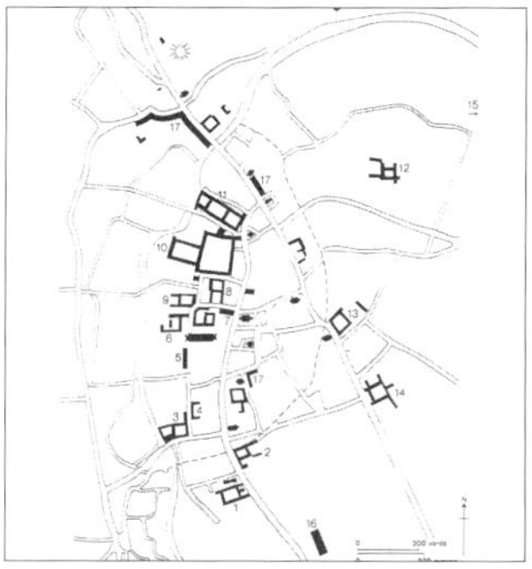

図4　18世紀頃。トリニティ・カレッジ、St.ジョーンズ・カレッジの成長が分かる

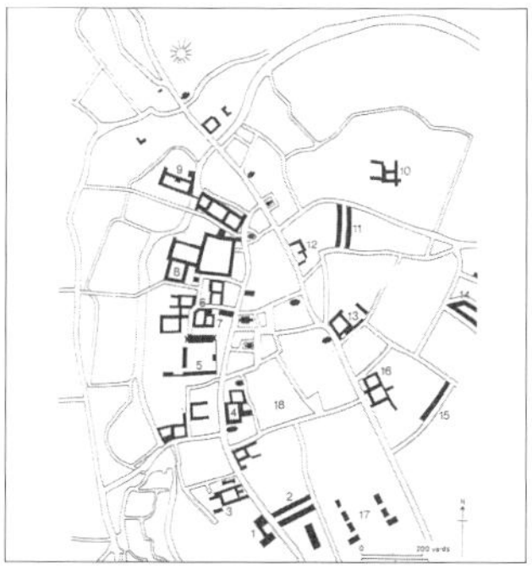

図5　カレッジの急速な拡張。ダウニング・カレッジが新設され、既存のカレッジの成長も進んだ

ケンブリッジ大学を初めて訪れたのは、高校2年生の時だったと思う。観光目的でふらりと立ち寄ったという感じであった。イングランドの気持ちよく晴れた春の一日。数時間の短い滞在であったが、ケム川の澄んだ水面にきらきらと光る陽光とそこに架かる溜息橋や数学の橋、信じられないほどの丁寧さで刈り込まれた川辺の緑の鮮やかさ、トリニティ・カレッジだっただろうか、重々しいゲートの先に現れた光溢れるクアドラングル、そしてそこを軽快に行き交う学生たち…今も全てが鮮明な記憶として脳裏に焼き付いている。いったいこの奇跡の様な場所はどうやって生み出されたのだろうか？ 建築を志す前の私にとって、大学は塀に囲まれた大きな学校といったイメージでしかなく、都市と一体になったケンブリッジ大学が、そんなイメージからかけ離れていた故の驚きもあったのだろう。しかし、ケンブリッジ大学と同様の歴史的、立地的背景を持つオックスフォード大学には強い印象が残らず、結局、ケンブリッジ大学で感じた奇跡は、私の中でそのまま奇跡として記憶されることになった。

時を経て東京大学工学部建築計画室で大学空間の調査研究に加わることになり、迷わずケンブリッジ大学の調査を希望したのは、高校生の時に見た奇跡をもう一度自分の目で確かめたいという気持ちからであったと思う。

そしてさらに15年の時を経た今、ケンブリッジ大学での体験を思い起こすと、そこで感じた奇跡を自らの創作を通して今も夢想しているのではないかという気がして来る。クアドラングルという単純な形式は、8世紀間の永きにわたり実に多様で豊かな場を生成し続けて来た。しかし、クアドラングル自体は13世紀当時の時代背景から偶然発生したものであり、今我々が知っているカレッジ空間も、はっきりとした計画概念に従って生成したものではない。むしろ、それは一義的には定まらない、常に事後的に発見され、既存のコンテクストと結合しながら新しい文脈へ刻々と読み替えられて来た場の集合体であり、必然性に支配されない場の生成プロセスは、そこに既に在った「他者」をどう取り込み得るかということを契機としていた。

「他者」は時に設計主体の意図とは無関係に、計画という窮屈な概念からはみ出していく。私が今思うのは、このはみ出しこそが空間の奇跡を生み出すのではないかということであり、創作を繰り返す上でいつも夢見ていることでもある。　（駒田剛司）

宮殿形式の変容／ベルリン工科大学

植栽やグランドカバーが美しい南側キャンパスの中庭

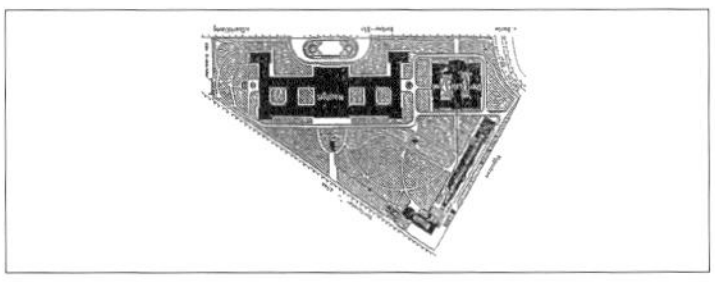

図2　1894年。創設時のキャンパス

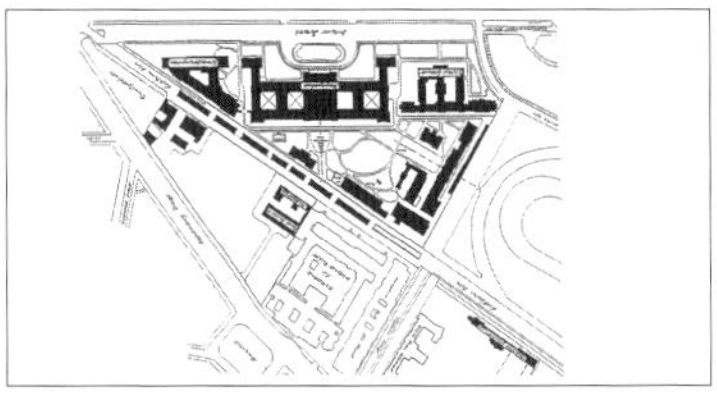

図3　1925年。芸術学校（右下）を布石に南へ進出

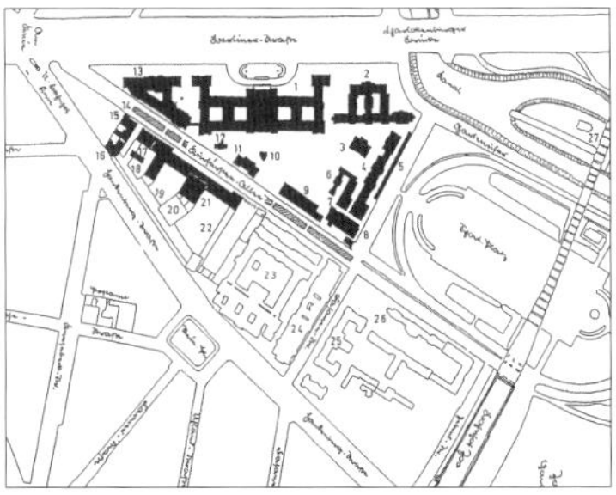

図4　1939年。ほぼ現在の姿に近いが、まだ1つの街区とはなっていない

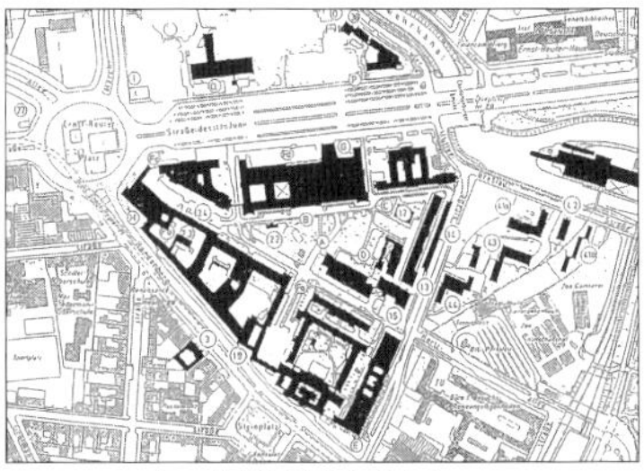

図5　1960年。北側に進出を始める

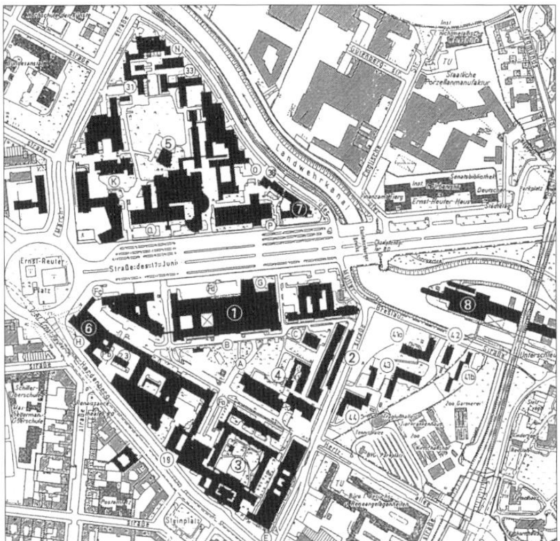

①中央棟
②機械学科棟
③芸術学校（南側キャンパス）
④戦災で破壊された中央建物の柱
⑤保存建物の一つ
⑥管理棟
⑦芸術学校（北側キャンパス）
⑧流体実験棟

0　100　200　300 m

図1　1995年現在のキャンパス。キャンパスは6月17日通りをはさみ、南北に分かれて広がっている。通り沿い南側に中央棟が建つ

Technical University of Berlin

ベルリン工科大学

所在地：Berlin, Germany

創立年：1799年（建設学校）

学生数：38,363人（1992年）

教職員数：5,300人（1992年）

学部構成：人文・歴史、社会科、数、物理、合成・分析化、物理工、物理・応用化、建設・測量、建築、プロセス・エネルギー、開発・生産工、交通、食物・生物工、農、国際農村開発、鉱業・地球、材料、経済、電子工、情報、環境、教育、乱流研究所

北側より見た中央棟。大学のシンボルである

南側キャンパス中庭。戦災で破壊された中央建物の柱はモニュメントとして保存されている

1932年に建てられた物理学棟

北側キャンパス中央の保存建物。建物群が周囲を取り巻いている

ベルリンの中心、ブランデンブルク門から6月17日通りを西へ行くと両側に広大な駐車場が広がり、リボンウインドウの高層建築群に囲まれる。道を間違えてどこかの敷地に迷い込んだのかと思わず錯覚してしまう、強い一体感が漂っている。ドイツ有数の学生数を誇るベルリン工科大学は通りの南北に並ぶ、中庭を囲む2つのキャンパスからなる。その成り立ちと性質は大変興味深い。

大学は通りの南側に建てられた宮殿形式の中央棟から始まる。産業革命以降の工業化社会で高まる工学教育の需要を担うべく皇帝の命により設立され、知の殿堂という帝国の首都を飾るモニュメントとして位置づけられていた。このネオバロックの建物は中央部こそ戦災により近代的な建物として再建されているが、左右対称で正面性が重視された様式通りの形式性を持つ。左右に並ぶ2つの建物も同様で、背後の不整形な土地は単なる残余の裏庭に過ぎなかった。しかしその背景とは逆に、早い段階でこの残余空間を利用した自律的な変革を示すようになる。ほどなくして街区の南東側に機械学科棟が建設されたが、これは宮殿形式でこそあれ街路には背を向け、裏庭へ正面を向けている。また中央棟東隣の化学科棟の増築も中央棟と裏庭の輪郭を揃える形で行われ、裏庭はキャンパスの中心としての中庭へ変貌を見せ始める。それぞれの建物に左右対称性と表と裏という様式的な図式こそ確保されているものの、それらが集まって作り出す中庭は歪な形状で、その特質とも言うべき軸性や対称性は微塵も見受けられない。宮殿形式はこのベルリンの都市という立地条件の下では増床という運用上の変化を受け入れることが出来ず、キャンパスを一体的なものとして解釈するには中世的な集落とも言える囲みという図式を導入せざるを得なかったのである。それでもこうして誕生した新たなシステムは施設の拡張を繰り返しながら補填、強化され、また部分的には更なる展開も見せる。やがては隣の街区までも呑み込んだ一つのキャンパスを形成し、その完成により発展を終了する。

一方、北側キャンパスは学生数の増加した1950年代末から60年代のほぼ10年間に開発された。こちらも当初は私有地であり、また既存の建物を利用しつつ行うという制約もあったが、大学の建築学部の協力も得てマスタープランを作成し比較的短期間にそのほとんどが建てられた。出来上がったキャンパスは街区に沿って建物が並び、中央に中庭を囲い取るという南側と同様のものであった。ただ全ての建物は6月17日通りに平行で庭も比較的矩形に近い整った形をしていること、一つ一つの建物は高さや壁面が不揃いでより独立した輪郭が与えられていることなどの違いがある。南側ではその完成により一旦発展を終了したシステムがここにその囲み自体を反復するという新たな展開を見せたのである。これによって中庭の囲みのみならず、2つの囲みがどのように相互作用するのかという一段大きいスケールでの解釈にも着目される。現時点ではその誕生より大きな変化は見られないが、今後の展開は興味深い。

かつて大学は分野の異なる専門学校が寄り集まることから始まり、人文科系の学部も設置されて総合大学へと変化してきた。科学の進歩や時代の流れにより専門分野自体も変化してゆく。それらを統合し一体性を確保することは大学にとって本質的な課題であり、その空間として共に発展してきたキャンパスの宿命的な課題でもある。　（柴田 進）

コロニアルの伝統と成長するシステム／ハーバード大学

オールド・ヤード。ジョージアン、ネオ・ジョージアン、フェデラルなどの建築群が展開する。右よりユニバーシティ（1815年）、セイヤー（1869年）、ホルワーシー（1811年）、ストートン（1804年）の各ホール

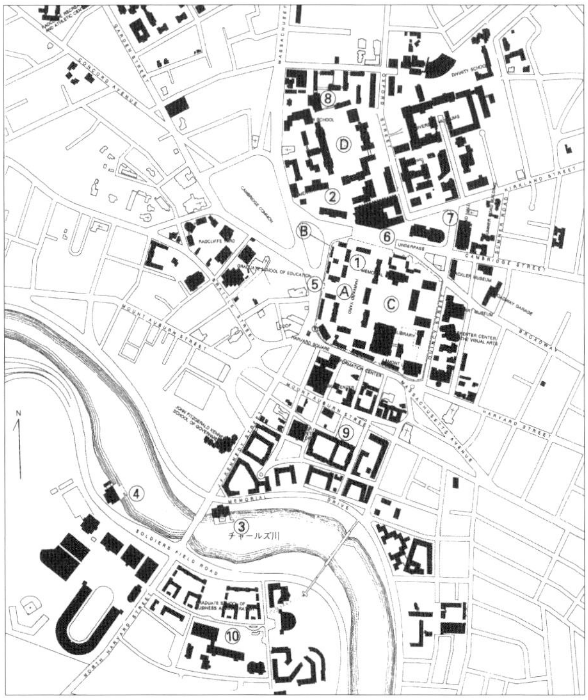

図1　現在のハーバード

Ⓐオールド・ヤード
Ⓑハーバード・ヤード
Ⓒニュー・ヤード
Ⓓノース・ヤード

①ストートン・ホール
②オースチン・ホール
③ウェルド・ボートハウス
④ローウェルボートハウス
⑤ジョンストン・ゲート
⑥サイエンスセンター
⑦ガント・ホール
⑧グラデュエート・センター
⑨ローウェル・ハウス
⑩ビジネススクール

図2　18世紀初頭のハーバード。原初のオープン・クワッド。右よりマサチューセッツ（1718年）、ストートン（1804年）、ハーバード（1764年）の各ホール（ウィリアム・バージスの版画、1726年）

Harvard University

ハーバード大学
所在地：Cambridge, Massachusetts, U.S.A.
創立年：1636年
敷地面積：380acres
（ケンブリッジ－ボストン地区）
学生数：18,741人（1994年）
教職員数：2,065人（教員のみ／1994年）
学部構成：ハーバード・カレッジ、ラドクリフ・カレッジ、文理学院、公衆衛生、行政、デザイン、教育、経営、公開講座

ノース・ヤード。右手に法学部のラングデル・ホール（1906年）とジェファーソン・ラボ（1882年）。前者はマッキム・ミード・ホワイトによる。ローマン・リバイバル・スタイルは結局ハーバードには根付かない

ローウェル・ハウス（1929年）。チャールズ河畔のいわゆるリバーハウスの中でも特に優美な建物である

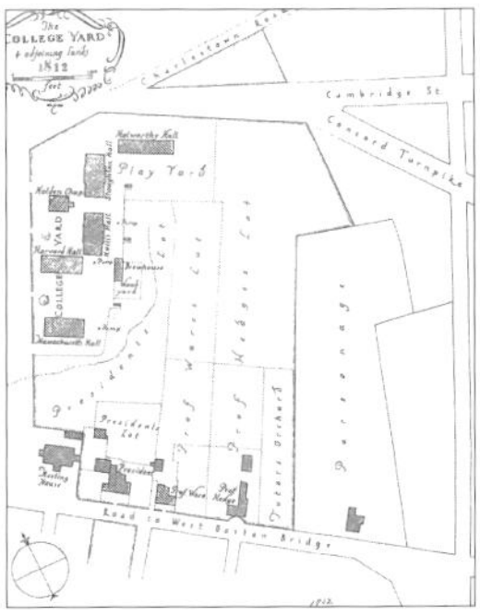

図3　1812年。2つのオープン・クワッドが並ぶ。既に最初のストートン・カレッジは壊され、背後に展開するクワッドの一部（ホルワーシー・ホール）が見える

図4　1887年。19世紀末になると、ハーバード・ヤードでは大小のオープン・クワッドが展開し尽くすが、ノース・ヤードでは外周道路沿いに建物が並び、中央は「運動場」という裏の空間。クワッドのまとまりは見られない

図5　1938年。チャールズ川の南北地域も含め、現在のハーバード大学の空間の骨格はほぼすべてできあがる

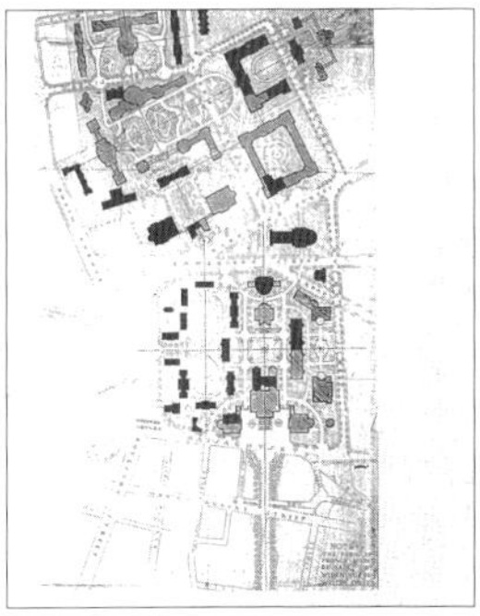

図6　オルムステッドの全体配置改善の提案。1896年。既存の緩やかに揺らぐ配置の建物に増築し、例外を許さず全てを軸対称にする

アメリカの由緒あるキャンパスを巡る時、積み重ねる歴史や建学の精神を大切にするという大学の覚悟が、静かに熱く伝わってくる。

ハーバード大学の歴史は、アメリカ合衆国の建国より古く370年を超える。オールド・ヤードでは、大きく育った木々が四季折々の表情を見せ、その足元に編まれた小径を、学生達は足早に、訪問客はゆったりと、行き交う。大学の歴史には、ケンブリッジという街の歴史、更にはイギリスから新天地を求めてボストンに近い港にやってきた開拓者達のその後の歴史が重層している。故に、大学はそれらを継承する使命をよく受け止めているし、一方、街も、志高き大学と同じ空気を吸ってその一部となることを望んでいるかのようだ。

17世紀初頭、開拓すべき荒野に構えられた原初の大学空間は、祖国にあるケンブリッジ大学のカレッジへの憧憬を秘めつつも、守られ囲い取られる中庭空間ではなく、街に向かって開かれその風を感じられる緩やかな囲み空間であった。そして19世紀以降、大学が社会の様々な変化への対応を迫られた時にも、微妙な配列の歴史的建築群を取り込みながらこの緩やかな囲みの形態を柔軟に操作することで、キャンパスという領域のまとまりを貫いてきたのである。その際、固有の呼称で親しまれている個性的な建築も、変化の過程で様々な用途に転用され、大胆な増改築を許している。このヤード・システムとも呼べる大学独自の空間展開は、実は、フロントヤードとバックヤードを注意深く読み替える細心の計画に支えられていることを、忘れてはならない。歴史を刻み込んだ空間を風化させず生き生きと使い続けること。大学が認める空間継承の本質はシンプルかつ明快だ。

時代は変わり、共同体意識の希薄、他人とのコミュニケーションの難しさ、古い体制や迫りくる社会の変化に対する不安や重圧、そのような新たな荒野とも呼べる世界に若者が対峙する現代。ここで変わらずに差し出されるのは、解決に向け一歩を踏み出して行った先駆者達の暮らした学び舎であり、24時間を学友と共に過ごすカレッジの生活空間である。

教養を幅広く学び、ものの考え方を養うこと。古今東西の様々な価値観の中で、切磋琢磨し、己の個性を認め突き詰め、表現すること。建学の精神である、「社会の真のリーダーとなる素養を身につける場」を、頑なにキャンパスの原初の空間に重ね続ける大学の意志が、その揺るぎない場の価値を創造し続けている。何故なら、大学という時空の広がりの中で自律を促され、その恵まれた重圧感を乗り越えてこそ、育まれる「何か」があるからだ。今後ますます、その社会的な役割に対し、期待が高まるであろう。ハーバード大学の挑戦は続いている。

（福田洋子）

継承される「アカデミカル・ビレッジ」の伝統／ヴァージニア州立大学

ヴァージニア大学。「ザ・ローン」。中央突き当たりにロトンダ

図1　現状配置図

①ザ・ローン
②ロトンダ
③キャベル・ホール
④人文科学系学科
⑤自然科学系学科

0　150　300　450 m

アーケード

University of Virginia

ヴァージニア州立大学
所在地：Charlottesville, Virginia, U.S.A.
創立年：1819年
学生数：17,606人（1991年）
職員数：2,084人（1991年）
学部構成：人文科学、法、教育、工、応用化、薬、建築、看護、経営、他

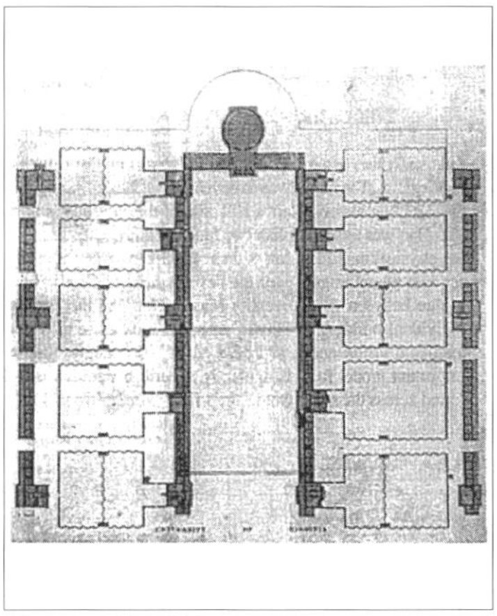

図2　1825年。配置図

「ザ・ローン」を描いた1827年の版画

「ザ・ローン」に面し、パヴィリオンをつなぐコロネード。中庭の方へ抜ける道が見える

ジェファーソンによってデザインされた中庭の塀は学生の手で改修されている

トマス・ジェファーソン設計によるヴァージニア大学は、アメリカの大学空間の理想を表現した先駆的作品であり、ローン、ロトンダ、パヴィリオンによるその明快な空間構成はその後のアメリカの大学空間に大きな影響を与えた。例えば、20世紀初頭に制度的近代化に伴って大規模化、複雑化、高密化した多くの大学においてマスタープランが作成され、キャンパスの空間的骨格が整備されたが、その多くはヴァージニア大学のモールとオックスブリッジのクワドラングルという２つの原型的な空間形式の変形と複合として理解することができる。

このようにアメリカのキャンパスの空間形式を理解する上で原型的な位置を占めるヴァージニア大学であるが、現代の我々にとってはその空間形式以上にその背後に存在するジェファーソンの理念こそ、より重要な意味を持つ。設計に際してジェファーソンは次のように述べている。

「私は、単体の大規模で高価な建物を建設するという他でもなくこの国で受け継がれている共通のプランは残念ながら間違いであると考えている。下階に１つの講義室、上階に２つの居室のある、それぞれの教授のための小さな独立したロッジを建設するほうがはるかによい。これらのロッジは一部の学生のための居室を介して連結され、さらにそれらは、天候によらないすべての学部間のコミュニケーションの場を提供する覆われた通路へと開かれるのである。これらすべては芝生と樹木に覆われたオープン・スクエアのまわりに配され、それは、実際それがそうあるべき姿、即ちアカデミカル・ビレッジとなるのである」。*

彼の言葉は大学の語源であるウニヴェルシタス＝教師と学生の共同体としての大学空間のあるべき姿を端的に言い表している。知的好奇心に基づく自由で開かれたコミュニケーションの場を設えることこそが彼の目指した大学空間の理想であった。実際にその空間を訪れると、軸構成や古典主義様式によるフォーマルな形式性とは対照的に、中央のオープンスペースにはある種のカジュアルな雰囲気が漂っていることに気づく。それはキャンパスの語源である原っぱの感覚のようなものであり、そこでは草花が思い思いに生長するように、様々な知的好奇心に駆られた教師と学生の活発で自由なコミュニケーションが促されている。

（岩城和哉）

＊A.A.Lipscomb, "The Writings of Thomas Jefferson", 1904

田園的キャンパスの変貌／ミシガン州立大学

図1　1880年代のキャンパスの様子

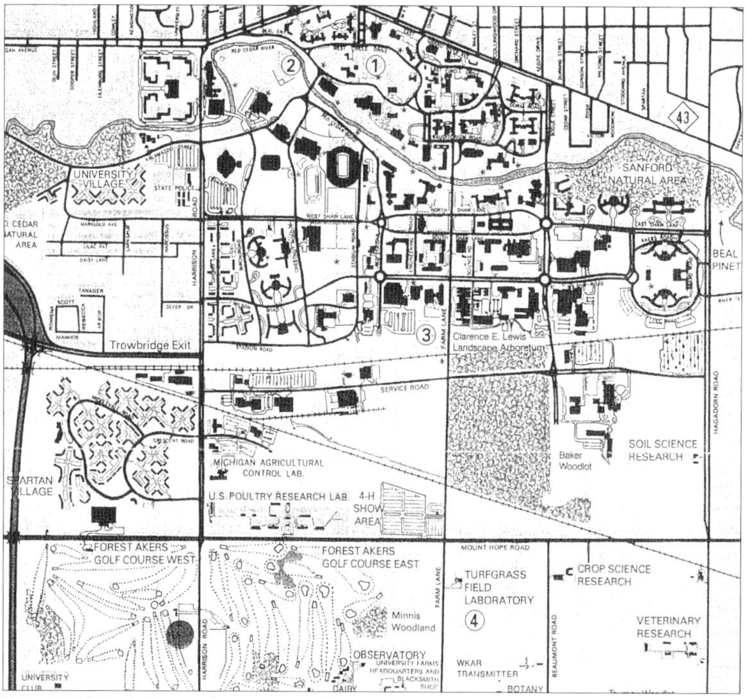

図2　1995年キャンパスマップ

①オールド・メイン
②レッドシダー・リバー
③南側エリア
④農場エリア

0　300　600　900 m

北側のピクチャレスクなキャンパスと南側の巨大なスケールのキャンパスとの間に流れるレッドシダー・リバー。川辺は学生たちの格好の憩いの場となっている

Michigan State University
ミシガン州立大学
所在地：East Lansing, Michigan, U.S.A.
創立年：1855年
敷地面積：21,201,552㎡（実験農場含む）
学生数：40,254人（1994年）
教職員数：2,670人（1994年）
学部構成：文芸、農業、経営、情報、教育、文、人間、工、自然、看護、医、獣医、整骨医

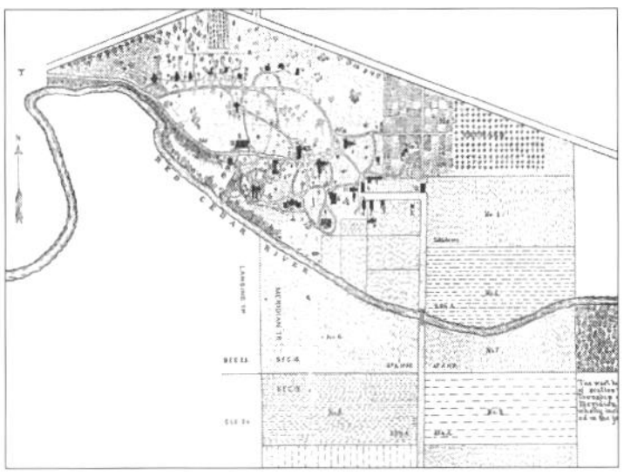

図3　1888年。コテージ・システムの影響を受けたピクチャレスクなキャンパスの形成

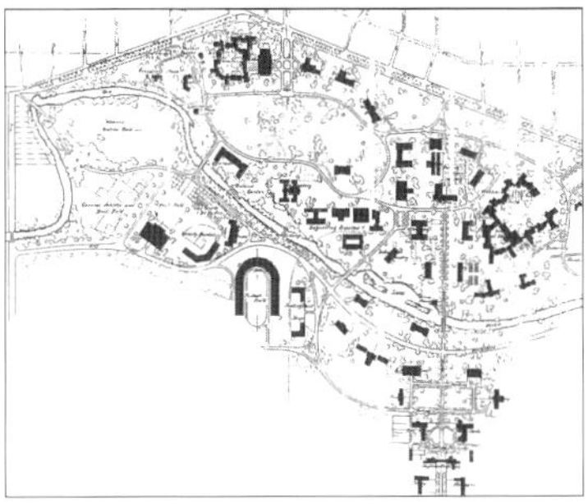

図4　1926年のマスタープラン。全体計画として受け入れられた初めてのもの。既存の環境を保持するこの案は、戦後までキャンパスの開発に影響を与えた

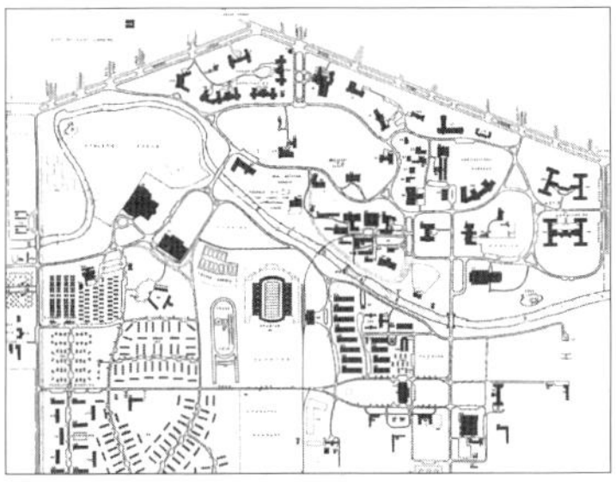

図5　1948年。復員兵受け入れのため、大量の仮設の施設が南側エリアに機械的に配置された

図6　1962年のマスタープラン。戦後の仮設の建物群を常設のものに整備し、加えてキャンパス全体の規模を大幅に増加させる計画

大学を象徴するオールド・メインの緑とビューモント・タワー

リントン・ホールの周囲のオープンスペース

リントン・ホール。1881年にオールド・メインに建てられた

例えば、学問とは大学に内発的なものと考える傾向が強いドイツに対して、アメリカでは内発的な学問とともに、社会の要請による外発的、実用的な学問を積極的に大学に取り入れる傾向がある。例えば、南北戦争後にアメリカでは従来のリベラル・アーツ（liberal arts）に対して実用的学問（practical arts）の大学への導入が急速に進められた。

この傾向は1862年の国有地交付法（the Land Grant Act）による農業と工学に重点を置く土地付与大学（Land Grant College）の設立によって加速される。連邦政府が各州に土地を与え、一部は大学の敷地として使用され、残りは投資されて、その利子によって大学の運営費が賄われるというシステムによって数多くの大学が創立され、あるいは援助された。

この土地付与大学の空間形成に積極的に関わったのがフレデリック・L・オルムステッドであった。例えば、1864年のカリフォルニア大学の新キャンパス（Berkeley）の計画において、彼は大学がその周囲のコミュニティと融合し、その一部となるような提案を行った。曲がりくねった道路や学生と地元住人が共同利用できる公園によって大学と周囲の住宅地の境界が緩やかに定められ、さらに周辺の住宅の規模に対応した20人から40人規模の小さな居住施設が敷地内に分散配置された。この提案について彼は次のように述べている。「私は形式的で完全にシンメトリカルな配置よりも、ピクチュアレスクな配置の採用を提案します。…このような配置は、芸術的にも近隣住宅地にとって望ましい一般的性質とよりよく調和しますし、また建物の全体配置の拡張や修正も許容します」*彼の提案は結局、実現されなかったが、周囲の住宅地との親和性を考慮したその提案は現代の我々にとっても示唆に富んでいる。

ミシガン州立大学は土地付与大学として郊外の田園環境を生かした計画が施された最初の例である。オルムステッドの理想の一部を体現したオールド・メインと呼ばれる一帯は、現在も大学の創立理念を示す歴史的エリアとして大切に保存されている。しかし、大学空間の領域性を弱め、周辺住宅地との融合をはかるというオルムステッドの提案は実現されてない。

もしそれが実現されていたら、大学空間の新たな存在形式がこのミシガン州立大学から生まれていたかもしれない。（岩城和哉）

＊Olmsted, Vaux & Co.,"Report upon a Projected Improvement of the Estate of the College of California at Berkeley near Oakland", 1866

硬化した拡張システム／ベルリン自由大学

総合研究棟の中庭

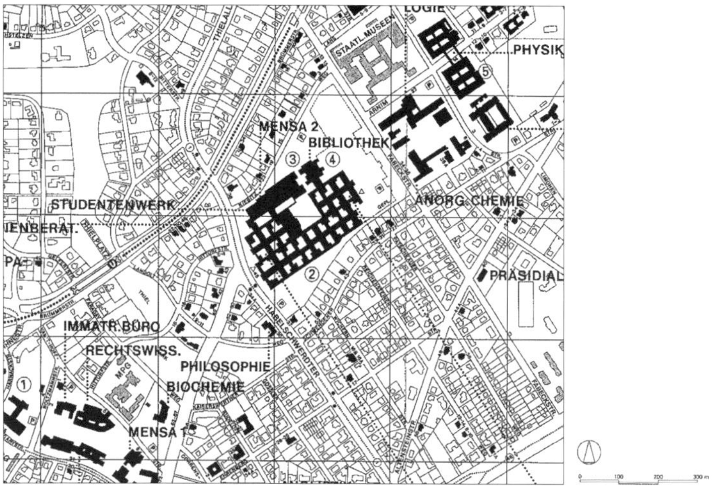

図1　現状配置図

①初期中庭型キャンパス
②総合研究棟／キャンディリスら
③食堂棟
④図書館棟
⑤物理学科棟／ヘニング・ラーセン

「郊外のヴィラ」の雰囲気を残す地区。現在も大学の施設として使われている

Free University of Berlin

ベルリン自由大学
所在地：Berlin, Germany
創立年：1948年
学生数：58,160人（1993年）
教職員数：3,997人（1993年）
学部構成：医、法、ドイツ言語、経済、教育、哲・社会、政治、歴史、情報、近代言語、古代·古典言語、獣医、地理·地質、生物、化、薬、数・コンピューター、物理、北米、ラテンアメリカ、東欧

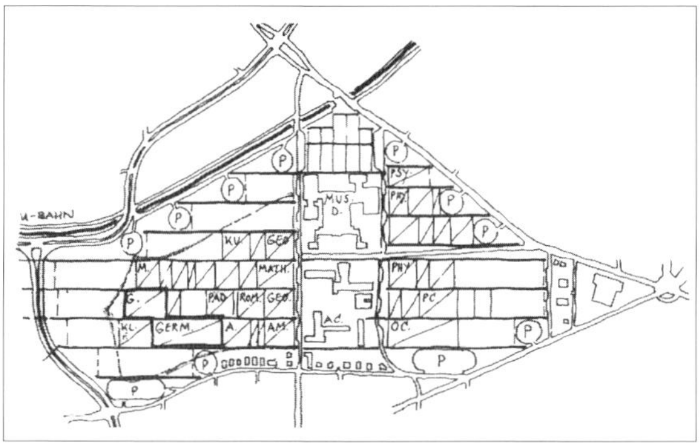

図2　キャンディリスらによる南北の大通りと東西の小道からなる平面計画概念図

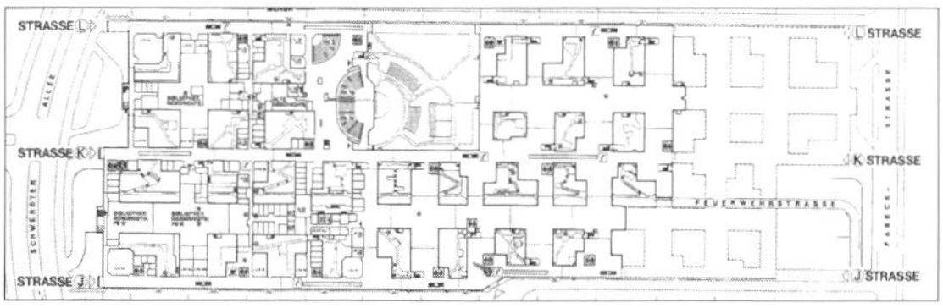

図3　総合研究棟1階平面図

キャンディリスらによる総合研究棟。拡張予定地は、広大な空地として残されている

ヘニング・ラーセンによる物理学科棟。通りをまたぐブリッジ

総合研究棟の3期工事にあたる図書館棟の内部アトリウム

私がベルリン自由大学を再び訪れたのは2006年の夏だった。前年に完成したノーマン・フォスターによる既存改修と新しい言語学部図書館を見るためである。

1948年に創立されたベルリン自由大学は、ベルリンの中心から南西に少し外れた閑静な住宅街、ダーレム地区にある。初期のキャンパスは街にある邸宅を大学の空間として転用するところから始まり、緑豊かな住宅街の中に溶け込むように展開されていた。1960年代に入り、学部の拡大、学生数の増大などに伴い大学は新たなキャンパスを構想する。この新たな大学空間は、成長や拡張性といった概念を形態のシステムに置き換えた、一連の広大な建築として実現した。実施案はキャンディリス、ジョシック、ウッズ、シードヘルムらによって設計され、東西の大通りと南北の小道で形成された骨格を持ち、それによってできる個々のユニットが中庭を抱えるという構成となっている。しかし、ユニットの反復というリジットなシステムで組み立てられた空間の実際は、どこまでも均一な空間が広がり、極めて単調で、全容が見えない迷路のような巨大な構築物となってしまっていた。プログラムの上でも、大面積の部屋がとりにくい、学部としてのまとまりが生み出しにくいなどの問題が生じていた。拡張性やフレキシビリティを目指したシステムであったはずが、皮肉にも大学の活動の多様性や長い時間の中でのプログラムの変化といった揺らぎに対応することが出来ずにいたのである。

こうした課題に対し行われた改修・増築が、ノーマン・フォスターによるものである。ここで行われたことは硬直していた大学空間に新たな空間的ヒエラルキーを与えることであった。既存部の改修では、間仕切り壁の構成を再編し小道を減らすことで、学部ごとの領域を生み出すよう空間構成を合理化している。さらには既存システムを構成するユニットの一部を切除し、6つの中庭を連結した大きなスーペースを生み出してそこに新たな言語学部図書館が建てられた。水滴のような形状を持つこの図書館はアルミとガラスパネルで構成された二重の外皮に覆われており、5層のフロアからなる内部空間全体が自然光に溢れた非常に居心地の良い空間である。

この改修・増築により、既存のシステムが読み替えられ、さらには大胆に改編・拡張されたことで、これまでは作り得なかった新たな空間のまとまりが生み出された。これまでの硬直から解かれ、新たに動き出したこの大学空間が今後どのような展開をしていくのかが楽しみである。（高島守央）

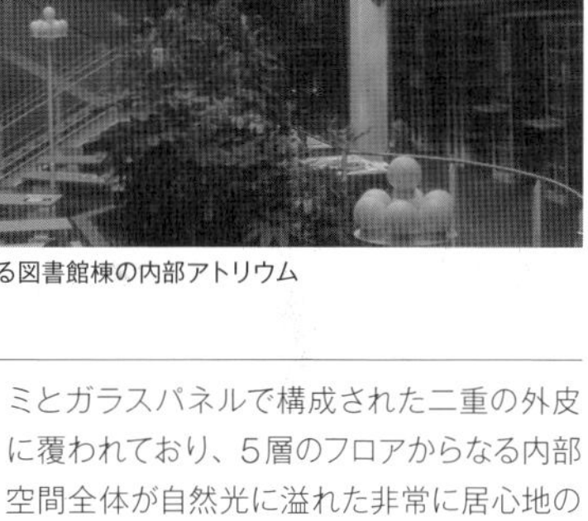
言語学部図書館内部

マスタープランの変換による創造／イーストアングリア大学

学生寮とティーチング・ウォール

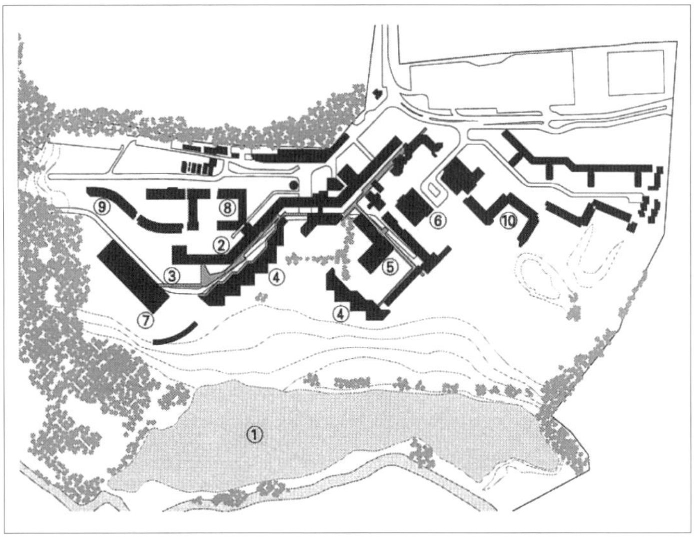

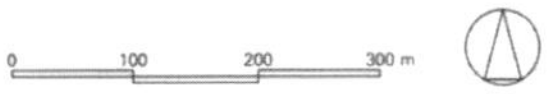

図1　配置図

①イェール河
②ティーチング・ウォール
③空中歩廊
④学生寮／D.ラスダン
⑤図書館
⑥学生ユニオン
⑦センスベリー視聴覚芸術センター／N.フォスター
⑧教育学部／R.マザー
⑨学生寮（コンスタブル・テラス）／R.マザー
⑩学生寮（ネルソン・コート）／R.マザー

全景

University of East Anglia
イースト・アングリア大学
所在地：Norwich, U.K.
創立年：1963年
学生数：6,500人（1995年）
学部構成：生物、環境、化、情報工、教育、数、物理、開発、経、法、心理、英米研究、近代言語・欧言語、音楽、世界美術・博物館、食料研究センター

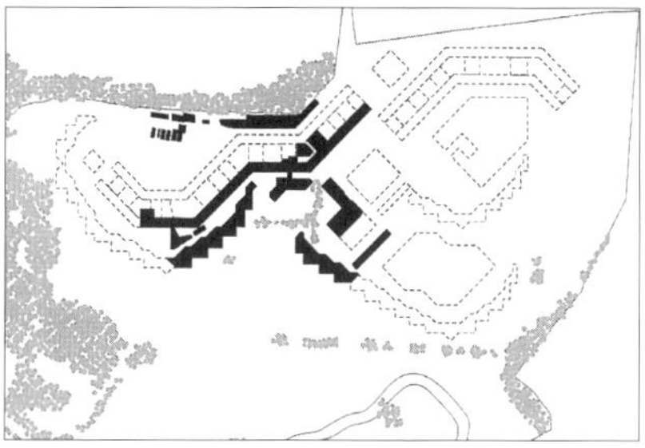

図2　デニス・ラズダンによるキャンパス計画（～1969年）

デニス・ラスダン設計のティーチング・ウォールと空中歩廊（1967年）

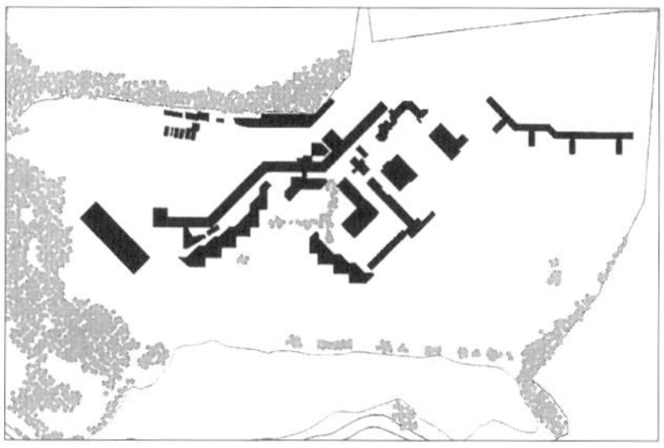

図3　施設の拡充とフォスター設計の芸術センター。湖畔が造成される（～1979年）

センスベリー視聴覚芸術センター

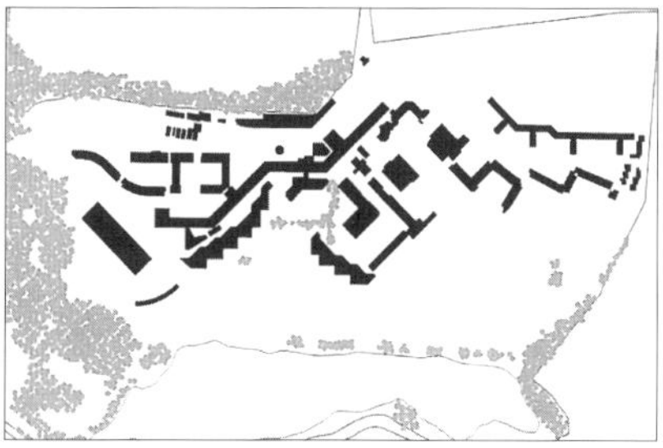

図4　マザーによる新キャンパス計画（～1994年）

同内観

リック・マザー設計の教育学部棟の外観

15年ほど前に訪れたイーストアングリア大学のキャンパスだけれど、もともとゴルフ場だったという敷地の、その芝の青さは良く覚えている。デニス・ラズダンのピラミッド状の学生寮（1968年）も、宇宙船のように着地しているノーマン・フォスターのセンスベリー視聴覚芸術センター（1978年）も、通り雨に濡れた草上に悠然と立ち上がっていて、何か時間が止まった風景画のような、とても美しいキャンパスだった。ただ、空中歩廊を持つラズダンの建築がマスタープランを規定しすぎてフレキシビリティには欠けており、それを察知してなのかフォスターの建築は空中歩廊を終結させるように配置されていて、なにかイギリスのモダニズムの世代間衝突をそのまま建築の複合体にしたような、不思議な空間という印象を持った。センスベリー視聴覚芸術センターはキャンパスには場違いなほど大きかったのだが、その空中歩廊経由で2階部分にアクセスすると、大空間の展示室とクールな執務スペースが眼下に広がる大変ドラマチックなつくりになっている。今思うとフォスターは都市的なスケールと建築をつなぐ方法論をすでに備えていたということになるのだけれど、訪れた当時はキャンパス計画をあまりにも建築的に解きすぎていて、なかなか評価の難しい建築だった。印象的だったのは太めの手すりとイームズのFRP椅子が黒で揃えられ、それが白基調の空間にアクセントを与えていたことで、雑然としがちな大学に、こんな背筋のしゃんとするような空間があるのはなかなか良いぞと思ったことも覚えている。

その後、キャンパス計画室の仕事から離れてしばらくして、このフォスターの建築にはバックミンスター・フラーの影響が強く残されていることを知った。1978年当時、フォスターとフラーはアメリカのエネルギーEXPOという博覧会の会場を共同設計しており、ピンジョイントによる軽量構造、環境調整のためのレスポンシブなエンヴェロップについて盛んに意見交換していたのだった。設計は未完に終わるのだが、若きフォスターのスケッチを見ると、彼がフラーの建築論、具体的に言えばモントリオール・パヴィリオンの進化形をいかに模索していたかがよくわかる。実は、その未完のプロジェクトを具現化したのが視聴覚芸術センターであって、設計にあたってフォスターはフラーのアドバイスを仰ぎ、建物が竣工した際には彼を現地に案内して、そのコンセプトを熱心に説いたという。作品集によると、「この建物の重さはどのくらいか？」というフラーの質問に、フォスターが即座に重量を答えたことに、フラーは大変満足していたという。イーストアングリア大学のキャンパスには、実は現代建築の皇位継承式のようなドラマがあった。キャンパス計画そのものが、進化して行く建築の展示場であるような、良い例であると思う。フォスターの後を託されたリック・マザーは次の一手をどのように打っているのだろうか。いつかまた訪れて見てみたいと思う。　（太田浩史）

大学を呼び戻す都市／リヨン2、3大学

ジャン・ムーラン大学（リヨン3）のタバコ工場キャンパス。工場の中庭は庭園化されて生まれ変わった

①ソーヌ河
②ローヌ河
③中央キャンパス
④ラ・ドゥア地区／リヨン1
⑤ブロン・パリリー・キャンパス／リヨン2
⑥タバコ工場キャンパス／リヨン3

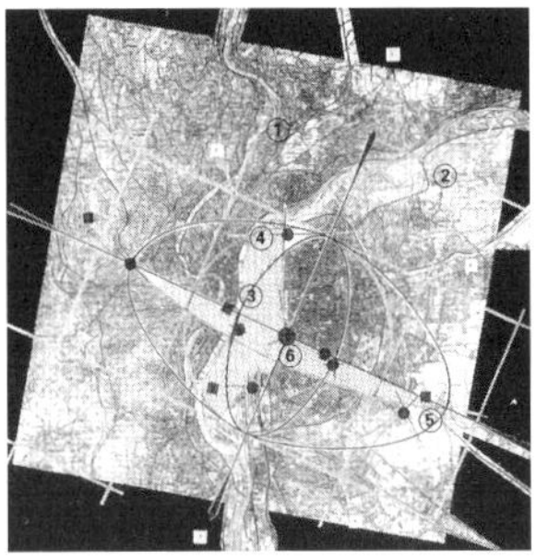

図1　リヨン都市圏

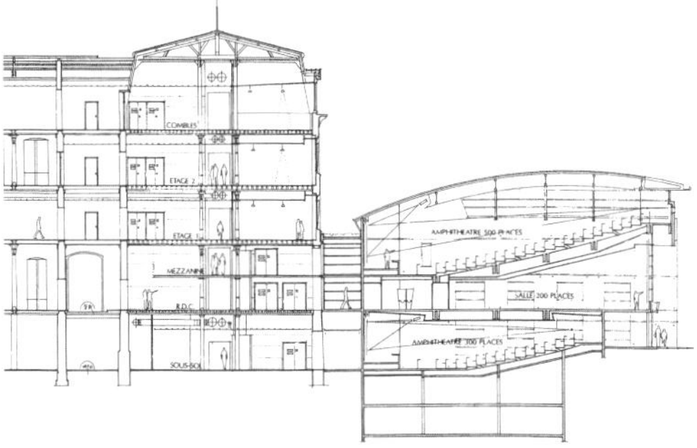

図2　既存部分（左）と新設された階段教室（右）の関係

ジャン・ムーラン大学（リヨン3）のタバコ工場キャンパス。右手に見えるのが旧タバコ工場の建物

建物内部の「通り」。新しくメザニンの床が張られている

所在地：Lyon, France
創立年：1809年

Claude Bernard University (Lyon 1)
クロード・ベルナール大学（リヨン1）
学生数：23,000人（1995年）
教職員数：2,000人（1995年）
学部構成：数、物理、化、宇宙、材料、機械、生命工、プロセス、生命化、生物、遺伝子、自然、医、薬、歯、体育、他

Lumière University (Lyon 2)
リュミエール大学（リヨン2）
学生数：24,000人（1995年）
教職員数：440人（1993年）
学部構成：文、言語、歴史、芸術、地理、旅行、人類、社会、心理、法、経済、経営、政治、教育、コミュニケーション、他

Jean Moulin University (Lyon 3)
ジャン・ムーラン大学（リヨン3）
学生数：15,329人（1993年）
教職員数：335人（1993年）
学部構成：法、政治、経営、経済、統計、文、歴史、地理、コミュニケーション、言語、哲、他

ブロン・パリリー・キャンパス（リヨン2）。「通り」は屈曲しながら連続し、溜まり場を各所に生む

ブロン・パリリー・キャンパス。テントが新設された広場

「通り」上部の吹き抜け

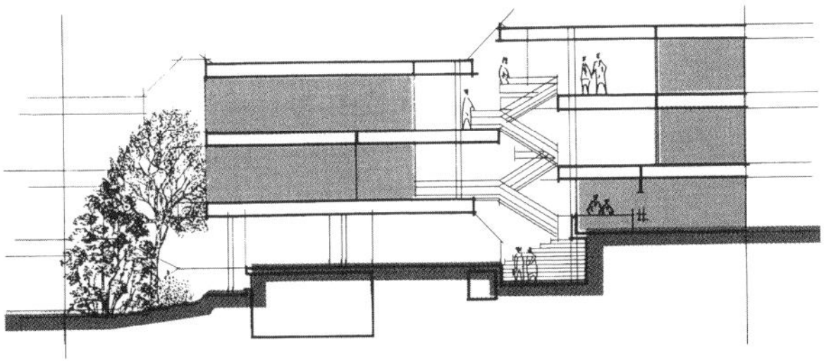

図3　内部化された「通り」と諸室の関係

私は今いくつかの大学に教えに行く機会があるが、それらの大学は都心から電車で1時間あまり、さらに駅からバスに乗った住宅地の中にある。キャンパスはそれなりに自足しているように見えるが、都心で大学生活を送り、その後いくつかのヨーロッパの大学を視察した私には、その環境が大学として豊かだとは思えない。

私たちがフランスの大学を視察した1995年当時、フランスは大学建設バブルに湧き、大学も自治体も、大学が都市に立地することを志向していた。中でもリヨンの二つの大学は対照的であり、一つは学生運動の後に文字通り都市から追い出され、郊外住宅地に建設されたスペースフレームのキャンパス。そのシステムは様々な展開が可能なはずだったのだが、その後の開発計画の変化の中で取り残され、教師や学生が周辺に住み着かない問題を抱えていた。もう一つは、空洞化した中心市街地に大学を呼び戻す流れの中で新設されたばかりの、旧タバコ工場を転用したキャンパス。工場のリジッドだがシンプルなスケルトンが大学機能を問題なく受け入れ、建物からは学生が街にあふれ出していた。

オウムの事件が起こったのもフランス視察中である。オウムも発生的には大学のようなもの（教師と学生の共同体）だが、閉塞した集団が都市の秩序と相容れなくなり、やがて都市から追い出された。しかし大学はもともと、都市と対立をはらみつつも共存する、相互補完的な存在のはずである。その空間の豊かさとは、予期しない出会い、雑多なものに触れる機会が用意されていることであり、多様なものがミックスされた環境へ開かれていることである。都市の外にあって、毎日同じ学食にお昼を食べに行かざるを得ない環境は、大学として豊かな空間とは言えない。

日本の地方都市でも中心市街地の空洞化が叫ばれて久しいが、大学こそ中心市街地に誘致すべきではないだろうか。駅前の空きビルを大学施設に改修し、その周りに学生や教師の住居を用意する。大学人を生活者として街に受け入れることで、街に求められるアメニティの質が上がり、それに応えることがまちなか自体の活性化につながる。建築学科の課題で中心市街地をとりあげるときは、大学施設を入れたら、と学生を誘導し、自治体の関係者にも授業に参加してもらう。いずれ自分たちの提案で改修したまちなか大学で授業ができれば、と。

（野上恵子）

都市の公共施設と郊外研究施設の2極展開／ストラスブール1、2、3大学

ジャーマン・キャンパス。パレ・ユニベルシテの中央ホール

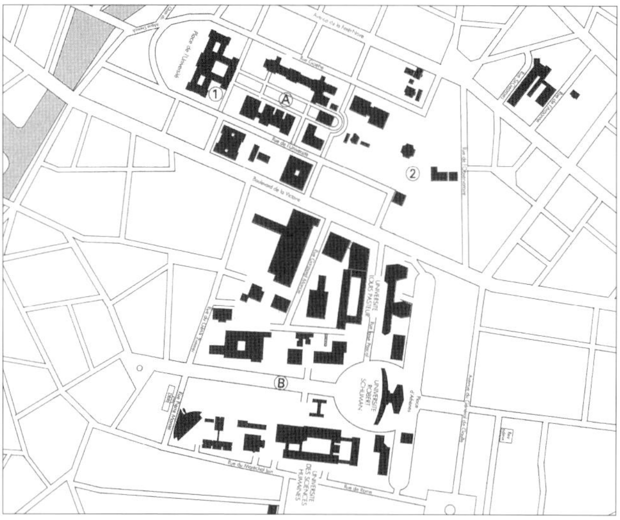

Ⓐジャーマン・キャンパス　①パレ・ユニベルシテ
Ⓑエスプナード・キャンパス（60年代拡張地区）　②植物園

図1　ジャーマン・キャンパスとその南側に隣接するエスプラナード・キャンパスの現状図

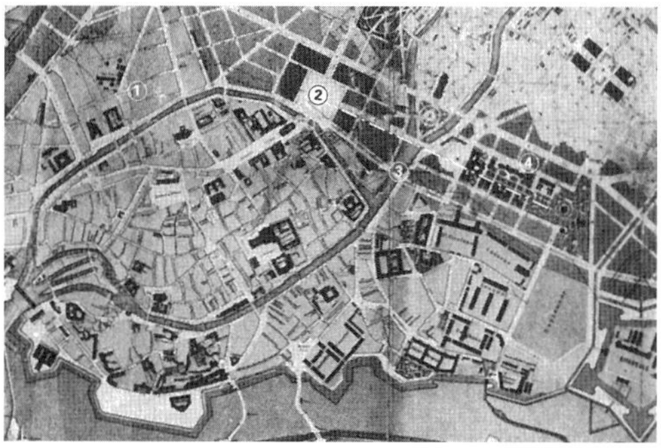

図2　ドイツ政府によるストラスブール市街拡張計画と大学（1880年）
①中世の城壁、②広場、③都市軸、④ジャーマン・キャンパス

所在地：Strasbourg, France
創立年：1621年

Louis Pasteur University (Strasbourg 1)
ルイス・パスツール大学（ストラスブール1）
学生数：20,000人（1995年）
教職員数：1,600人（1995年）
学部構成：医、歯、薬、数、化、物理、地球生命、環境、経済・経営、地、他

University of Human Sciences (Strasbourg 2)
人文科学大学（ストラスブール2）
学生数：14,000人（1995年）
教職員数：445人（1995年）
学部構成：文、外、哲、言語、社会、歴史、芸術、体育、人文科学、プロテスタント神学、カソリック神学、他

Robert Shuman University (Strasbourg 3)
ロベール・シューマン大学（ストラスブール3）
学生数：8,800人（1995年）
教職員数：279人（1995年）
学部構成：法、政治、経営、ジャーナリズム、他

ジャーマン・キャンパス。中央の外部空間の様子

エスプラナード・キャンパス。法学部棟

イルキルシュ・キャンパス。生命科学および物理学の高等専門学校遠景（1994年竣工）。2つの学校が一体の建物に入っている。右手前は企業の研究所

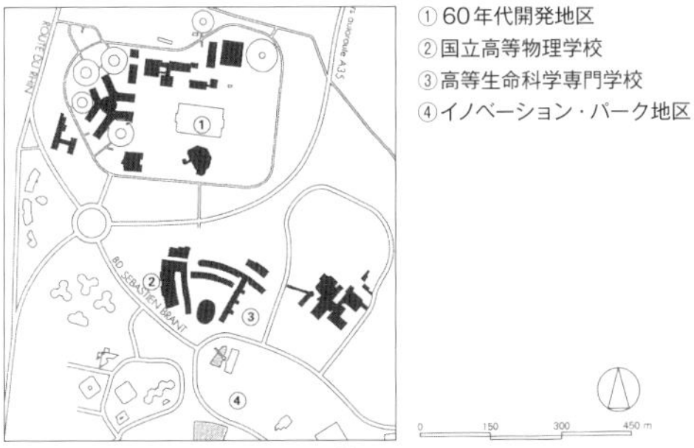

図3　イルキルシュ・キャンパス現状図

イルキルシュ・キャンパス。生命科学および物理学の高等専門学校のエントランスホール。上部には図書館と階段教室が入る

ストラスブールの中心部にあるジャーマン・キャンパスは、ヨーロッパの都市では珍しい古典的軸構成を持つキャンパスである。宮殿や広場によって構成される都市軸がそのままキャンパスに取り込まれている。私たちが視察した当時、この由緒ある大学は、欧州統合の中で改めてその重要度を自認し、植物園となっているオープンスペースを、公共施設以外の建設を一切行わずに維持する方針を打ち出していた。大学機能の更新と、都市空間と一体となったオープンスペースの保全を両立させるため、自治体と大学が連携して計画を立案・実行する体制がつくられつつあった。

私がキャンパス計画に携わっていた東京大学も、旧来のオープンスペースをいくつも抱えた大学である。本郷キャンパスでは、マスタープランの中でオープンスペースは保全すべき共用空間として位置づけられ、施設の建設が続けられる一方で、オープンスペースの舗石や街灯の整備が進められた。キャンパスの中には飲食店も誘致され、様式建築と相まってちょっとしたテーマパークのようになっているが、界隈の昔ながらの商店はそのにぎわいを享受できているのかどうか。

先頃、理学部が所有する小石川植物園の塀のデザインコンペが催された。歴史ある植物園を取り囲む貧相な万年塀がついに更新される。しかし提案を求められていたのは壁面の意匠だけで、その位置や高さは主催者によってすでに決められていた。「塀」は大学とコミュニティとの境界であり、塀を一新することによって近隣の環境にも様々な働きかけが可能なはずなのだが、大学はそのチャンスを逃してしまった。

大学あるいはコミュニティの一方だけの努力でできることには限界がある。双方が、大学のオープンスペースの持つ価値を認識し活用する。そのための方法を作り出し効果的に運用していく。大学は都市の中でそのアイデンティティである歴史的・環境的遺産を保全することを保証され、コミュニティはその環境を享受することで周辺街区の生活の質、資産価値を上げることができる。「塀」のあり方は両者の関係を映しだす。

（野上恵子）

同一スケールによる大学空間の比較 6,000分の1

ウルビノ自由大学

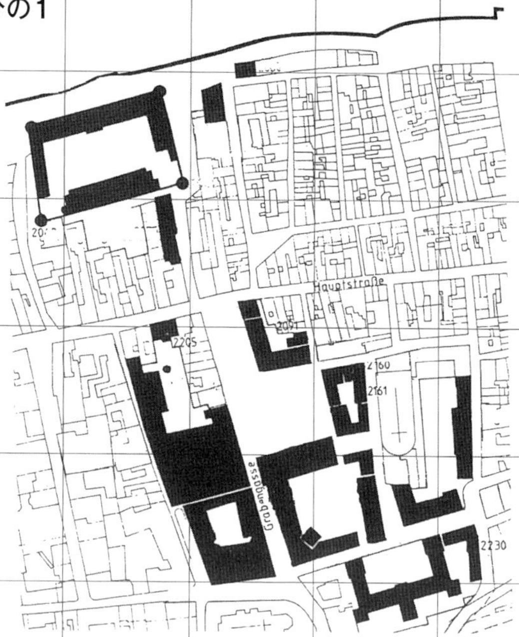

ハイデルベルク大学

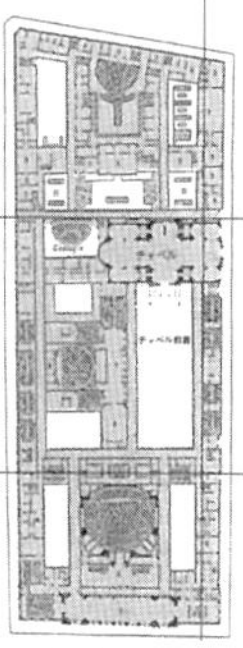

パリ大学ソルボンヌ

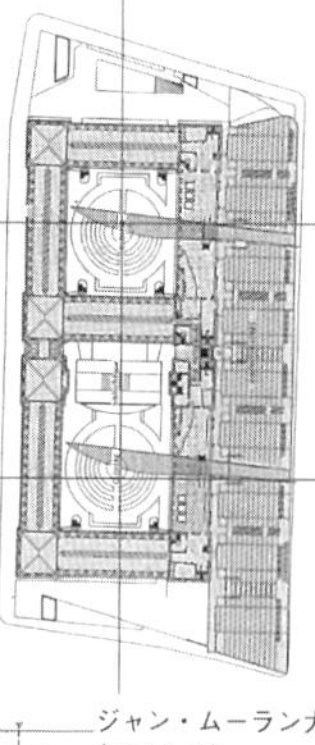

ジャン・ムーラン大学
（リヨン３）
タバコ工場キャンパス

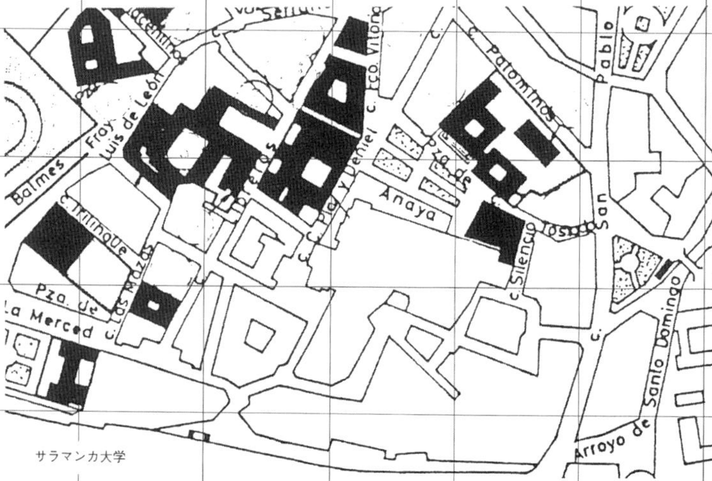

サラマンカ大学

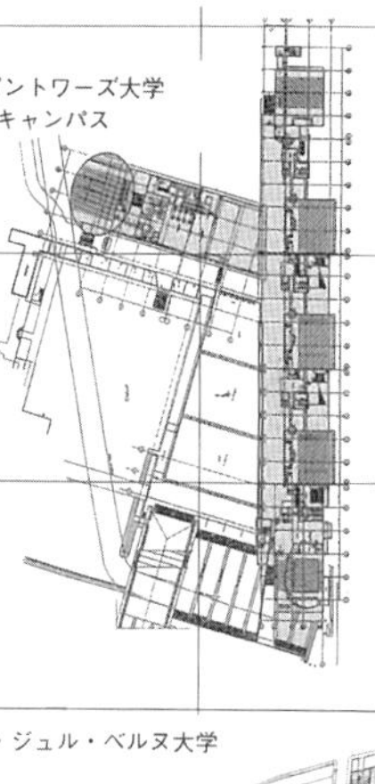

セルジ-ポントワーズ大学
シェン・キャンパス

ピカルディ・ジュル・ベルヌ大学
ミニム棟

ボローニャ大学

0　100　200m

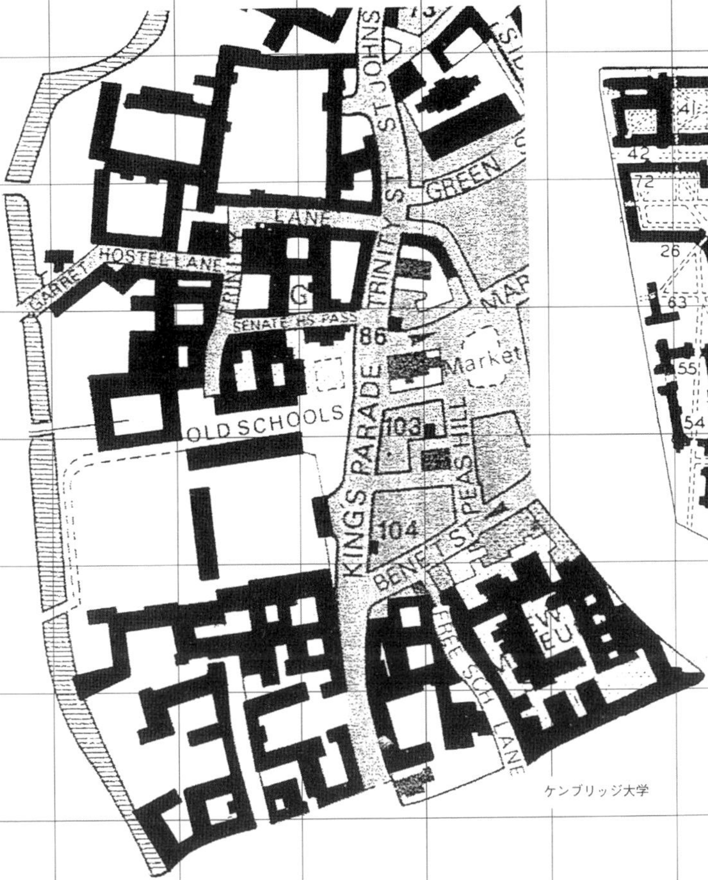

ケンブリッジ大学

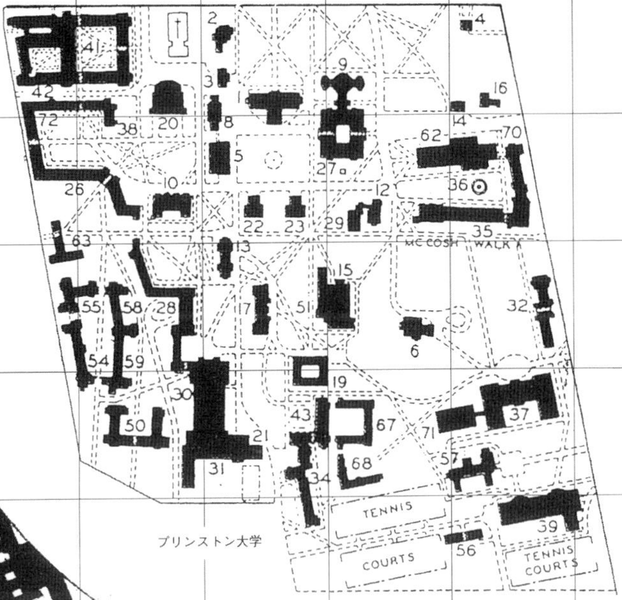

プリンストン大学

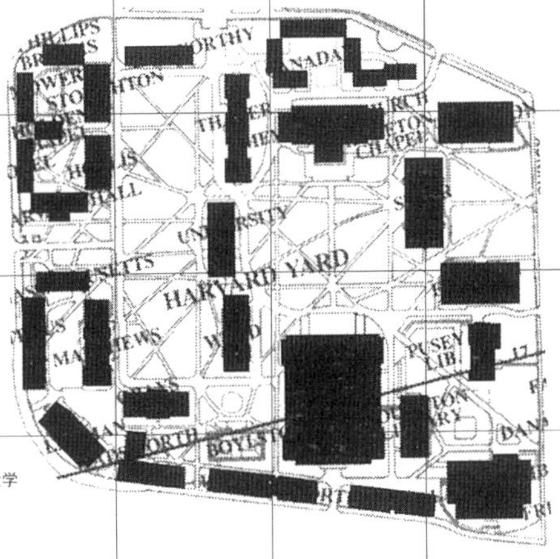

ハーバード大学

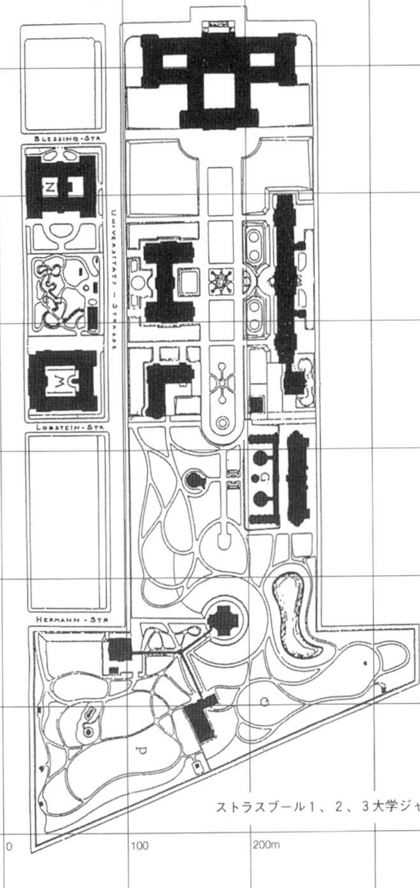

ストラスブール1、2、3大学ジャーマン・キャンパス

ベルリン工科大学

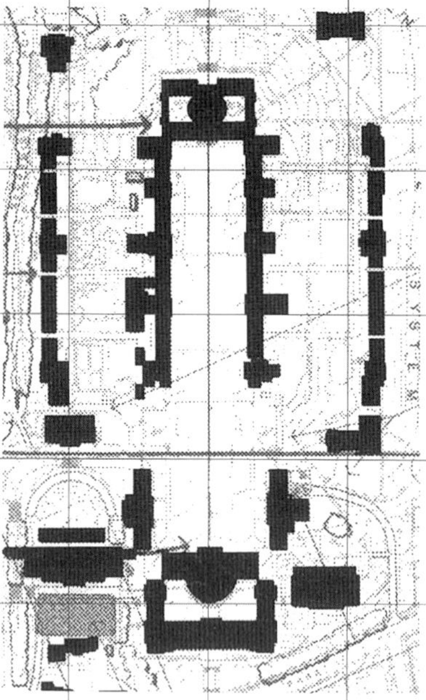

バージニア州立大学

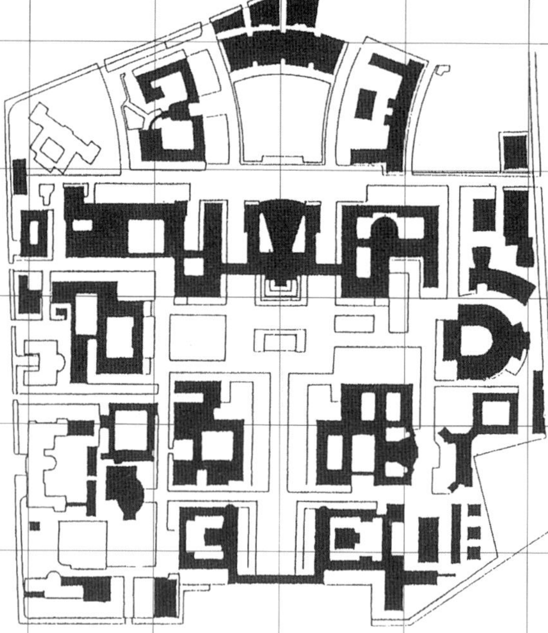

ローマ大学

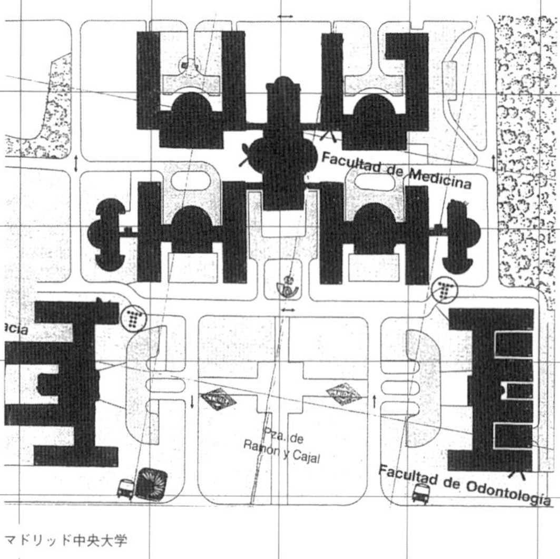

マドリッド中央大学

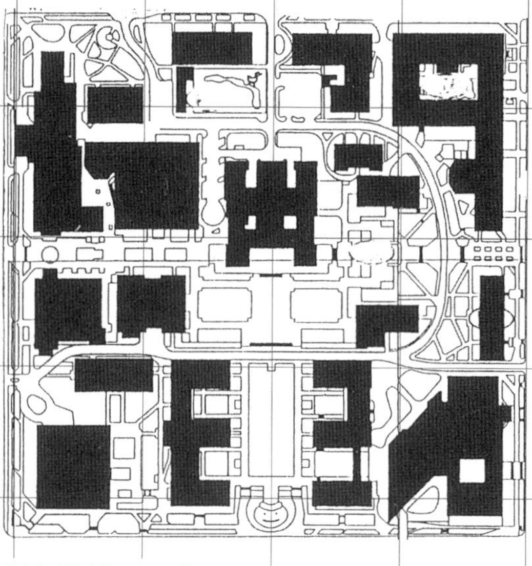

テキサス州立大学オースチン校

東京大学本郷キャンパス

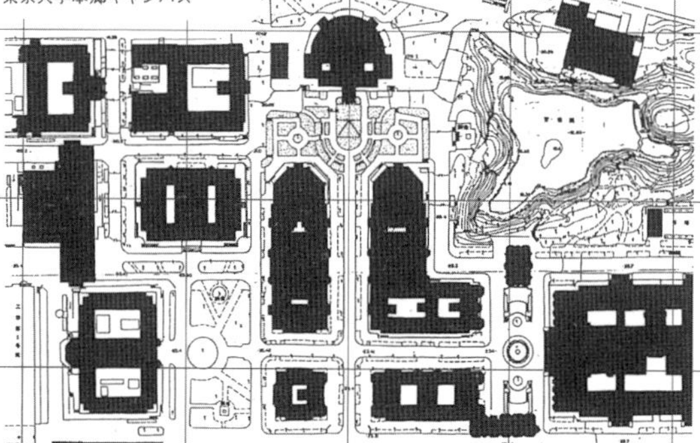

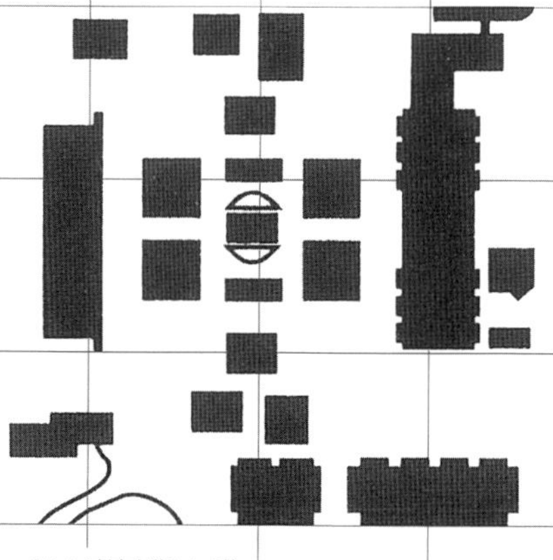

イリノイ州立大学シカゴ校

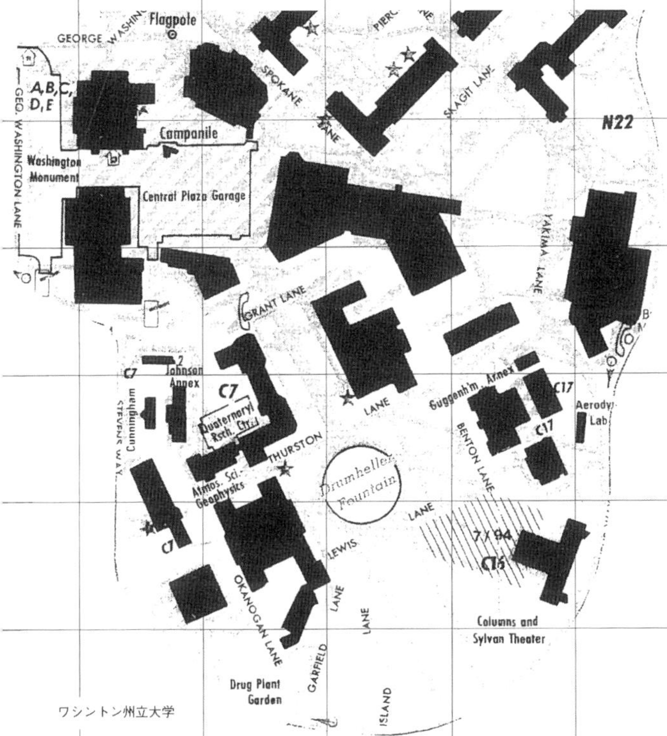

ワシントン州立大学

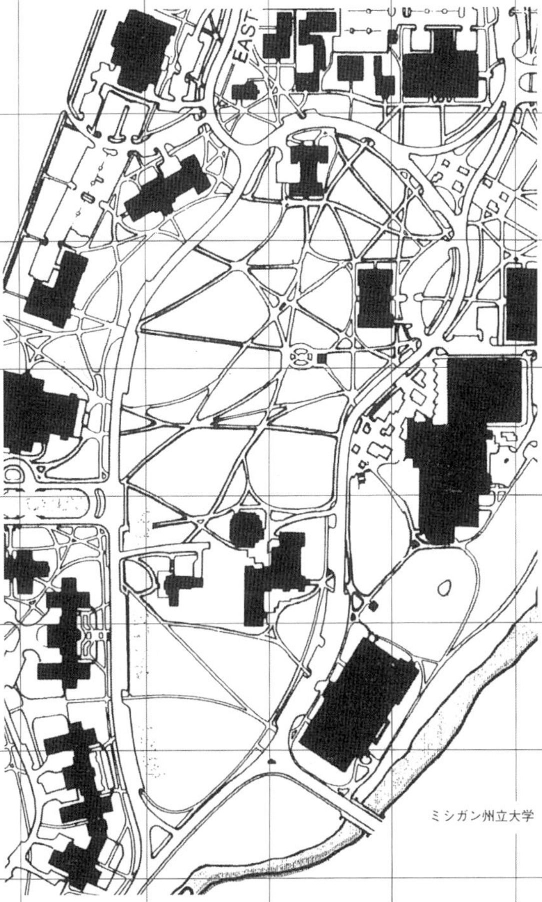

ミシガン州立大学

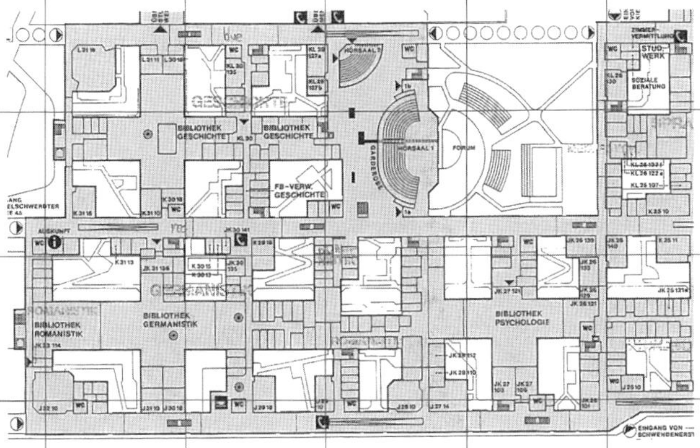

ベルリン自由大学

エセックス大学

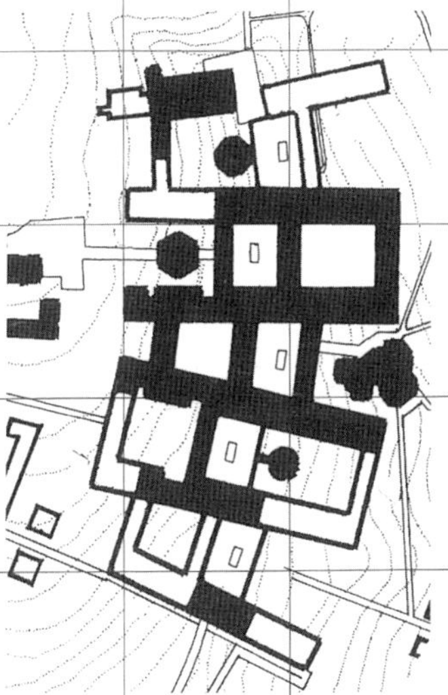

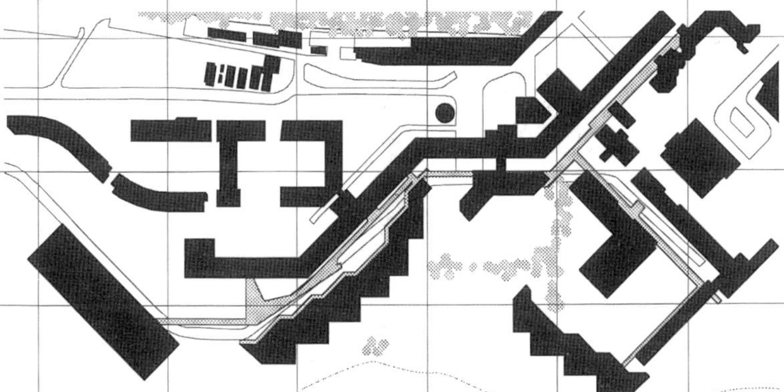

イースト・アングリア大学

0　100　200m

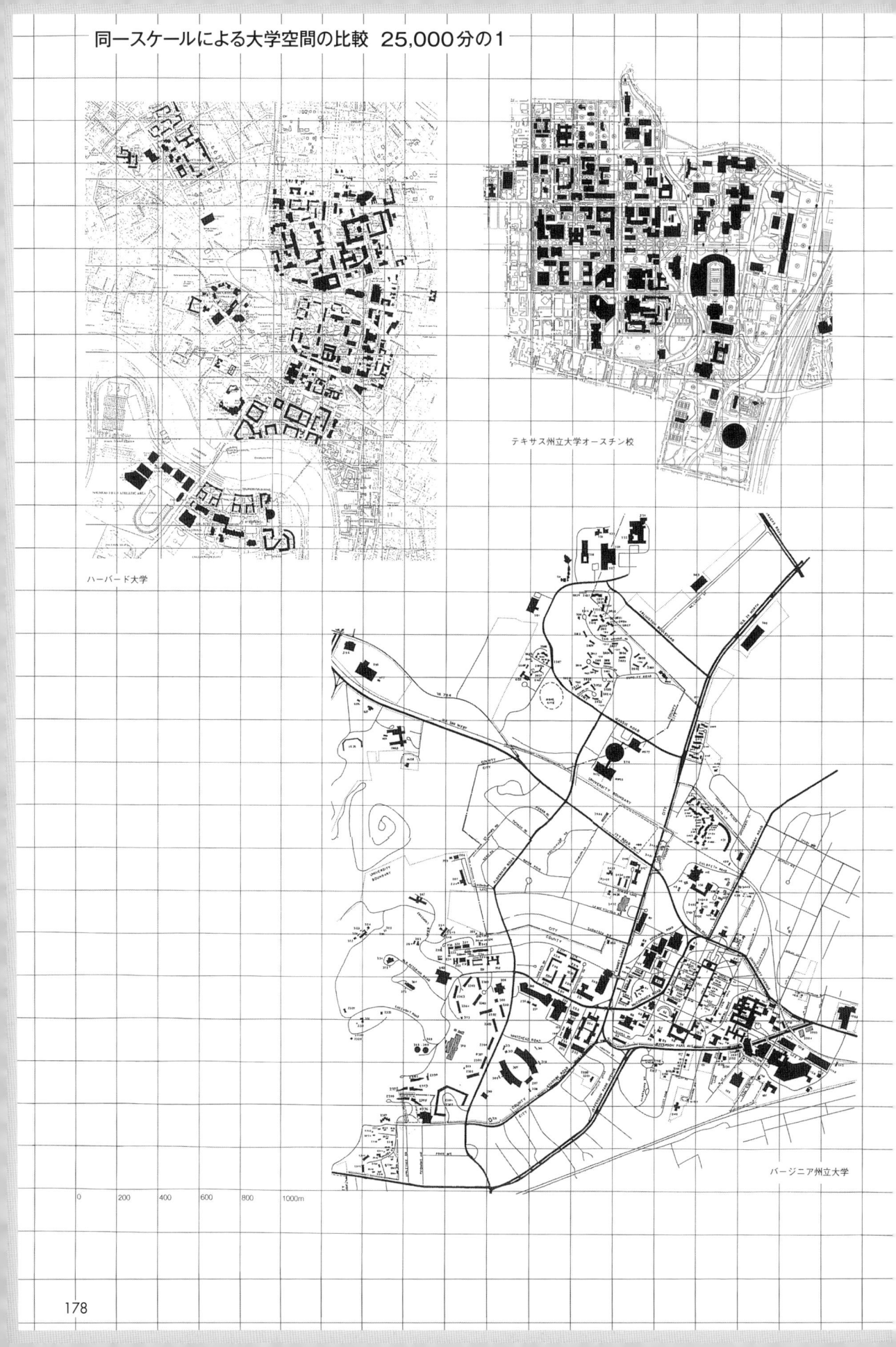

同一スケールによる大学空間の比較 25,000分の1

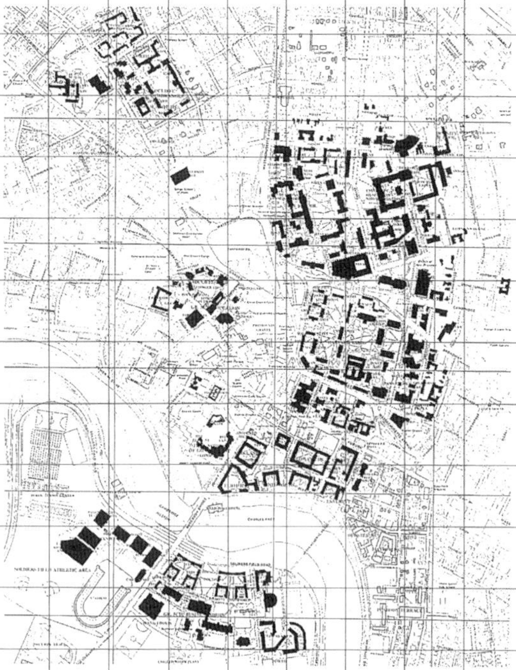

ハーバード大学

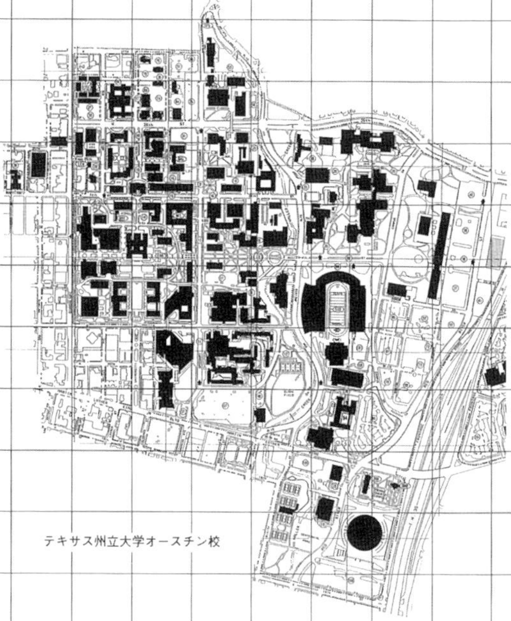

テキサス州立大学オースチン校

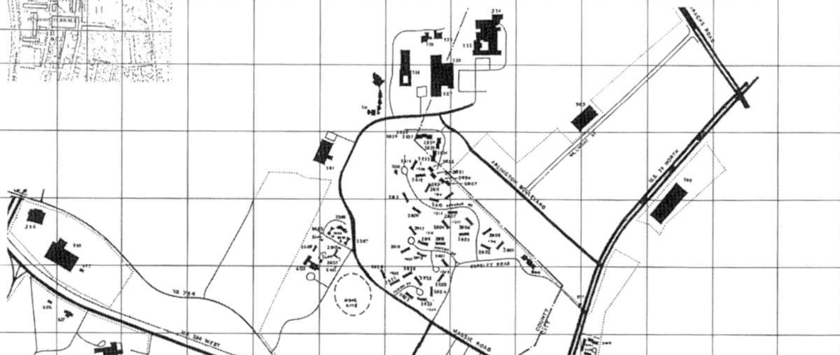

バージニア州立大学

0 200 400 600 800 1000m

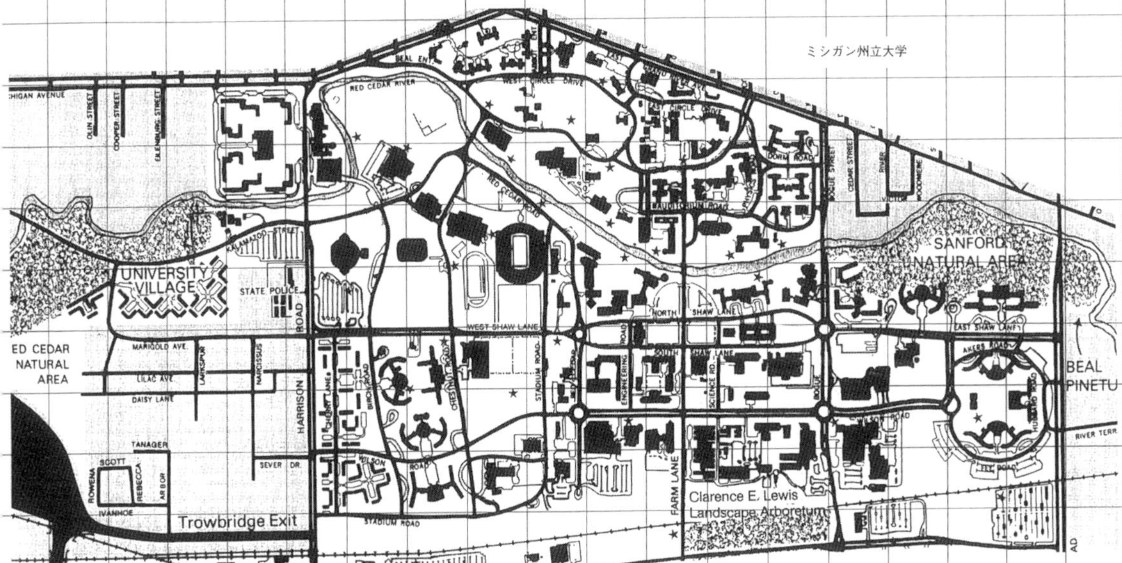
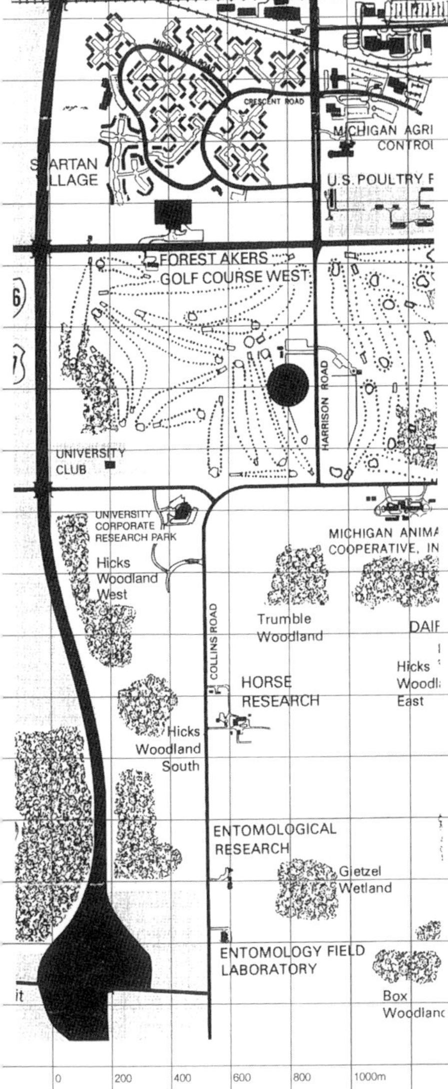

ミシガン州立大学

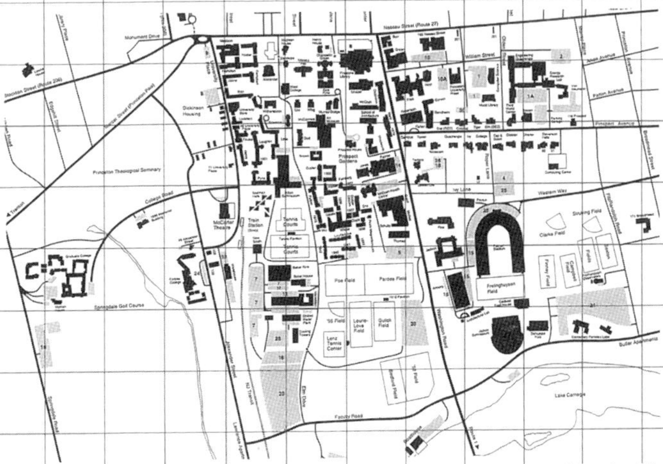

プリンストン大学

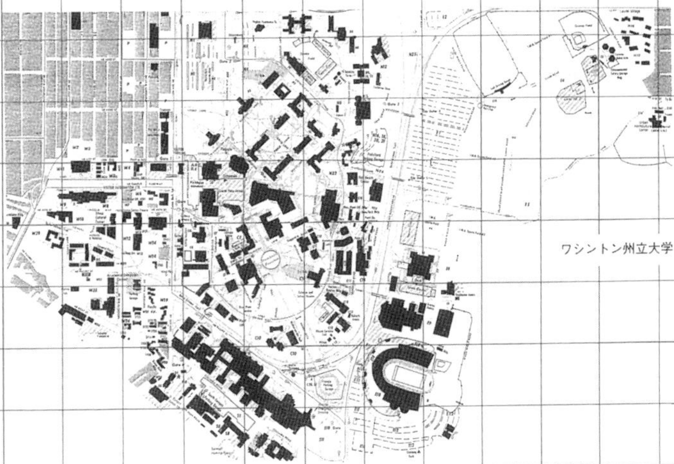

ワシントン州立大学

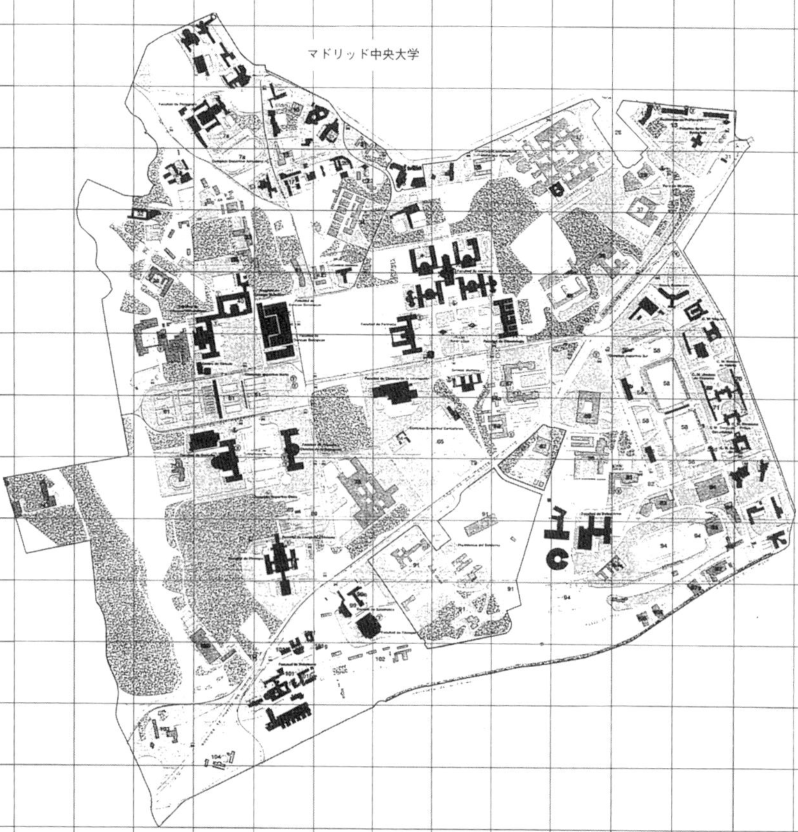

マドリッド中央大学

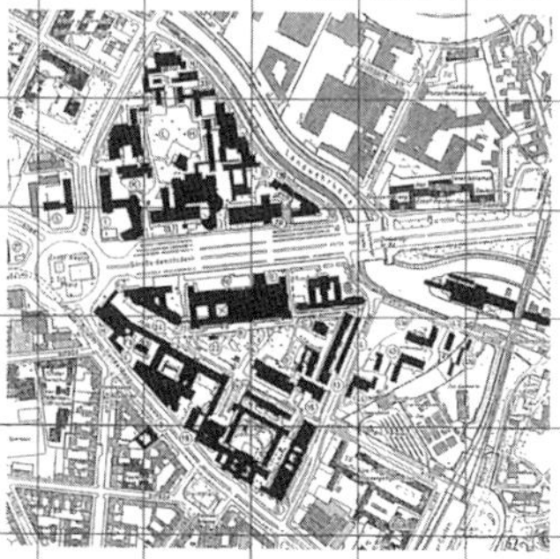

ベルリン工科大学

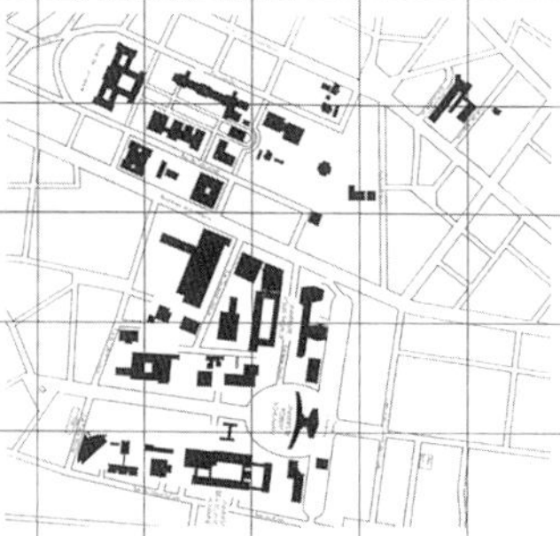

ストラスブール1、2、3大学

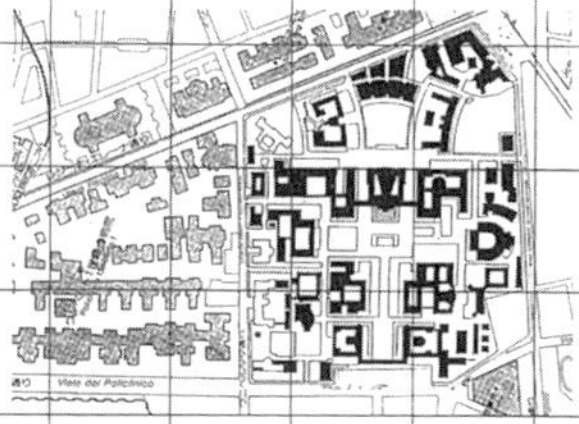

ローマ大学

ハイデルベルク大学

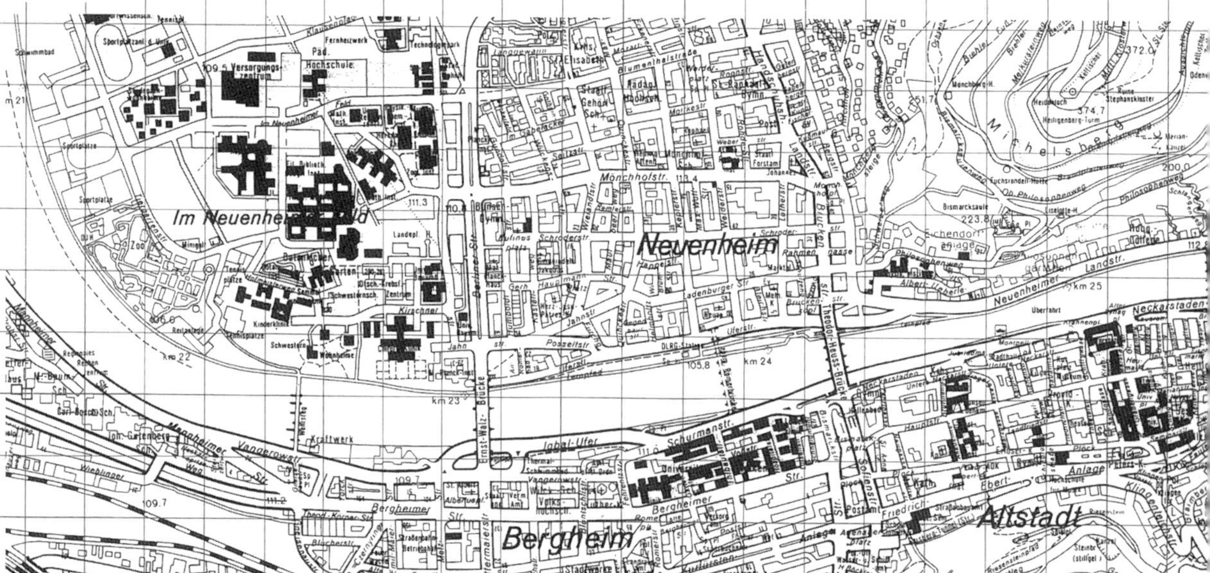

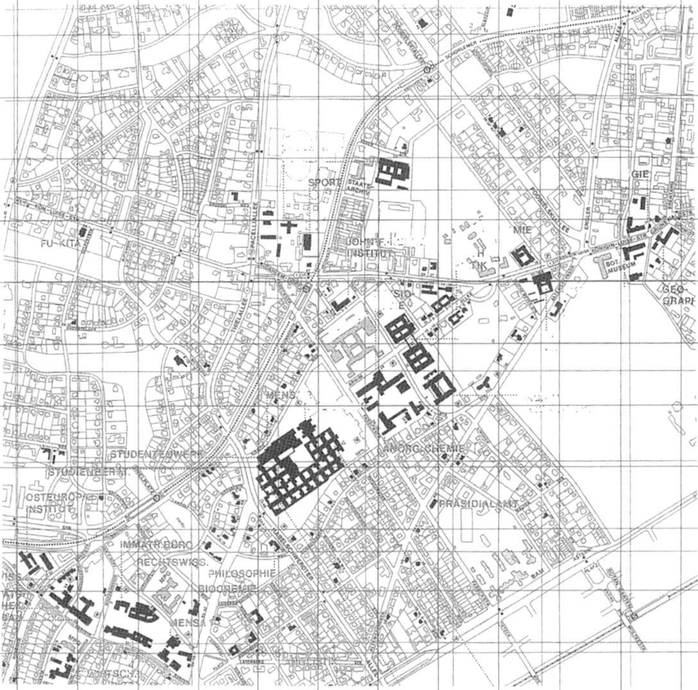

ベルリン自由大学

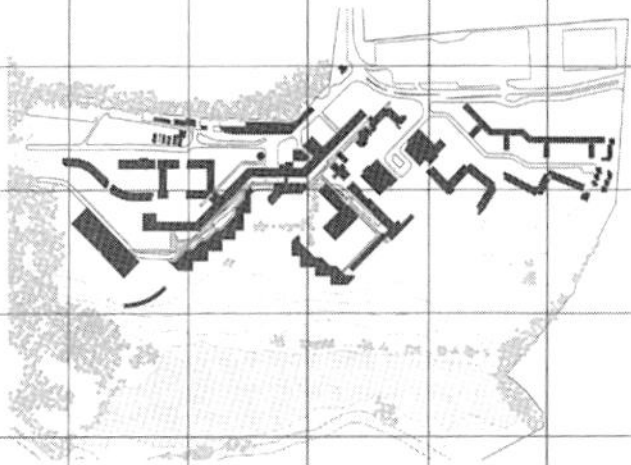

イースト・アングリア大学

サセックス大学

エセックス大学

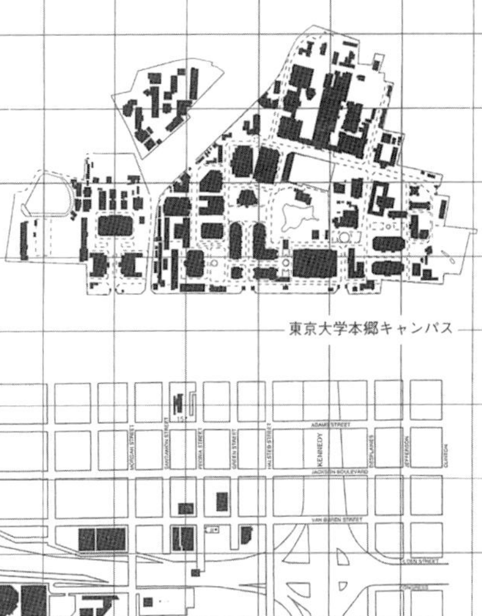

東京大学本郷キャンパス

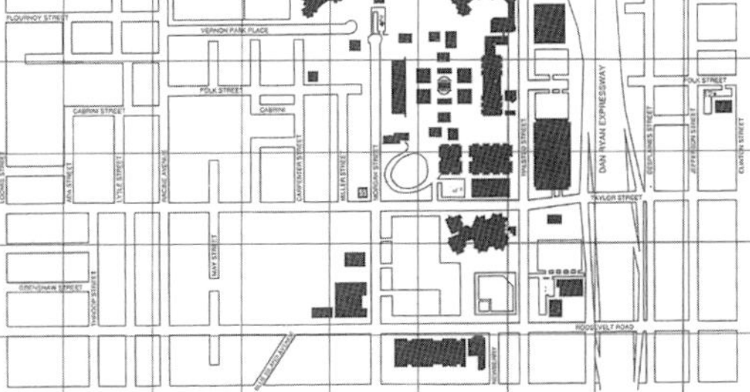

イリノイ州立大学シカゴ校

0 200 400 600 800 1000m

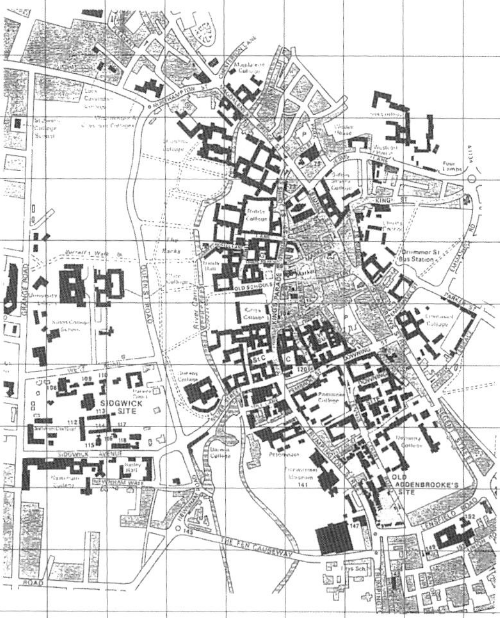

ケンブリッジ大学

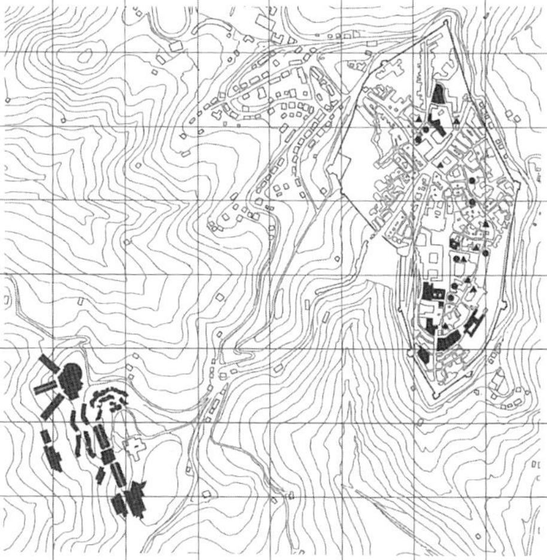

ウルビノ自由大学

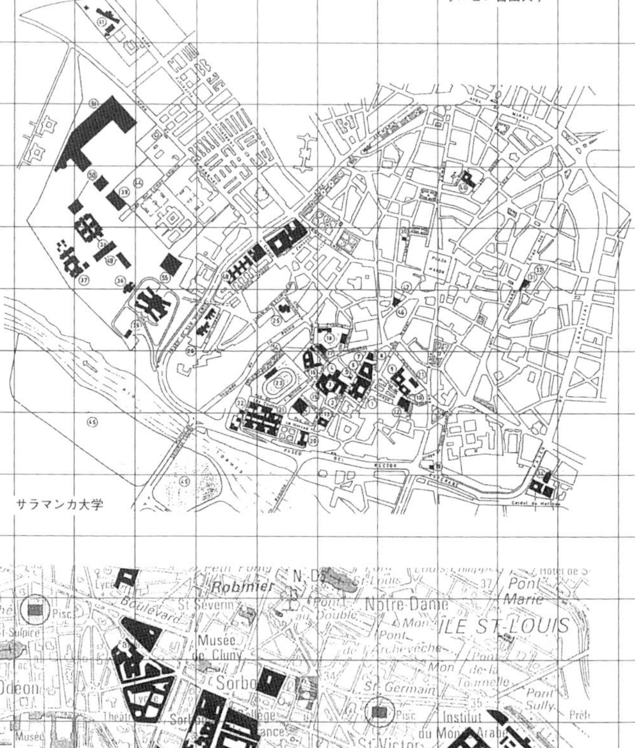

サラマンカ大学

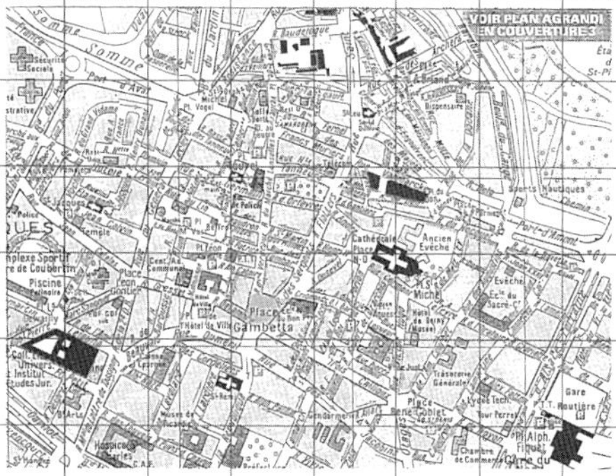

ピカルディ・ジュル・ベルヌ大学

ボローニャ大学

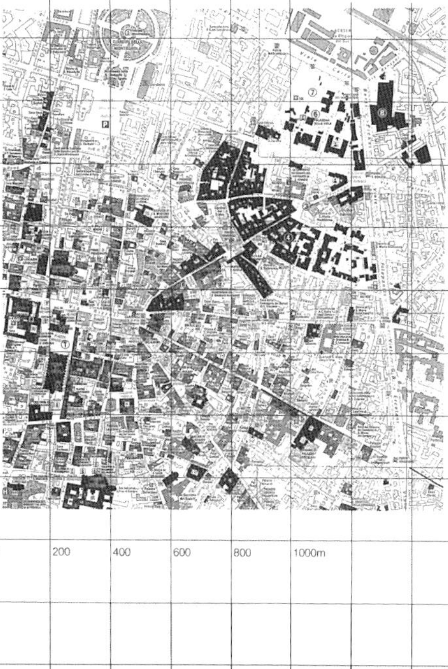

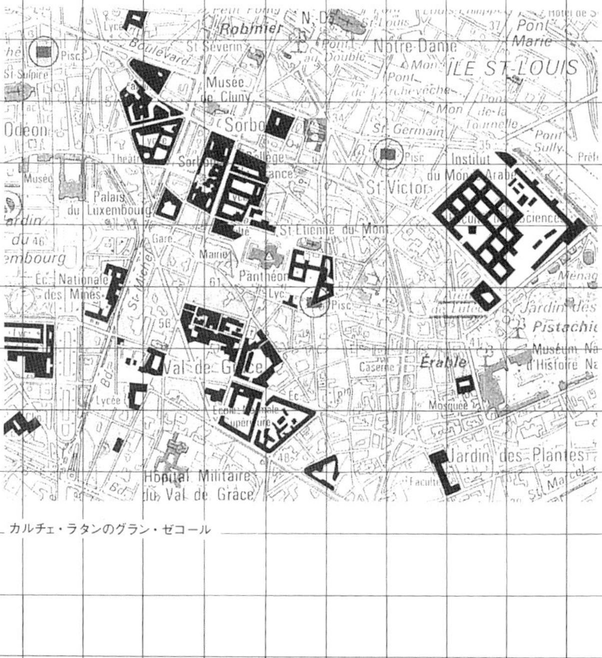

カルチェ・ラタンのグラン・ゼコール

0 200 400 600 800 1000m

研究室プロジェクトリスト

完了年	プロジェクト名（太字は実施案）	期間
1992	『東京大学キャンパス計画の概要』*	-1992.06
	工学部再開発計画1992年度版*	-1992.07
	法学部施設第一期改修・増築計画*	1992.04-07
1993	理学部再開発計画*	1992.06-1993.02
	『本郷地区キャンパス再開発・利用計画要綱』*	1992.06-1993.06
	工学部再開発計画1993年度版*	1992.07-1993.06
1994	『本郷キャンパス第1次整備計画概要』*	1993.11-1994.02
	キャンパス内交通計画*	1993.11-1994.02
	エネルギーセンター建替計画*	1993.12-1994.03
	大学福利施設計画*	1994.02-03
	工学部再開発計画1994年版*	1993.07-1994.05
	野球場クラブハウス計画	1994.08
	中央食堂改修	1993.04-1994.09
	本郷キャンパス環境整備（正門・大講堂周辺）	1993.12-1994.12
	龍岡門再生利用及び周辺整備	1993.12-1994.12
1995	**工学部14号館** *	-1995.03
	法学部新本館計画*	1995.02-05
	本郷通り沿い歩（車）道整備計画*	1995.05
	通用門（北門、南門）整備計画*	1995.05
	工学部船舶試験水槽と緑地軸ブリッジ*	1995.05-06
	第二食堂前自転車置き場整備計画	1995.06-07
	総合図書館増築計画*	1995.11
	工学部新2・3号館計画1995年版*	1995.05-12
1996	**工学部1号館改修・増築** *	-1996.03
	工学部11号館改修計画*	1996.04
1997	工学部本郷通り塀改修工事計画案*	1997.01
	総合図書館増築計画*	1997.01-02
	農学部ホール計画	1997.05
	工学部6号館改修 *	1995.10-1997.06
	工学部新2・3号館計画1997年版	1997.04-09
	工学部1号館前広場整備計画	1997.09
	工学部システム量子工学科仮設建物計画	1997.07-10
1998	野尻湖寮・池ノ平寮整備計画	1997.12-1998.01
	工学部4号館中庭増築計画	1997.12-1998.01
	工学部号館サイン計画	1998.04
	屋外スロープ整備（法文1・2号館）	1998.02-05
	正門前案内板・掲示板整備	1998.04-05
	附属図書館エントランス空間整備計画	1998.08
	構内ATM整備（本部庁舎、生協第二食堂前、総合研究棟）	1997.12-1998.10
	広報センター館名サイン	1998.05-11
	工学部14号館駐輪場及びバリア整備	1998.10-11
1999	工学部列品館中庭改修計画	1999.01
	本郷キャンパス外灯整備計画	1998.12-1999.02
	農学部案内板・掲示板整備	1998.11-1999.03
	工学部14号館合同事務室新設	1998.12-1999.03
	附属図書館改修計画	1999.01-04
	屋外スロープ整備（工学部11号館）	1999.01-04
	大講堂南広場整備	1998.07-1999.05
	ゴミカート置場整備	1999.01-05
	『本郷キャンパス第2次整備計画概要』	1998.09-1999.09
	工学部新2・3号館計画1999年版	1999.04-07
	工部大学校記念碑修理	1999.06-07
	総合研究博物館掲示板	1999.09-11
2000	工学部新2・3号館計画2000年版	2000.02
	附属図書館・史料編纂所整備計画	2000.01-02
	医科学研究所資料館計画	2000.02
	工学部2号館改修	1998.05-2000.03
	大講堂サッシ改修計画	1999.12-2000.03
	屋外スロープ整備（大講堂学生部厚生課）	2000.03
	本郷キャンパス言問通り塀（工学部側）改修	2000.01-04
	本郷キャンパス正門周辺塀改修計画	2000.01-05
	柏キャンパス図書館分館および資料保存センター構想	2000.03-05
	本郷キャンパスオートバイバリアー整備	2000.04-07
	工学部5号館実験室改修計画	2000.06
	工学部8号館1階男子便所改修	2000.12
2001	**本郷キャンパス外灯整備**	1999.11-2001
	総合研究博物館小石川分館	2000.08-2001.03
	生協第二食堂前ロータリー整備	2001
	愛媛大学更生施設計画	2000.10-12
	法文2号館増築計画	2001.06
	育徳園心字池銘版整備	2001.05
	大講堂音響改善工事	2001.07-10
	医学部附属病院地区計画	2001.09-11
	病院地区臨床研究棟計画	2001.09-12
	大講堂サッシ改修	2001.09-12
	大講堂玄関ポーチ照明復元	2001
	大講堂総長応接室改装・家具工事	2001
	屋外掲示板整備	2001
2002	**本郷キャンパス環境整備（正門・大講堂エリア／赤門エリア／赤門・正門エリア）**	2002.01-12
	柏フロンティアメディアセンター計画	2002.05
2003	新法学政治研究科・法学部計画	2002.11-2003.01
	工学部列品館中庭改修計画	2003.02
	工学部建物サイン計画	2003.02
	工学部5号館薬品管理室計画	2003.06
	医学部附属病院南研究棟改修計画	2003.04-06
	武田先端知ビル	2000.10-2003.10
	農正門前広場整備計画	2003.11
2004	**柏図書館**	2003.01-2004.02
	臨床研究棟・疾患生命工学研究棟整備計画	2004.02
	工学部11号館2階改装計画	2004.03
	Nメディアガーデン・東京大学芸術科学融合センター構想	2004.03-04
	赤門脇倉庫・飾り材補修	2004.05
	大講堂4階廊下改修計画	2004.11
2005	『本郷キャンパス第3次整備計画概要』	2005.07
	山中湖国際セミナーハウス計画	2005.07
	附属図書館団地整備計画	2005.09
	工学部11号館2階ホワイエ・カフェ新設検討	2005.03-10
	浅野地区整備計画	2005.08-10
	工学部2号館増築	1997.04-2005.11
2006	**工学部11号館1階店舗改修**	2006.04
	工学部11号館Tラウンジ整備	2006.01-05
	小石川植物園西門囲障改修	2006.02
	工学部2号館電気学科会議室額受け・ガラスショーケース設置	2006.02-05
	経済学部図書館・広場整備計画	2006.04-05
	工学部2号館旧館物品展示・解説板設置	2006.03-10
	工学部2号館エアトン先生レリーフ設置	2006.11
2007	史料編纂所整備計画案	2007.02
	本郷地区一団地表示板設置（正門、弥生門、龍岡門）	2006.09-2007.02
	通用門整備（春日門、西方門）	2006.09-2007.05
	本郷パブリックスペース整備案	2007.04-06
	知のプロムナードデザインコンペ「たかがベンチ—されどベンチ」	2007.05
	創立130周年記念事業「知のプロムナード」整備（工学部1号館前広場・医学部本館前広場・緑地軸）	2007.05-10
	通用門銘板（春日門、西片門、懐徳門）	2007.05-10
	工学部8号館エントランス廻り改修	2006.11-2007.11
2008	F国際交流センター計画	2008.01
	法学部顕彰碑設置計画	2008.05
	工学部2号館サイン工事	2008.12
2009	工学部5号館ロビー改修計画	2009.02
	工学部2号館図書室扉改修	2008.10-2009.03
	法文1号館改修	2007.12-2009.05
	法文1号館 八角講堂模型・図面設置	2009.01-05
	山中寮内藤セミナーハウス	2007.04-2009.07
	図書館団地門灯復元・計画監修	2008.10-2009.12
2010	生協中央食堂改修及びカフェテリア新築計画	2010.02-03
	医学部附属病院クリニカル・リサーチ・センター構想	2009.11-2010.04
	学生支援センター	2008.04-2010.06

＊はキャンパス計画室、旧工学部建築計画室（香山壽夫室長）におけるプロジェクト

初出一覧

・「CAMPUS」を目指して—東京大学本郷キャンパスの再生と工学部の試行／『a＋u』2005年2月号、エー・アンド・ユー、2005年
・オープンスペースに重ねられた時間—東京大学本郷キャンパスと工学部2号館の再生／『新建築』2000年10月号、新建築社、2000年
・大学の空間—その変容に見る持続する原理／SD別冊No.28『大学の空間』、鹿島出版会、1996年
・計画概念としてのオープンスペース／SD別冊No.28『大学の空間』、鹿島出版会、1996年
・東京大学の「不思議な空間」／『東京大学』、東京大学出版会、1998年
・「荒涼たる原野」に重ねられた時間／『東京大学本郷キャンパス案内』、東京大学出版会、2005年
・本郷キャンパスの130年—「伝統」と「革新」／『文教施設』2006年夏号、文京施設協会、2006年
・時間/Time／『建築論事典』、日本建築学会：編、彰国社：刊、2008年
・時間の中の「かたち」・時間の中の「デザイン」／『建築の「かたち」と「デザイン」』、鹿島出版会、2009年
・UMUTオープンラボ展レクチャー—時間の中の「かたち」・時間の中の「デザイン」／『MODELS—建築模型の博物都市』、東京大学出版会、2010年

執筆者

岩城和哉　東京電機大学理工学部准教授
太田浩史　東京大学生産技術研究所講師
木内俊彦　東京大学大学院工学系研究科建築学専攻助教
駒田 剛　駒田建築設計事務所 代表
櫻木直美　アースワークス 代表
柴田 進　柴田進建築設計事務所 代表
高島守央　東京大学大学院工学系研究科建築学専攻助教
千葉 学　東京大学大学院工学系研究科建築学専攻准教授
野上恵子　一級建築士事務所 K-keikac 代表
福田洋子　一級建築士事務所 Co-Living Art Project 代表
宮部浩幸　SPEAC,inc. パートナー

研究室メンバー

木内俊彦　助教
高島守央　助教
弘中陽子　秘書
Mottaki Zoheir　D3
柯 純融　D3
加門麻耶　D2
呉 道彪　D2
趙 斉　D1
Leruth Christophe　M2
上田恭平　M2
西川昌志　M2
野尻理文　M1
小島成輝　M2
石井絢子　M1
片桐悠自　B4
田中 彩　B4
長江龍鎮　B4
Tatiana Kazue Yano　R
Al Kadi Jazaierly Aya Mohammad Said　R

岩城和哉　元助手（以下同）
駒田 剛
櫻木直美
野上恵子
宮部浩幸
山下晶子

あとがき

キャンパスの再生計画に参加しはじめ、それがおよそ私の能力を越えるミッションの連続であることを悟った。半ば都市的スケールの空間構想から建物内外の小さなディテールにいたるまで環境をつくるあらゆる要素について考えなければならない、しかもデザイン・オン・ディマンドとも言うべきほとんどが即答を求められるようなことが続き、当然のように悪戦苦闘の毎日となった。

一方、国内外の多くの大学キャンパスを訪問する機会にも恵まれた。大学への旅はキャンパスの本来の姿について考え直すきっかけとなった。そして設計を進める中で、意識は次第にわれわれの手にしている環境や建築についての基本的な問いに繋がっていった。空間の中に描かれるものとして考えていた建築を時空的な様相、空間の経験において捉えるべく視点を拡張しなければならないと実感したのは、大学への旅と設計の実践を通してであった。巻頭の論を「大学の空間から建築の時空へ」と題した理由である。

2010年夏、本郷の「学生センター」の竣工をもって研究室でのキャンパス関係のデザインに区切りがつき、これまでバラバラに発表してきたキャンパス計画に関わる研究室の設計・調査などの活動と、その間の私の論考をまとめ直すことにした。設計した建築が世に問うほどのものか、論考がはたしてまともな大学空間論や建築意匠論になっているのかおぼつかないが、設計の実践とそれとともに考えた建築論の一つの変容の様を記録するものと考えたい。

建築を作る者として、建築に固有な方法を問い、建築そのものを問うことに終わりはない。問いを巡っては別書（『建築意匠論』2012年3月刊行予定、丸善）でも論じる。本書がそれと合わせ建築の実践と理論についての一つのメッセージとなればうれしい。

研究室の活動に加わってくれた多くの人たちの力があったからこそ、これまでやってこれたと思う。この本をまとめるに当たっても諸先輩、同僚など多くの方々にお世話になった。ことに研究室助教の高島守央君には資料整理から写真手配まであらゆることを引き受けていただいた。鹿島出版会の相川幸二氏には限られた時間の中で困難な調整をしていただき、本を完成することができた。改めて皆さんに心から謝意を表したい。

2012年2月19日

研究室卒業生論文タイトル一覧

●博士論文

1999年	Marco Pompili	A typiological study on the organizational structure of the Dojunkai collective housing
2002年	張 旭紅	A Study on the development of open space within the campuses of modern Chinese universities
2004年	白 龍雲	ショッピングモールにおける回遊性の変容過程に関する研究
	葉 暁健	A Study on the Formation of the Open-Space Network of Havelis in Western India
	Moroni Andres	A Morphological Study on Street Facades in Shopping-Entertainment Districts of Tokyo
2005年	尹 東植	ルイス・カーンの建築作品に関する研究 ― 軸構成と「ずれ」の手法
		Rana Dubeissy A Study on the Sociopolitical Meaning of Skyscrapers in Manhattan
2007年	Caryn Paredes	A Study on the Bipolarity in the architecture of Leandro Locsin（レアンドロ V ロクシンの建築における二極性に関する研究）
2008年	宮部 浩幸	ポルトガルの建築における修復・改修デザインに関する研究
2010年	舘 知宏	Architectural Form Design Systems based on Computational Origami（計算折紙幾何学に基づく建築形態デザイン手法に関する研究）
	Francois Blanciak	The Role of Figuration in the Theory and Design of Robert Venturi

●修士論文

1995年	櫻木 直美	ヒンドゥ寺院の形態に関する研究―「多様と統一」
	浜崎 一伸	有機的建築再考 ― 変容する建築形態の計画に関する研究
1996年	奥村 牧	京町家における坪庭空間の研究
	柴田 進	“ケンブリッジ、オックスフォード大学のクワドラングルに関する研究 ― 変容・持続する空間の変化のシステムについて”
1997年	今井 謙二	都市型住居の緩衝空間に関する研究 ― 住居の内外空間における視覚的関係の類型分析
	斎藤 政弘	大学のオープンスペースに関する研究 ― 帝国大学とミッション系大学の囲みに関して
	薗田 直樹	“前川國男、坂倉準三、吉阪隆正の作品研究 ― ル・コルビュジェの形態言語を通じて”
	林 厚見	アッシジの街路空間に関する研究
	宮部 浩幸	アドルフ・ロースの作品研究 ― 空間認識の保留と完結
	張 旭紅	A Study on the Formation and Development of Architectural Space of Chinese Modern University
1998年	四橋 俊幸	切妻屋根をもつ日本の現代住宅作品に関する研究
1999年	荻内 扶美	公共的な都市建築における屋外オープンスペースに関する研究
	木内 俊彦	現代ヨーロッパの大学における大規模一体型建築の集合形態と空間構成に関する研究
	高島 守央	巨大建築の立面に於けるスケールに関する研究
	藤本 鉄平	高層建築における足元空間の変容に関する研究
2000年	多羅尾 希	イタリアの大学空間に関する研究 ― 街に織り込まれる大学
	長澤 輝明	学校建築における集合形態に関する研究 ― 全体性と多様性を生み出す構成と構造
	張 眞熙	ヨーロッパ駅舎建築におけるコンコース空間の変容に関する研究
	尹 東植	日本の都市における屋外建築空間に関する研究
2001年	末光 弘和	カルロ・スカルパによるカステルベッキオ美術館の再生手法に関する研究
	白 龍雲	美術館の展示空間の変容に関する研究
	Moroni Andres	A Study on the role of surface in contemporary Architecture
	葉 暁健	チャールズ・コレアの建築におけるオープンスペースに関する研究
2002年	秋吉 正雄	R.M.シンドラーの住宅に関する研究 ― ハイサイドライトの多様性とその変容に関する考察
	Kesmar Silalahi	“A Study on” “Labyrinth” “ in Contemporary Japanese Architecture”
	杜 宏偉	現代複合建築におけるパブリックスペースの形態に関する研究
	Rana Dubeissy	A Study on (Dis)order-A Case Study of Shinjyuku
2003年	高沼 晃子	西澤文隆の住宅に関する研究
	広田 貴之	ジョン・ジャーディーの建築におけるボイドに関する研究
	深尾 紀彦	景観をつくりだす人の流れと空間の相互作用に関する研究
	李 載鉉	傾斜面の研究
	Sean McMahon	Surface architecture
	郭 蘊琛	アルヴァ・アアルトのデザインにおける曲面に関する研究
2004年	猪熊 純	リチャード・ノイトラの住宅 ― 舞台装置としての空間
	大沢 解都	戦後小住宅にみるワンルームの可能性
	川添 善行	Size on Scale ― 建築形態における「相対的な大きさ」に関する研究
	小八重 龍太郎	ミースによる「貼り込み画」に関する研究
	近藤 巨人	増改築に見られる「時間性」の研究 ― 美術館・博物館におけるケーススタディ
	西村 恭史	近代ヨーロッパ劇場の建築形式 ― 観客の集いが織り成す祝祭空間
	Caryn Paredes	Architecture in Between: A Study on the Spatial Patterns of Emerging Liminal Space and its effects on Contemporary Architecture
	Carolina Auger	“A Study on the Japanese” “Engawa” “as a continuity threshold between interior and exterior space”
2005年	谷口 千春	ジェフリー・バワの作品に関する研究 ― meda midulaの変容と空間のシークエンス
	西澤 俊理	菊竹清訓の建築における鳥居型架構
	萬代 基介	現代建築における外皮の自立
	Guillaume Pelletier	The Aesthetic of Asymmetry in the work of Horiguchi Sutemi
2006年	松浦 夏樹	アルネ・ヤコブセンの作品研究
	山際 妙	カンディーダ・ヘッファーの写真作品空間に関する研究 ― 遠近法的閾と星座的閾
2007年	岩村 綾馬	Jewish Museum論 ― 不在のモニュメント
	舘 知宏	折り紙の数理に基づく空間デザイン手法に関する研究
	出井 基晴	大学の大規模複合型建築における空間構成に関する研究
	沈 莉	中国の古典的庭園技法から見た中国キャンパスに関する研究
	Francois Blanciak	A Study on the Composition of Ivan Leonidov's Architecture: Pure forms and Disorder as Building Design Principles
2008年	筒井 慧	建築におけるキューブと回転
	吉村 淳	空間の〈感能性〉に関する研究
	李 致雨	カラトラバの建築における可動性に関する研究
	張 維	A Study on the Duality in the Architecture of Hassan Fathy
2009年	大野 友資	アルヴァロ・シザ作品研究 ― 空間の記憶と慣性
	菊池 智大	ピーター・ズントーの作品に見る素材と空間
	逸見 豪	グンナール・アスプルンド作品研究 ― 微差のつくる風景

	李 守彬	“日本の現代住宅における内部的外部、外部的内部”
	Radojevic Janko	Liberated Form-The Influence of Digital Technologies on the Creation of Contemporary Architecture
2010年	生沼 広之	アントニン・レーモンドの建築における「模倣」に関する研究
	松本 准平	ル・コルビュジェの建築的プロムナード経験論—映画の経験と比較して
2011年	飯田 雄介	白井晟一作品研究—陰の空間
	佐竹 翼	英国教会建築における重層する時間
	妙中 将隆	ハンス・ホライン作品研究—空間の「焦点」と蓄積する知覚
	長岡 晃平	村野藤吾作品研究—質感操作における概念と手法の分析を通して
	西山 礼子	19世紀の鉄骨大架構建築に関する研究—空間体験記述法試論
	松岡 康	谷口吉郎の艶の空間
	Iro Armeni	An Integrative Digital Design Approach: Material Performance as the key-element in form-finding
2012年	上田 恭平	建築におけるシークエンスの滑らか」に関する研究—変化の型と時間的連続性
	西川 昌志	吹き抜け空間における層状体験に関する研究
	Christophe Leruth	Monochromatic Continuity

●卒業論文

1993年	櫻木 直美	トニー・ガルニエの作品におけるスロープの研究
	浜崎 一伸	カルロ・スカルパにみる空間のシークエンス
1994年	岩井 裕介	増築の手法と概念に関する研究—美術館について
	内海 彩	堀口捨己の住宅作品研究
	奥村 牧	ケビン・ローチにおける建築とランドスケープ
	小関 聖仁	「場所の受入れ方」に関する考察
	杉山 陽子	アルヴァ・アアルト研究
1995年	浅野 言朗	時間の概念を含んだ形態の計画方法についての研究—1960年代の都市計画にみる2つの時間概念
	武田 史朗	「壁」にみるバラガンの建築の変容
	林 厚見	現代における中庭都市住宅に関する研究
	宮部 浩幸	ミースの住宅作品研究—人工的外部空間を通して
1996年	岩崎 整人	ジャン・プルーヴェ研究
	佐々木 洋	レオニドフの作品における形態構成に関する考察
	高島 守央	ミースの建築に内包される意味に関する研究
	中山 純一	マテリアルのアーティキュレーションが生み出す空間—スカルパのレスタウロを通じて
1997年	荻内 扶美	空港における空間構成に関する研究
	小畑 裕嗣	清家清の住宅における〈REDUNDANCE（ゆとり）〉に関する研究—戦後小住宅における狭小性の解決方法の2パターンを通じて
	藤本 鉄平	書院建築における光の扱いに関する研究
	矢島 夏江	ホール建築のアプローチ空間に関する研究—空間の分節及び構成形式について
1998年	浅井 正憲	幾何学的形態における変形とその効果に関する研究
	鈴木 丈晴	東京の地下鉄空間のシークエンスについての研究
	多羅尾 希	教会建築における光と空間について
	長澤 輝明	池辺陽の住宅に関する研究—空間形態の原型と変容の分析
1999年	小林 直人	大規模建築におけるつなぎの空間に関する研究
	末光 弘和	現代建築におけるコンテクスト概念に関する研究—既存建築物に対する応答の分析
2000年	秋吉 正雄	「美」の翻訳—20世紀ファサードにみる美の委ね方に関する考察
	宇川 雅之	現代建築における水盤の研究—パースペクティヴによる視覚的効果の分析
	西村 恭史	西洋劇場建築における劇場性の広がり方に関する基礎的研究
	広田 貴之	地形建築に関する研究
2001年	近藤 匡人	建築デザインにおける「時間性」の研究—テートモダン設計競技案の分析
	中村 洋太	建築デザインにおける「色彩」の研究—ルイス・バラガンの色彩構成の分析
	深尾 紀彦	空間における視覚的密度の生成の研究
	光多 史	建築デザインにおける「色彩」の研究—日本の現代建築にみる「赤色」の使われ方
2002年	猪熊 純	近・現代住宅における内外関係の考察—内部空間と室内空間の「ずれ」
	高阪 英路	電子技術時代における建築表現に関する研究
	小八重 龍太郎	現代建築におけるガラスファサードの研究—透明性による新たな表現
2003年	雨宮 聡	ゆかと段差
	萬代 基介	ハンス・シャロウン研究—多重性についての考察
2004年	岩倉 由貴子	オスカー・ニーマイヤーの作品の視線に基づく空間分析
	大島 耕平	アプローチと庭にみる「ケース・スタディ・ハウス」の研究
	各務 秦紀	リノベーションにおける新旧の対立と調和
	松浦 夏樹	造形原理に見られるルドルフ・シュタイナーの思想
2005年	仙石 正博	「居場所としての開口部」という認識からみる建築の境界付近にできる場所の構造に関する研究
	出井 基晴	建築空間におけるスケールとそのヒエラルキーに関する研究—幼稚園・保育園建築におけるケーススタディを通して
	森 祐輔	複合開発における媒介空間—分節の境界と小スケール要素の構成について
2006年	大野 友資	カルロ・スカルパ作品研究—嵌合する境界
	筒井 慧	イサム・ノグチの造形における要素と構成
	吉村 淳	建築螺旋論
2007年	伊藤 友隆	闇市起源の商店街の雑多な空間に関する研究
	逸見 豪	“見える時間、見えてくる時間—増改築作品から分析する新旧の関係の考察”
	松本 准平	光空間論—4つの型による空間分析
2008年	生沼 広之	建築シークエンス論—反復体験から印象構築へ
	河辺 賢	風化の空間—浸透と分断の混成
	島崎 健志	建築の再生手法とその意味についての研究—都市に開かれる建築—
2009年	飯田 雄介	廃墟における変様性と不変性
	小崎 美希	『石』と『苔』—空間のキャラクター論
	佐竹 翼	建築物内における空き地の可能性に関する研究
2010年	秋山 貴都	建築の「構成」と「生成」
	猪飼 洋平	“フィジカルな水、メタフィジカルな水—戦後日本の建築家の言説に見る水空間”
	渋田 周平	環境制御と建築表現
2011年	緒方 祐磨	日本の現代住宅における外部との距離に関する研究
	稲佐 将大	スティーブン・ホールの設計思想における基本概念と設計手法に関する研究
	井上 真吾	建築における迷路と幻想
2012年	片桐 悠自	極小空間における拡散的広がりと凝縮的広がり—境界による時間の可視化
	田中 彩	菊竹清訓作品研究—高床と屋根を通して
	長江 龍鎮	振り返る階段の体験

著者略歴

岸田省吾（きしだ・しょうご）

1951年　東京生まれ
1975年　東京大学工学部建築学科卒業
1980年　東京大学大学院工学系研究科建築学専攻博士課程修了
1991年　東京大学工学部建築学科助教授
1997年　博士（工学）
2005年～　東京大学工学系研究科建築学専攻教授

主な作品：
東京大学総合研究博物館小石川分館（2001年）、李秀賢（イ・スヒョン）メモリアル（2001年）、武田先端知ビル（2002年）、阿音の家（2003年）、柏図書館（2004年）、工学部2号館（2005年）、山中湖内藤セミナーハウス（2009年、山梨県建築文化奨励賞）、東京大学学生支援センター（2010年）、他

主な著書：
『バルセロナ―地中海都市の存在証明』丸善（1991年）、『大学の空間』鹿島出版会（共著、1996年）、『東京大学』東京大学出版会（1998年）、『建築家たちの20代』TOTO出版（1999年）、『続モダニズム建築の軌跡』INAX出版（2003年）、『東京大学本郷キャンパス案内』東京大学出版会（2005年）、『建築の「かたち」と「デザイン」』鹿島出版会（共著、2009年）、『建築意匠論』丸善（2012年）、他

大学の空間から建築の時空へ

発行：2012年3月30日　第1刷発行

著者：岸田省吾
発行者：鹿島光一
発行所：鹿島出版会
〒104-0028　東京都中央区八重洲2丁目5番14号
電話 03-6202-5200　振替 00160-2-180883
デザイン：田中文明
印刷・製本：壮光舎印刷

ISBN978-4-306-04570-5 C3052 Printed in Japan

本書の内容に関するご意見・ご感想は下記までお寄せください。
URL：http://www.kajima-publishing.co.jp
E-mail：info@kajima-publishing.co.jp